새천년을 위한 현대인의 신앙 길잡이

새천년을 위한 현대인의 신앙 길잡이

방황은 없다 Ⅱ

방황은 없다 Ⅱ

김상복 지음

도서출판 횃불

방황은 없다

인간이 하나님의 축복 속에 똑바로 들어가 그분의 은총을 지속적으로 누리며 살 수 있는 방법은 없을까? 많은 사람들이 너무도 많은 시간과 에너지를 낭비하고 온갖 시련을 겪으면서 살아가는 모습을 본다. 그런 광경을 볼 때마다 마음이 아프다. 왜 우리는 이렇게도 어리석은 삶을 살고 있을까? 이스라엘 백성이 광야에서 방황하는 모습을 보면서 '왜 그들은 그렇게도 어리석은 사람들인가?' 라는 생각을 하곤 했다. 그들의 모습을 관찰하다 보니 갑자기 그들의 어리석은 모습이 바로 나 자신의 모습인 것을 깨닫고 스스로 놀라게 되었다. 그들의 이야기가 바로 오늘 우리의 이야기였던 것이다.

하나님의 약속을 믿고 가데스 바네아에서 바로 가나안 땅을 향해 들어갔더라면 열흘 내외면 들어갔을 그 땅을, 믿음이 없어 40년 동안 방황하며 온갖 고난과 시련을 겪은 후에 자신들은 들어가지도 못하고 후손들만 들어가는 낭비적인 인생을 본다. 오늘도 마찬가지이다. 직설적 삶이 아니고 배회적 삶을 살면서 소모와 낭비, 실패와 눈물을 반복하고 있는 사람들이 오늘도 얼마나 많은가?

이 책은 현대를 사는 신앙인에게 엄청난 교훈을 제시해준다. 또 우리 자신이 쓸데없이 방황하지 않고 짧은 인생을 가장 효과적으로 살 수 있는 길을 보여준다. 그들이 경험한 실패와 성공의 예들을 통해 모두가 이 땅에서와 하나님 나라에서 성공적으로 살 수 있는 복된 길을 제시해 준다. 민수기는 3천5백 년 전의 책이 아니고 오늘 우리의 삶을 위한 책이다. 이 책으로 인하여 모두가 방황함이 없이 성공적인 인생을 살게 되기를 바란다.

2000. 2. 10

낭비없는 삶을 위하여

횃불트리니티신대원대학교 총장
할렐루야교회 담임목사

김상복

■ 차례

■ 차례

소명을 확인하라 1장 (민 17:1-18:32)

내가 택한 자의 지팡이에는 싹이 나리니 이것으로 이스라엘 자손이 너희를 대하여 원망하는 말을 내 앞에서 그치게 하리라 모세가 이스라엘 자손에게 지팡이 하나씩 그에게 주었으니 그 지팡이 합이 열 둘이라 그 중에 아론의 지팡이가 있었더라 모세가 그 지팡이들을 증거의 장막 안 여호와 앞에 두었더라 이튿날 모세가 증거의 장막에 들어가 본즉 레위집을 위하여 낸 아론의 지팡이에 움이 돋고 순이 나고 꽃이 피어서 살구 열매가 열렸더라 모세가 그 지팡이 전부를 여호와 앞에서 이스라엘 모든 자손에게로 취하여 내매 그들이 보고 각각 자기 지팡이를 취하였더라 여호와께서 또 모세에게 이르시되 아론의 지팡이는 증거궤 앞으로 도로 가져다가 거기 간직하여 패역한 자에 대한 표징이 되게 하여 그들로 내게 대한 원망을 그치고 죽지 않게 할지니라 모세가 곧 그같이 하되 여호와께서 자기에게 명하신대로 하였더라

소명을 확인하라

민수기 17장에는 보통 '아론의 지팡이'라는 부제가 붙습니다. 16장에서 모세와 아론의 권위에 도전하여 하나님의 진노하심을 입어 죽은 사람들의 이야기가 전개되다가, 17장에 와서는 하나님이 세우신 지도자의 권위를 분명히 함으로 그 권위 앞에 다시는 도전하지 못하도록 하고 있습니다.

하나님께서는 고라와 백성들의 반역 사건을 통해서 하나님께서 세우신 영적인 질서가 올바르게 세워져야겠다는 생각을 하신 것입니다.

지도자의 권위는 오늘의 교회에서도 문제가 되는 일이 많습니다.

가끔 타 교회 성도가 저에게 찾아와서 자기 목사님에 대한 불평을 할 때가 있습니다. 그분들의 이야기를 들을 때 저는 그것은 목사님과 하나님과의 문제이니까 성도님이 관여할 바가 아니라고 말할 때가 있습니다. 우리 자신과 하나님과의 관계에 신앙의 초점을 두어야지 하나님과 목사님과의 관계에 초점을 두는 것은 위험한 신앙 생활을 하고 있는 것입니다.

한번은 어느 지방에 있는 성도 한 분이 자기 일기장을 저에게 보내왔습니다. 그 일기장 속에는 자기 목사님에게 쓴 편지들이 들어 있었습니다. 그러면서 저에게 그것을 한 번 읽어보고 목사님에게 그것을 보내도 될지를 판단해 달라고 하였습니다.

그 편지를 읽어보았더니 그것을 그대로 보낸다면 받아보는 목사님의 마음이 대단히 아프실 것이라고 여겨졌습니다. 제가 만일 그런 편지를 받는다면 큰 상처를 받을 것 같았기 때문입니다.

그래서 그분에게 전화를 걸어서 그 교회를 떠날 생각을 하고 있으면 그저 개인 사정으로 떠난다고 말씀드리고 조용히 떠나시되 편지들은 목사님께 보내지 않는 것이 좋겠다고 말씀을 드렸습니다. 자기 교인이 교회를 떠나는 것 한 가지만도 목회자에게는 마음 아픈 일인데 떠나면서 이런 저런 주관적인 이유와 비판까지 포함해서 말하는 것은 목사님의 마음을 더 아프게 하는 것입니다.

대부분의 경우, 목회자들이 거짓 선지자는 아닙니다. 인간으로서 연약하고 부족한 점은 있지만 그래도 하나님께서 세워 주셨기 때문에 그 자리에 서있는 사람들입니다.

저는 학생시절에 고등학생부 회장을 했는데 그 당시 제가 다니고 있던 교회에서 장로님과 집사님들이 목사님을 나가시게 하려고 압력을 넣고 있었습니다. 그리고 저에게 와서도 그 서류에 서명을 하라고 말했습니다.

저는 그 때 이렇게 말했습니다.

"하나님께서 우리 목사님을 딴 교회로 옮기시고자 원하시면 전능하신 그분께서 우리 도움 없이도 얼마든지 하실 수 있습니다. 그래서 저는 하나님의 능력과 권위에 도전하는 일에는 참여할 수 없을 것 같습니다."

그랬더니 그 어른들이 아주 섭섭하게 생각했습니다. 그러나 저는 지금도 그 때 저의 행동이 옳다고 생각하고 있습니다.

고라의 경우도 그가 아주 잘못된 인간이라서 그렇기도 했지만, 하나님께서는 그 누구도 하나님이 세우신 권위에 도전하는 것을 원하지 않으셨기 때문에 생긴 일이라고 할 수 있습니다.

하나님의 지시

하나님께서 모세에게 말씀하시기를 각 지파 족장들에게 막대기를 하나씩 가지고 오도록 전하라고 했습니다.

> "여호와께서 모세에게 일러 가라사대 너는 이스라엘 자손에게 고하여 그들 중에서 각 종족을 따라 지팡이 하나씩 취하되 곧 그들의 종족대로 그 모든 족장에게서 지팡이 열둘을 취하고 그 사람들의 이름을 각각 그 지팡이에 쓰되 레위의 지팡이에는 아론의 이름을 쓰라 이는 그들의 종족의 각 두령이 지팡이 하나씩 있어야 할 것임이니라"(민 17:1-3).

개역성경에는 '지팡이'로 되어 있지만 '지팡이'라기보다는 '막대기'가 더 정확한 표현입니다. 그리고 그들에게 자기 막대기에 각 지파를 대표해서 대표이름을 쓰라고 합니다. 그 백성들이 스스로 자신들도 아론과 모세처럼 하나님께 쓰임을 받을 수 있다고 주장하고 있는데 그것을 한 번 시험해 보자는 것이었습니다. 그리고 레위 지파의 막대기에는 아론의 이름을 쓰게 했습니다.

4-5절을 보십시오.

> "그 지팡이를 회막 안에서 내가 너희와 만나는 곳인 증거궤 앞에 두라 내가 택한 자의 지팡이에는 싹이 나리니 이것으로 이스라엘 자손이 너희를 대하여 원망하는 말을 내 앞에서 그치게 하리라."

각 지파에서 취한 마른 막대기를 회막의 언약궤 앞에 두면 하나님께서 선택하신 막대기에는 싹이 나게 하실터인데 싹이 나는 지팡이에 속한 자가 하나님께서 선택한 자라는 것입니다.

생명이 없는 마른 막대기에 싹이 난다는 것은 하나님이 아니고서는 할 수 없는 일입니다. 그런 이적을 통해서 하나님께서는 지도자에 대한 논쟁이 다시는 생기지 않도록 하나님의 질서를 분명히 보여주신 것입니다.

구약 성경을 계속 읽다보면 하나님을 섬기는 신앙생활은 비교적 간단하고 쉽다는 사실을 알 수 있게 됩니다. 짐작해야 할 것도 없고 심오하게 연구해야 할 것도 없습니다. 자신들의 창의력을 행사할 것도 없습니다. 그저 읽고 들으면 쉽게 알 수 있습니다.

문제가 되는 것은 하나님께서 분명히 지시하신 것이 자기 마음에 맞지 않을 때, 그것을 자기에게 맞추어 정당화하려고 하니까 문제가 복잡해지고 어렵게 되는 것입니다. 자기 중심적으로 억지 생각을 하지 않으면 하나님을 섬기는 것이 어려운 일이 아닙니다.

성도들을 상담하면서 들어보면 문제가 일어나는 대부분의 원인은 모든 것을 자기 마음과 생각에 맞도록 만들려고 하기 때문에 생기는 것입니다. 하나님의 말씀대로 생각하지 않고 어떻게든 자기에게 유익한 쪽으로 판단하고 적당히 빠져나가려 하기 때문에 어려움이 생기는 것입니다. 그래서 자기 마음에 편하도록 이야기를 해 주는 목회자를 찾으려고 합니다.

최근에 어떤 분을 만나서 대화를 나누었는데 제 생각에는 그분에게 문제가 있는 것이 분명한 것 같아서 그것을 지적하였더니 그분은 제 말을 듣기 싫어하며 다시 다른 목사님을 찾아가는 것이었습니다. 자신에게는 문제가 없다는 말을 목사의 입을 통해 듣고 싶어하는 것입니다. 자기의 판단이 옳다는 것입니다.

그래서 저는 그분에게 "당신이 성경대로 살고 싶지 않은 마음을 가지고 있는데 그런 마음을 그 목사님이 격려해 주시니까 당신의 생각이 옳은 것처럼 느껴지는 것이지, 성경에 비추어 보면 절대로 그 목사님의 말씀이 옳은 것이 아닙니다"라고 말해 주었습니다.

두 가지 판단을 놓고 고민을 할 때는 대개 첫 번째 판단이 옳을 경우가 많습니다. 처음에는 순리대로 옳게 판단을 내리고도 다시 생각해 보니 그렇게 하면 자기에게 손해가 될 것 같은 생각이 들어서 자꾸 생각을 하게 되기 때문입니다.

믿지 않는 남자이지만 일류 학교를 나오고 좋은 직장을 가지고 있고 부자인 남자와 결혼을 하려는 딸을 가진 집사님이 "기도해 보겠다"고 말씀하시면서 하나님의 특별한 섭리가 있는 것 같다고 말하는 것을 들은 적이 있습니다.

그러나 그런 일은 기도해 볼 필요가 없습니다. 산에 가서 고생스럽게 금식할 일도 아닙니다. "믿지 않는 자와 함께 멍에를 메지 말라"고 하나님의 말씀에 분명히 쓰여져 있는데 더 무슨 기도가 필요하다는 말입니까?

하나님의 말씀은 쉽고 분명하고 간단합니다. 다만 인간이 자기의 이기적인 욕심 때문에 빠져나가려다 보니 고민하게 되는 것입니다.

하나님께 순종하며 신앙생활을 성공적으로 하는 데는 반드시 신학 석사나 신학박사 학위가 필요하지 않습니다. 하나님 말씀이 그렇게 어렵고 하나님 섬기기가 그토록 어렵다면 어떻게 보통 사람들이 신앙생활을 할 수 있겠습니까? 오히려 단순하게 하나님의 말씀에 순종하는 사람들의 생활은 별로 큰 문제없이 순탄합니다. 하나님이 말씀하신 대로 순진하게 순종하면서 살면 신앙생활에 갈등이 별로 없고 재미있는 것입니다.

그러나 그렇지 않기 때문에 문제가 생기는 것입니다. 우리가 하나님 뜻에서 벗어나면 스스로 파멸의 구멍을 파는 것입니다. 하나님의 뜻은 분명한데 그것을 인정하지 않으면서 생각을 어렵고 복잡하게 만들어 놓고는 문제가 복잡해지자 금식을 한다 산기도를 간다며 고민을 합니다. 그때그때 지속적으로 순종하고 살면 그렇게 문제가 복잡해지지 않습니다.

그것은 해결 방법이 아닙니다. 어차피 다시 원점으로 돌아올 것을 왜 그렇게 사방을 돌면서 고생을 합니까? **처음부터 순진한 마음으로 하나님께 쉽게 순종하는 것이 평탄하고 행복한 신앙생활을 할 수 있는 방법입니다.**

하나님의 확인

모세와 아론은 하나님이 시키신 일에 그대로 순종했습니다. 하나님이 명하신 대로 하자 놀라운 일이 벌어졌습니다.

8절을 보십시오.

> **"이튿날 모세가 증거의 장막에 들어가 본즉 레위 집을 위하여 낸 아론의 지팡이에 움이 돋고 순이 나고 꽃이 피어서 살구 열매가 열렸더라."**

하나님께서는 12개의 막대기 중에 아론의 막대기에만 순이 나게 하시고 꽃이 피게 하셔서 하나님의 선택에 대한 자신의 주권을 보이셨습니다. 아론만이 제사장으로 인정된 것입니다.

이것은 하나의 모형입니다. 구약에 나타난 어떤 사건이 신약에서 나타날 것을 미리 보여줄 때 그것을 모형이라고 합니다.

그런데 이런 모형이 되려면 몇 가지 조건이 맞아야 합니다.

첫째, 두 사건 사이에 유사성이 있어야 합니다. 구약의 사건이 신약에서 일어난 사건이나 사람, 그리고 사물과의 비교에 있어서 유사성이 있어야 하는 것입니다.

둘째, 예언성이 있어야 합니다. 구약에서 이미 말해진 사건이 신약에 와서 그대로 이루어지는 예언성이 있어야 하는 것입니다.

셋째, 신약에서 그 모형을 인정해야 합니다. 그러나 이 세 번째 조건은 반드시 맞아야 하는 조건이 아닐 수도 있습니다. 명백한 모형적 사건으로 언급되어 있지만, 그렇지 않은 것도 있습니다.

하나님의 목적

10-11절 사이에는 이렇게 하시는 하나님의 목적이 보입니다. 하나님은 모세에게 아론의 싹난 지팡이를 언약궤에 넣어 두라고 하십니다. 그것을 볼 때마다 하나님께 도전하는 패역한 자들에게 증거가 되고 교훈이 되리라 생각하셨기 때문입니다. 무엇보다 하나님의 질서는 거역할 수 없다는 것을 잊지 않게 될 것입니다.

> "여호와께서 또 모세에게 이르시되 아론의 지팡이는 증거궤 앞으로 도로 가져다가 거기 간직하여 패역한 자에 대한 표징이 되게 하여 그들로 내게 대한 원망을 그치고 죽지 않게 할지니라 모세가 곧 그같이 하되 여호와께서 자기에게 명하신 대로 하였더라"(민 17:10-11).

하나님은 어떤 영적인 교훈이 있으면 그 교훈에 어떤 증거를 남기도록 하십니다.

요단강을 건너갈 때에도 돌 열두 개를 요단강 바닥에 두게 하셨습니다. 그리고 이스라엘 백성들이 가나안 정복을 마치고 동쪽 부족들이 돌아갈 때에도 그 장소에 제단을 쌓게 하셨습니다. 하나의 기념비 형식을 통해서 계속해서 영적인 교훈을 주기 위한 장치였습니다. 사람들의 눈으로 볼 수 있는 상징물을 세우면 하나님의 교훈이 더욱 가시적이고 명확하게 나타나기 때문이었습니다. 그래서 특히 구약에서는 이런 것들을 많이 만들게 하고 있습니다.

역사적인 기록과 증거를 남김으로써 그것을 볼 때마다 하나님의 은혜와 교훈을 상기시키고 마음에 되새기게 되는 것입니다. 이스라엘 사람들은 이 아론의 지팡이를 볼 때마다 하나님은 한 분이시요 제사장도 하나라는 사실을 상기하게 될 것입니다.

아론의 지팡이는 예수님과도 비교할 수 있습니다. 많은 시간이 지나는 동안 많은 거짓 선지자들과 다양한 세계관들이 나타나서 하나님의 권위에 도전하고 사람들을 현혹시킬지라도 하나님의 진리는 한 분, 하나님이 선택하신 아론의 지팡이처럼 오직 한 분이신, 예수 그리스도이십니다.

요한복음 14:6에서도 예수님께서는 "내가 곧 길이요 진리요 생명이니 나로 말미암지 않고는 아버지께로 올 자가 없느니라"라고 하시면서, 자신이 유일한 구세주이심을 밝히셨습니다.

많은 사람들이 이런 말을 듣고 기독교는 너무 배타적이라고 합니다. 어떻게 예수님만 길이요 진리가 될 수 있느냐는 것입니다. 그러나 기독교가 배타적이냐 아니냐가 중요한 것이 아니라 어떤 것이 진리이냐

하는 것이 중요한 것입니다.

　한번은 의사들의 연차 모임에서 저에게 과학과 종교에 대해서 강연을 해달라고 요청을 했습니다. 비기독교인들을 대상으로 하는 강연이었기 때문에 많은 생각을 했습니다. 그런데 다행히 그 해의 의사협회 회장이 마침 예수 믿는 사람이었습니다. 그래서 시작할 때 저는 설교나 신학강의를 하지는 않겠다고 먼저 안심하게 해드렸습니다. 그 대신 저에게 단 두 가지, 철학과 종교에 관한 것에 대해 질문을 하면 성심껏 대답하겠다고 말했습니다.

　그랬더니 한 사람이 손을 번쩍 들면서 첫 번째 질문을 했습니다. 어째서 기독교는 그렇게 배타적이냐 하는 것이었습니다. 다른 종교들은 그렇지 않은데 기독교만은 오직 자기들만이 참 종교라고 고집하는 것이 너무 못마땅하다는 것이었습니다.

　그래서 저는 그 사람들 중에 혹시 하버드대학을 나온 사람이 있느냐고 물었습니다. 그러자 한 사람이 손을 들었습니다. 저는 그 사람에게 하버드대학의 로고를 알고 있느냐고 했습니다. 그러자 그 사람이 "베리따스 룩스메아"라고 대답했습니다. 그 말은 라틴어인데 "진리가 나의 빛"이란 말입니다.

　그 대답을 듣고 나서 제가 이렇게 설명했습니다.

　"이 말은 요한복음 14:6 말씀과도 관계가 있는데 "내가 곧 길이요 진리요 생명이니 나로 말미암지 않고는 아버지께 올 자가 없느니라"라고 예수께서 하신 말씀이 있습니다. 본래 쓰여진 회랍어 문장에는 이중 부정사가 들어있는데, 이중 부정은 곧 긍정입니다. 마치 수학에서 마이너스에 마이너스를 곱하면 플러스가 되는 것과 같은 이치입니다. 그래서 '예수님만' 이라는 배타적인 의미로 해석하지 말고 '예수님을 통해서는 누구든지' 라는 긍정적인 해석을 해야 합니다."

그리고 "그렇다면 당신을 비롯해서 이 자리에 앉아 계신 여러분 중 누구든지 예수님을 통해서 하나님께 갈 수 있는 것입니다"라고 했습니다. 누구든지 하나님께 갈 수 있다는 진리를 기독교는 절대적으로 믿고 양보할 수 없는 진리로 주장합니다.

이렇게 생각하면 예수님은 배타적이 아니고 무한히 포괄적인 분입니다. 그 질의문답 형식의 강연을 마치고 나자 세 사람이 저에게 와서 예수 믿겠다고 결신했습니다.

성경의 말씀을 어떻게 받아들여서 설명할 수 있는가 하는 것은 개인의 지혜에 달린 것입니다. 같은 말이라도 부정적으로 해석하면 편협하고 배타적인 것이 되지만, 한 번만 다시 생각하면 아주 긍정적이고 광범위한 것이 될 수 있습니다.

하나님의 길은 그렇게 좁고 어려운 것이 아니라 넓고 쉬운 것입니다. 하나님의 폭넓은 사랑을 거부하는 사람에게는 좁은 길입니다. 그러나 하나님의 길에 막상 들어서면 쉽습니다. 순종하면 됩니다. 간음하지 말라면 하지 말고 용서하라면 용서해 주면 되는 것입니다.

그런데 하나님의 의도를 떠나 자기 식대로 변형을 시키기 때문에 하나님의 의도와는 어긋나는 해석을 하게 되는 것입니다. 그 결과 하나님의 말씀을 지키기 복잡하고 어려워집니다. 하나님이 하라는 대로만 하면 모든 것이 쉬워집니다. 인간의 성품도 단순해지며 깨끗해집니다.

예수님만이 살아 있는 막대기요 꽃이 피는 막대기입니다. 다른 막대기는 모두 생명을 잃어버렸고 다시 살 수 없는 죽은 막대기입니다. 예수님은 일시적으로 죽은 것 같았으나 살아서 생명을 얻게 하고 꽃 피게 하는 분이십니다. 예수님만이 하나님께서 인정하신 단 한 분의 대제사장입니다.

하나님께서 선택하신 막대기는 아론의 막대기 하나뿐이었습니다. 그래서 다른 것들은 감히 흉내를 낼 수 없도록 하시고 그 하나만 언약의 궤에 넣도록 하신 것입니다. 구약성경을 해석할 때에는 기독론적으로 예수님을 모형으로 해서 해석하면 큰 어려움 없을 것입니다.

백성들의 반응

12-13절에는 백성들의 큰 두려움이 나타나 있습니다. 백성들은 하나님께서 회막 가까이만 가도 죽이실 것처럼 생각합니다.

"이스라엘 자손이 모세에게 말하여 가로되 보소서 우리는 죽게 되었나이다 망하게 되었나이다 다 망하게 되었나이다 가까이 나아가는 자 곧 여호와의 성막에 가까이 나아가는 자마다 다 죽사오니 우리가 다 망하여야 하리이까."

거룩하신 하나님 앞에 죄인이 나타나는 것은 죽음으로 가는 것임에 틀림없습니다. 레위기에 보면 하나님께 접근하는 방법에 있어서 (1) 제물을 드리며 접근하는 방법이 있고 (2) 제사장을 통해서 접근하는 방법이 있고 (3) 국가적인 속죄제를 통해서 접근하는 방법이 있습니다. 그런데 죄인인 인간이 하나님께 직접 접근하면 그 사람은 죽게 되어 있습니다. 너무 뜨거운 풀무불 앞에 섰다가 타 죽는 것과 마찬가지입니다.

자신들에게 주어진 책임에 충실하지 못하면서 레위인들의 직분을 탐내었던 이스라엘 백성들은 구별된 자만이 하나님의 성전에 가까이 할 수 있도록 허락하시는 하나님의 법에 따라 죽음을 맞게 되자 급하게 모세에게 해결책을 구하고 있습니다.

이것은 하나님이 제시하신 유일한 구원의 길, 곧 예수님에 대한 불만은 곧 죽음의 길임을 암시하고 있는 것입니다.

제사장 직분에 대한 규칙

18장에서는 하나님께서 제사장에 대한 법을 제시해 주심으로 아론의 제사장직을 확립시키십니다. 왜냐하면 17장에서 아론의 제사장직에 대한 반역이 있었기 때문입니다. 따라서 18장은 아론의 제사장직을 확립시켜주는 동시에 제사장들과 레위인들의 책임을 상기시켜주고 있습니다.

제사장의 책임

18:1에서 하나님께서는 제사장직을 오직 제사장 아론과 그 후손에게만 맡기셨습니다.

"여호와께서 아론에게 이르시되 너와 네 아들들과 네 종족은 성소
에 대한 죄를 함께 담당할 것이요 너와 네 아들들은 너희가 그 제
사장 직분에 대한 죄를 함께 담당할 것이니라."

아론과 그 후손들로 구성된 제사장들만이 성막의 일을 수행할 수 있
는 책임을 가지고 있음을 하나님께서는 다시 한번 확인해 주십니다.
여기서 하나님께서 제사장의 역할과 책임에 대해 아론에게 말씀하십
니다. 이것은 민수기의 다른 곳에서는(2:1, 4:1, 19:1) 모세와 아론에
게 함께 말씀하셨던 것과 비교됩니다.

제사장직에 대해 아론에게 말씀하시면서 하나님은 제사장이 성전
의 죄를 담당하라고 말씀하십니다(1절). 성전과 관계된 모든 죄 중에
는 다단과 아비후 그리고 고라 등의 죄도 포함되어 있습니다. 제사장
과 레위인들은 성소에 대한 죄와 제사장 직분에 대한 죄를 담당해야
했습니다.

이 말은 언뜻 듣기에 이해하기가 어려운 말입니다. 제사장과 레위인
들이 하나님의 허락에 의해서 성전에 관한 업무들을 수행하기는 했지
만 그들 역시 죄인이기에 똑같이 죄를 범할 수 있으므로, 이스라엘 백
성들이 지은 죄뿐 아니라 자신이 지은 죄에 대한 것까지 책임을 지라
는 말로 이해할 수 있습니다.

제사장의 직무에는 성물을 다루면서 지극히 거룩하신 하나님이 정
하신 의식을 준수하는 엄청난 일이 포함되어 있었기 때문에 그것을 시
행하는 과정에서 자신도 알지 못하는 실수나 죄를 범할 수 있었던 것
입니다.

또 대부분의 레위인들은 제사장이 아니었으므로 제사장의 모든 특권을 누릴 수 없었습니다. 그럼에도 불구하고 그들에게 제사장의 보조자로서 제한된 기능을 허락하셨습니다. 현대로 말하자면, 목회자들이 있고, 목회자들을 보좌하는 직원과 예배에 수종 드는 성가대나 예배위원들이 옛날의 레위인들과 비슷한 역할을 합니다.

3-4절을 보십시오.

> "레위인은 네 직무와 장막의 모든 직무를 지키려니와 성소의 기구와 단에는 가까이 못하리니 두렵건대 그들과 너희가 죽을까 하노라 레위인은 너와 합동하여 장막의 모든 일과 회막의 직무를 지킬 것이요 외인은 너희에게 가까이 못할 것이니라."

레위인들의 사역에는 성막의 기구와 큰 번제단을 다루는 일 외에 모든 것이 포함되었습니다. 이런 직분을 제대로 지키지 않는다면 제사장들뿐만 아니라 레위인도 죽음을 면치 못했습니다.

하나님께서는 제사장들의 성소와 단을 지키는 일을 제대로 해내지 못하면 그 화가 백성들에게까지 미칠 것이지만 그 일을 잘 수행하면 다시는 이스라엘 백성들에게 화가 미치지 않을 것이라고 약속해 주셨습니다.

제사장직은 하나님께서 허락하신 특별한 은사였습니다. 마찬가지로 오늘날의 목회자직도 하나님의 특별한 선물입니다. 따라서 목회자들이 주님의 일을 성실히 이행하면 하나님의 백성들에게 은혜와 복이 있으나 그렇지 못하면 영적인 파멸을 가져올 수도 있습니다.

6절을 보십시오.

> "보라 내가 이스라엘 자손 중에서 너희 형제 레위인을 취하여 내게 돌리고 너희에게 선물로 주어 회막의 일을 하게 하였나니."

그러나 레위인들이 할 수 있는 일들과 제사장이 할 수 있는 일 사이에는 차이가 있었습니다. 하나님께서 선택하신 아론과 아론의 아들들은 제사장으로 섬기며 장막 안에 들어갈 수 있었지만 다른 레위인들은 장막 안에 들어갈 수 없었습니다. 하나님께서는 그곳에 들어가는 사람은 죽을 것이라고 엄히 경고하셨습니다. 거룩하신 하나님에게 죄인이 허락 없이 함부로 접근할 수 없음을 보여주는 것입니다.

> "너와 네 아들들은 단과 장 안의 모든 일에 대하여 제사장의 직분을 지켜 섬기라 내가 제사장의 직분을 너희에게 선물로 주었은즉 거기 가까이 하는 외인은 죽이울지니라"(민 18:7).

제사장과 레위인의 특권

제사장이 그 직분을 유지하기 위해서는 생활에 필요한 여러 가지가 충족되어야 했습니다. 다른 지파들은 기업으로 물려받은 것들이 있지만 레위인은 하나님께 바친 바 된 사람들이므로 다른 기업을 소유할 수 없었습니다. 따라서 그들은 하나님께서 주시는 제물을 사용하였습니다. 9-10절은 제사장과 레위인들이 여호와 하나님께 봉사한 대가로 받을 수 있는 거제물의 응식(應食)에 대해 이야기합니다.

9-10절을 보십시오.

"지성물 중에 불사르지 않은 것은 네 것이라 그들이 내게 드리는 모든 예물의 모든 소제와 속죄제와 속건 제물은 다 지극히 거룩한즉 너와 네 아들들에게 돌리리니 지극히 거룩하게 여김으로 먹으라 이는 네게 성물인즉 남자들이 다 먹을지니라."

하나님께 드려진 제물은 제사장의 책임이요 제사장에게 주신 하나님의 선물입니다. 제사장과 레위인들은 백성들이 드린 예물 중에 불사르지 않은 것에 한해서는 하나님께서 주신 응식으로 먹을 수 있었습니다. 불에 금방 타버리는 것들은 하나님께 속한 것이라 여겨졌기 때문에 제사장이라 해도 먹을 수 없었습니다. 하나님과 사람 사이에 초월적 간격이 있는 것입니다.

레위기 3장에 의하면 대부분의 희생 제물에서 여호와께 태워 바치는 부분은 기름과 간 콩팥 같은 내장들이었습니다. 그리고 그것들은 지성물이었기 때문에 제사장들과 그들 가족 중 남자들만 먹을 수 있었습니다. 나머지 가족들은 거제물과 요제물을 먹을 수 있었습니다.

그러나 이것을 아무나 먹을 수 있었던 것은 아닙니다. 오직 정결한 자만이 먹을 수 있었습니다. 또한 모든 예물은 화목제물과 같은 것이었는데 정결한 자만이 먹을 수 있는 자격이 있었습니다.

응식에 있어서 하나님께서는 제사장과 레위인들에게 특별한 대우를 하셨는데 이스라엘 백성이 바치는 첫 곡식을 그들이 먹을 수 있는 특권을 부여하신 것입니다. 구별된 하나님이 느껴집니다.

12-14절을 보십시오.

> "그들이 여호와께 드리는 첫 소산 곧 제일 좋은 기름과 제일 좋은
> 포도주와 곡식을 네게 주었은즉 그들이 여호와께 드리는 그 땅 처
> 음 익은 모든 열매는 네 것이니 네 집에 정결한 자마다 먹을 것이
> 라 이스라엘 중에서 특별히 드린 모든 것은 네 것이 되리라."

제사장과 그들의 가족들은 하나님께 바쳐진 기름과 포도주와 곡식
등을 포함하는 이스라엘의 첫 소산을 취할 수 있었습니다. 그 예물들
은 여호와께 제물로 바쳐졌음에도 불구하고 첫 소산은 제단에서 불사
르지 아니하고 제사장들에게 돌려졌습니다.

그리고 그렇게 예물로 드리는 것 중에는 음식물뿐만 아니라 사람과
짐승의 처음 난 것들도 포함되었습니다.

15-16절을 보십시오.

> "여호와께 드리는 모든 생물의 처음 나는 것은 사람이나 짐승이나
> 다 네 것이로되 사람의 처음 난 것은 반드시 대속할 것이요 부정한
> 짐승의 처음 난 것도 대속할 것이며 그 사람을 속할 때에는 난 지
> 일 개월 이후에 네가 정한 대로 성소의 세겔을 따라 은 다섯 세겔
> 로 속하라 한 세겔은 이십 게라니라."

사람과 부정한 짐승의 처음 난 것은 은 다섯 세겔로 속함을 받았습
니다. 따라서 사람이나 짐승이 처음 나면 제단에 바치는 대신에 그것
에 상당하는 금액을 제사장에게 갖다 바치면 되었습니다.

정결한 짐승이 처음 났을 때에는 처리하는 방법이 달랐습니다.

> "오직 소의 처음 난 것이나 양의 처음 난 것이나 염소의 처음 난 것은 속하지 말지니 그것들은 거룩한즉 그 피는 단에 뿌리고 그 기름은 불살라 여호와께 향기로운 화제로 드릴 것이며 그 고기는 네게 돌릴지니 흔든 가슴과 우편 넓적다리같이 네게 돌릴 것이니라" (민 18:17-18).

하나님께서 정결한 짐승이라고 정하신 소나 양이나 염소는 오직 여호와 하나님께 드려서 그 단에 제물로 드려야 했습니다. 그러나 그 고기는 보통 제사에서처럼 제단에서 태우지 않고 제사장들에게 주어졌습니다. 은이나 금 같은 것으로 대체할 수는 없었지만 그 제물 역시 제단에 드린 후에는 제사장들이 먹을 수 있었습니다.

이렇게 제사장들이 취할 수 있는 응식에 대해 말씀하신 후 하나님은 이것을 소금 언약으로 확증하십니다.

> "이스라엘 자손이 여호와께 거제로 드리는 모든 성물은 내가 영영한 응식으로 너와 네 자손에게 주노니 이는 여호와 앞에 너와 네 후손에게 변하지 않는 소금 언약이니라"(민 18:19).

이러한 응식들은 하나님과 레위 지파 사이에 맺어진 '소금 언약' 이었습니다. '소금 언약' 이라는 말은 변치 않는 언약이라는 것을 상징합니다. 소금은 부패하지 않으며 변하지 않는 속성이 있기 때문에 하나님과 레위 족속 사이의 언약이 확고부동하며 변하지 않는다는 것을 보여주는 것이라는 의미입니다.

레위기 2:13에 보면 소금을 제단에 뿌리기도 했는데 그것 역시 변하지 않는 언약 관계를 상징하는 것으로 사용되었습니다.

또 제사장들은 제사에 드려진 성물을 음식으로 취할 수 있는 권리가 있었고 레위인들은 십일조를 받아서 사용할 수 있는 권리가 있었습니다. 제사장들과 레위인들에게 땅의 유업은 없으나 제사장들은 하나님께서 주시는 제물을 사용하고 레위인들은 십일조를 받아서 사용하라고 말씀하고 있습니다.

20-21절을 보십시오.

> "여호와께서 또 아론에게 이르시되 너는 이스라엘 자손의 땅의 기업도 없겠고 그들 중에 아무 분깃도 없을 것이나 나는 이스라엘 자손 중에 네 분깃이요 네 기업이니라 내가 이스라엘의 십일조를 레위 자손에게 기업으로 다 주어서 그들의 하는 일 곧 회막에서 하는 일을 갚나니."

제사장과 레위인들은 비록 다른 지파들처럼 땅을 기업으로 가질 수는 없었지만 여호와 하나님께서 그들의 기업이 되셨습니다. 이 말은 레위인들이 그들 따로 기업을 받지 않은 것과 성막에서의 봉사에 대한 보상으로 이스라엘 백성으로부터 십일조를 받으리라는 말씀입니다. 토지를 갖지 않고도 살아갈 수 있는 기반을 이스라엘 백성들의 십일조로 마련하여 주신 것입니다.

그런데 여기서 우리가 다시 생각해야 할 것은 여호와께서 우리의 유업이 되신다는 말입니다. 믿는 사람들인 우리에게는 여러 가지 유업이 있을 수 있습니다. 이스라엘의 다른 지파들처럼 땅을 유업으로 얻을 수도 있고 많은 부를 얻을 수도 있으며 현대 사회인만큼 큰 건물이나 권력이나 명예나 학벌을 유업으로 받을 수도 있습니다.

그러나 그런 어떤 종류의 기업보다도 **하나님께서 우리에게 가장 큰 재산**이 되심을 알아야 합니다.

현대를 사는 우리들은 모두 제사장입니다. 구약시대의 레위나 제사장들처럼 **우리는 하나님을 기업으로 받은 사람들입니다.** 어떤 종류의 복 받기를 구하기보다 우리 자신이 복의 근원이 되는 사람, 물질을 구하기보다 하나님을 구하는 사람, 이런 사람이 바로 하나님을 기업으로 가진 사람들입니다.

하나님께서는 자기 종들을 돌보십니다. 또한 하나님은 모든 것을 창조하셨으며 다스리는 분이십니다. 그것을 믿는 우리들이 다른 어떤 기업을 더 바라겠습니까? 우리에게 힘이 있다면 그것은 하나님이 우리의 기업이 되시겠다고 하신 바로 그 말씀일 것입니다. 없어지지도 닳아지지도 않을 영원 불변하시는 하나님이 바로 나의 기업이 되시겠다고 하신 것을 잊지 말고 잃지 않아야 하겠습니다.

레위인의 의무
지금까지는 제사장의 직분과 레위인들의 권리 등에 대해 말씀하신 것이기 때문에 하나님은 오직 아론에게만 말씀하셨습니다. 그러나 25-32절까지는 레위인들이 해야 할 의무들을 하나님께서 모세에게 일러주시는 장면입니다. 제사장과 레위인과의 문제이기에 모세에게 지시하십니다.

제사장들과는 달리 레위인들은 성막에 접근할 수 있었으므로 이스라엘의 십일조는 레위인이 받도록 명하십니다. 그리고 레위 사람들은 자기 지파의 기업이 없는 대신 다른 지파에서 바친 십일조를 가지고 생활을 했습니다.

"여호와께서 모세에게 일러 가라사대 너는 레위인에게 고하여 그에게 이르라 내가 이스라엘 자손에게 취하여 너희에게 기업으로 준 십일조를 너희가 그들에게서 취할 때에 그 십일조의 십일조를 거제로 여호와께 드릴 것이라"(민 18:25-26).

계속해서 28절을 보십시오.

"너희는 이스라엘 자손에게서 받는 모든 것의 십일조 중에서 여호와께 거제로 드리고 여호와께 드린 그 거제물은 제사장 아론에게로 돌리되."

레위인 역시 자기가 받은 것 중에서 십일조를 바쳐야 했습니다. 성막 일을 돌보는 레위인들이라 할지라도 하나님께 드리는 십일조를 바치는 의무에서 제외될 수는 없었습니다. 누구든지 하나님께서 먹이시는 자는 하나님께 십일조를 드릴 의무가 있습니다.

레위인들이 바치는 십일조에는 곡물과 포도도 있었는데, 그것들은 그들이 직접 경작한 것이라야 했습니다. 그리고 반드시 그들이 생산

한 것들 중에 가장 좋은 것을 바쳐야 했습니다. 언제나 하나님께는 가장 좋은 것으로 우선적으로 드려야 합니다. 레위인들이 드린 제물은 제사장에게 돌려져 여호와 하나님께 드리는 거룩한 제물로 성막에 바쳐졌습니다.

제물로 드리고 난 나머지는 성막의 어디서든지 먹을 수 있었습니다. 그것은 원래부터 제사장들의 몫이 아니라 레위인들의 몫이었기 때문입니다.

30-31절을 보십시오.

"이러므로 너는 그들에게 이르라 너희가 그 중에서 아름다운 것을 취하여 드리고 남은 것은 너희 레위인에게는 타작 마당의 소출과 포도즙 틀의 소출같이 되리니 너희와 너희 권속이 어디서든지 이것을 먹을 수 있음은 이는 회막에서 일한 너희의 보수임이니라."

백성들의 십일조를 받아 사는 레위인들이 그들 자신이 받은 십일조 중의 십일조를 바쳤으면 백성들이 바친 예물을 하나님 뜻대로 쓴 것이므로 하나님 앞에 비난받을 일이 없었습니다.

그러나 레위인들은 십일조 외의 다른 제물에는 손대지 말아야 했습니다. 이스라엘 자손들의 성물에 함부로 손을 대면 죽음을 당할 수도 있었습니다.

32절을 보십시오.

"너희가 그 중 아름다운 것을 받들어 드린즉 이로 인하여 죄를 지지 아니할 것이라 너희는 이스라엘 자손의 성물을 더럽히지 말라 그리하면 죽지 아니하리라.”

누구든지 자신에게 주어진 일을 충실하게만 수행한다면 하나님 앞에서 두려워하거나 죽음의 벌을 겁낼 필요가 없습니다. 마음속에 하나님께 대한 공포나 죽음에 대한 두려움이 있을 때에는 자신에게 주어진 임무를 충실히 수행하지 못했거나 하나님 앞에서 죄를 지었을 때입니다. 그 공포는 하나님을 경외하는 마음에서 오는 것이라기보다는 사탄이 그 마음 가운데 넣어준 두려움 때문에 생기는 것입니다.

하나님께 대한 막연한 공포심에서 벗어나려면 자신이 할 수 있는 최선을 다하여 주어진 하나님의 일을 수행하고, 그 일을 수행함으로 인하여 누리도록 허락하신 은혜를 충분히 누리며 살아야 할 것입니다.

하나님이 우리의 기업입니다. 다른 모든 것을 소유하였을지라도 하나님을 기업으로 삼고 있지 않다면 우리는 아무것도 갖지 못한 사람과 마찬가지입니다. **하나님을 기업으로 삼은 사람은 모든 것을 가진 사람입니다.**

제사장들과 레위인들이 하나님 외에는 아무런 기업을 갖지 않았을 때, 하나님은 그들에게 하나님의 것으로 채워주셨습니다. 하나님은 자기에게 헌신하고 순종하는 자기 백성을 외면하시는 분이 아닙니다. 우리가 그의 나라와 그 의를 구할 때 우리에게 모든 것을 채워주시는 하나님이십니다.

바로 그 하나님이 우리 하나님 여호와이십니다.

네 죄를 정결케 하라

2장 (민 19:1-22)

누구든지 들에서 칼에 죽이운 자나 시체나 사람의 뼈나 무덤을 만졌으면 칠 일 동안 부정하리니 그 부정한 자를 위하여 죄를 깨끗하게 하려고 불사른 재를 취하여 흐르는 물과 함께 그릇에 담고 정한 자가 우슬초를 취하여 그 물을 찍어서 장막과 그 모든 기구와 거기 있는 사람들에게 뿌리고 또 뼈나 죽임을 당한 자나 시체나 무덤을 만진 자에게 뿌리되 그 정한 자가 제 삼일과 제 칠일에 그 부정한 자에게 뿌려서 제 칠일에 그를 정결케 할 것이며 그는 자기 옷을 빨고 물로 몸을 씻을 것이라 저녁이면 정하리라 사람이 부정하고도 스스로 정결케 아니하면 여호와의 성소를 더럽힘이니 그러므로 총회 중에서 끊쳐질 것이니라 그는 정결케 하는 물로 뿌리움을 받지 아니하였은즉 부정하니라

네 죄를 정결케 하라

민수기 19장의 내용은 정결케 하는 물에 관한 내용입니다. 시체와 접촉을 한 사람은 물로 씻어서 정결케 해야 했는데, 아무 물이나 사용할 수 있는 것이 아니라 어린 암소를 제물로 바치고 그것을 태워서 얻은 재를 탄 물이라야만 정결 예식에 사용할 수 있었습니다. 그리고 부정하면서도 이런 예식을 치르지 않는 사람은 부정한 사람이므로 이스라엘 백성 가운데서 추방해버려야 했습니다.

사람의 시체이든 동물의 시체이든 그것과 접촉을 한 사람은 누구나 부정한 사람이었습니다. 그것은 눈에 보이게 부정하다는 것이 아니라 하나님께서 부정하다고 정하셨기 때문에 부정한 것입니다. 그리고 여기에는 여러 가지 영적인 의미가 포함되어 있습니다.

이스라엘에서 시체와의 접촉은 개인적인 부정함을 의미했습니다. 이것은 생활전체를 종교적인 것으로 보거나 종교적인 중요성을 지니는 것으로 보기 때문이었습니다. 또한 피부병도 죄를 상징하기 때문에 부정함을 의미했습니다. 그래서 미리암이 모세에게 반역했을 때문둥병에 걸린 것은 미리암을 부정하게 함으로써 그가 반역죄를 저질렀음을 보여주는 것이기도 했습니다.

마찬가지로 열왕기하 5장에 나오는 나아만의 병은 그의 죄 많은 상태를 나타내는 것이었습니다. 그래서 나아만이 고침을 받자마자 이스라엘의 여호와만이 하나님이시라는 사실을 깨달았던 것입니다.

죽은 자와 접촉하는 것은 육체적 죽음이 영혼의 죽음과 관계를 가지고 있다고 여겨졌기 때문에 특별히 더 불경스러운 체험이었습니다. 그래서 시체와 접촉하게 된 사람들의 부정함을 정결케 하는 수단이 강구되어야 했습니다.

민수기 19장의 내용은 어떤 행위가 부정하며 어떻게 해야 부정함을 씻고 정결함을 찾을 수 있는지를 보여주고 있습니다.

정결 예식에 쓰일 제물

먼저 2절을 보십시오.

> "여호와의 명하는 법의 율례를 이제 이르노니 이스라엘 자손에게 일러서 온전하여 흠이 없고 아직 멍에 메지 아니한 붉은 암송아지를 네게로 끌어오게 하고."

하나님께서는 정결 예식에 쓰일 제물로서 아무 소나 바치게 하지 않으시고 붉은 소, 즉 젊고 왕성한 암소를 바치게 하셨습니다. 그 암소는 아주 갓난 암소여서도 안 되고 너무 나이가 많은 소도 안 되었습니다.
이 붉은 소가 예수 그리스도의 피를 상징한다고 해석하는 분들이 있습
니다. 그러나 대부분은 생명력이 왕성한 젊은 소를 의미한다고 해석
합니다.

제물이 될 소의 또 하나의 조건은 아직 멍에를 메어 보지 않은 소라
야 했습니다. 이것은 이미 멍에를 메고 일을 해서 기운이 다 빠지고 힘
이 없는 소는 안 된다는 뜻입니다. 예수님께서도 젊고 힘이 넘치는 30
대에 우리를 위해서 화목 제물이 되지 않으셨습니까? 우리도 젊을 때
부터 힘을 다해 하나님을 섬겨야 합니다.

암소는 성경에 보면 생명의 상징이었음을 알 수 있습니다. 히브리어
로 암소는 '파라' 라고 하는데 이 말을 문자적으로 해석을 하면 '열매
를 맺는' 이라는 뜻입니다. 따라서 그 어원에 따르면 '생명을 낼 수 있
는' 의 의미를 지닌 것입니다.
4-6절을 보십시오.

> "제사장 엘르아살은 손가락에 그 피를 찍고 그 피를 회막 앞을 향
> 하여 일곱 번 뿌리고 그 암소를 자기 목전에서 불사르게 하되 그
> 가죽과 고기와 피와 똥을 불사르게 하고 동시에 제사장은 백향목
> 과 우슬초와 홍색실을 취하여 암송아지를 사르는 불 가운데 던질
> 것이며."

그런데 소를 잡는 일은 진 안에서는 할 수 없었습니다. 반드시 성 밖

으로 끌고 나가서 죽여야 했습니다. 부정한 것은 진 안에 둘 수 없었기 때문입니다. 그리고 죽이는 일은 죄의 대가를 지불해야 할 회중의 대표자가 제사장 앞에서 죽이도록 되어 있었습니다.

예수님도 죽음을 당하실 때는 이 암소와 마찬가지로 성문 밖으로 끌려나가지 않으셨습니까? 그와 마찬가지입니다. 예수님은 죄가 없으시지만 죄인으로 인정을 받으신 것입니다.

그리고 제사장이 그 암소의 피를 손가락에 찍어서 회막 앞에서 일곱 번을 뿌리게 되어 있었습니다. 이 일곱이라는 수는 완전한 수를 나타내는 것으로서 완전히 정결하게 되었다는 것을 상징합니다. 예수 그리스도의 성스러운 피로 덮어씌우는 것을 의미합니다. 예수님으로 말미암아 우리는 완전하게 죄씻음을 받았습니다.

이것이 바로 신약적인 용어로는 '구속' 이라고 하는 것입니다. 히브리어로 '구속' 이라는 말은 '코페르' 라고 합니다. 이 말은 영어의 '카바' 라는 말과 비슷합니다. 물론 뜻이 같은 것은 아니지만 예수님의 피로 죄를 덮는다는 의미를 연상할 수도 있을 것입니다.

그러나 짐승의 피가 죄를 용서할 수 있는 것은 아닙니다. 히브리서에서도 짐승의 피가 죄를 용서하는 것은 아니라고 말씀하고 있습니다 (히 9:11-14). 짐승의 피는 예수님의 피를 대신하는 하나의 상징이었습니다. 그래서 한 번의 속죄로 끝나는 것이 아니라 계속해서 짐승을 죽이도록 되어 있었던 것입니다.

이 속죄제물로 바쳐진 붉은 암소는 완전하게 다 태워야만 했습니다. 어느 것 하나 남김없이 모두 태워서 완전하고도 철저한 죽음을 당하도록 되어 있었던 것입니다.

시체라고 하는 것은 죽음의 결과이고 이 죽음은 죄로부터 오는 것입니다. 죄의 삯이 사망이기 때문입니다. 그래서 죽은 시체는 부정한 것이고 이 부정한 것과 접촉하는 것들도 같이 부정하게 되었던 것입니다. 그리고 그 부정한 것을 깨끗하게 하기 위해서는 반드시 희생 제물이 따라야 하기 때문에 암소를 태운 재가 필요했던 것입니다.

암소를 태울 때는 백향목과 우슬초와 홍색실도 함께 태워졌는데, 이 세 가지는 피부병의 정결예식에도 쓰여졌던 것입니다. 백향목은 언제나 푸르고 향기롭기 때문에, 우슬초는 출애굽 때 양의 피를 바르는 데 썼기 때문에, 그리고 홍색실은 피 그 자체를 상징하는 것이기 때문에 선택된 것입니다. 이 세 가지와 암소의 재는 함께 혼합되어 정결함을 유발시키는 것으로 쓰였습니다.

그런데 이 예식을 행하다 보면 부정한 것들과 접촉하는 사람들이 생기게 되어 있었습니다. 제사장은 죽은 암소의 피를 찍어서 뿌렸기 때문에 시체와 접촉한 것이 되고, 암소를 죽이는 사람 역시 시체를 만진 사람이 되었습니다. 또 암소를 태운 재를 가지고 온 사람도 역시 부정한 사람이 되는 것입니다. 정결케 하는 제물을 만드는 사람 역시 더러운 재를 만지지 않고는 정결한 물을 만들 수 없었습니다. 제사장이 그 물을 우슬초에 묻혀서 뿌릴 때에 부정하지 않은 상태에서 그 물에 닿은 사람도 부정한 사람이 되었습니다.

"그 암소를 자기 목전에서 불사르게 하되 그 가죽과 고기와 피와 똥을 불사르게 하고 동시에 제사장은 백향목과 우슬초와 홍색실을

취하여 암송아지를 사르는 불 가운데 던질 것이며 제사장은 그 옷을 빨고 물로 몸을 씻은 후에 진에 들어갈 것이라 그는 저녁까지 부정하리라 송아지를 불사른 자도 그 옷을 물로 빨고 물로 그 몸을 씻을 것이라 그도 저녁까지 부정하리라"(민 19:5-9).

즉, 죄의 결과인 죽음과는 어떤 방법으로 접촉을 했든지 간에 부정한 사람이 되는 것이었습니다. 이 모습은 죄로 인해 죽게 된 우리 인간들의 모습이라고 할 수 있습니다. 이 정결케 하는 예식은 지금은 행해지지 않고 있지만 예수 그리스도를 통해서 그 영적 의미는 지금도 이루어지고 있는 것입니다.

정결케 하는 물

11-16절 사이에는 이 재가 어디에 쓰이는지가 나와 있습니다. 먼저 11-16절을 보면 어떤 시체든지 간에 그 시체와 접촉을 한 자는 칠 일간 부정한 사람이었습니다. 그래서 시체를 접촉한 사람은 두 번을 씻어야 했습니다. 제 삼 일째 되는 날과 제 칠 일째 되는 날에 재로 만든 물로 씻는 예식을 행해야 했습니다.

"사람의 시체를 만진 자는 칠 일을 부정하리니 그는 제 삼 일과 제 칠 일에 이 잿물로 스스로 정결케 할 것이라 그리하면 정하려니와 제 삼 일과 제 칠 일에 스스로 정결케 아니하면 그냥 부정하니 누구든지 죽은 사람의 시체를 만지고 스스로 정결케 아니하는 자는

여호와의 성막을 더럽힘이라 그가 이스라엘에서 끊쳐질 것은 정결
케 하는 물을 그에게 뿌리지 아니하므로 깨끗케 되지 못하고 그 부
정함이 그저 있음이니라"(민 19:11-13).

이렇게 재를 탄 물로 자신을 정결하게 하지 않는 사람은 자기 자신
은 물론이고 성막까지 부정하게 하는 사람이 되는 것이었습니다. 그
래서 그 사람은 성막 가까이에는 갈 수가 없었고 만약 가까이 오는 사
람이 있다면 반드시 쫓아내야 했습니다.

13절을 보면 시체를 만지고도 정결케 되는 예식을 치르지 않은 사람
은 이스라엘 백성 중에서 끊쳐지리라고 했습니다. 이 말은 예전에는
죽여야 한다는 뜻으로 해석이 되기도 했습니다. 그러나 사실은 이스
라엘 진 중에 들어오지 못하도록 추방한다는 뜻입니다. 하나님의 거
룩한 백성들 중에 부정한 백성은 들어올 수 없다는 것입니다.

시편 1편에 보면 악인이 의인의 회중에 들지 못한다고 기록되어 있
습니다. 그것과 같은 의미로 해석해야 합니다.

"장막에서 사람이 죽을 때의 법은 이러하니 무릇 그 장막에 들어가
는 자와 무릇 그 장막에 있는 자가 칠 일 동안 부정할 것이며 무릇
뚜껑을 열어 놓고 덮지 아니한 그릇도 부정하니라"(민 19:14-15).

14절에는 장막 안에서 사람이 죽었을 경우에 관해서 이야기하고 있
습니다. 만일 장막 안에서 사람이 죽었으면 그 장막 안에 있는 모든 것
은 다 칠 일 동안 부정한 것이 되었습니다. 그 시체가 있는 천막을 드
나들었거나 그 사람이 죽을 때에 마침 그 안에 있었던 사람도 모두 부

정한 사람이 되었습니다. 그리고 그 안에 있는 물건들도 뚜껑을 덮어 놓은 것은 괜찮지만 뚜껑을 열어 둔 것은 시체와 접촉한 것이 되어서 다 부정한 물건이 되었습니다.

이것은 의학적으로도 근거가 있는 것입니다.

미국의 맥밀란이라는 의사가 쓴 책(*None of these Disease*)에 보면 시체와 접촉한 사람들과 기물들을 정결케 하는 예식은 사람은 일단 죽으면 그 순간부터 부패하기 시작하기 때문에 그 균이 시체 주변의 물건들과 사람들을 감염시키는 것을 예상하고 만들어진 것이라고 말합니다.

한국에서도 시신을 둔 방에는 향을 피우지 않습니까? 이것 역시 시신이 썩으면서 나는 냄새와 균을 제거하기 위해서 그렇게 하는 것입니다.

그러나 이스라엘의 예식은 사실 의학적이었다기보다는 영적이고 상징적인 것으로 보아야 합니다. 이렇게 부정하게 된 것들은 모두 제물을 태워서 생긴 재를 타서 만든 정결수를 우슬초에 묻혀서 시체를 접촉한 것들 위에 뿌렸습니다.

이 우슬초는 30cm 정도 되는 풀로, 예수님께서 십자가에 달리셨을 때 초를 발라서 입을 축이게 해 주었던 바로 그 풀입니다. 그래서 이 우슬초의 길이로 짐작을 해 볼 때에는 예수님께서 달리셨던 그 십자가가 그림이나 영화에서 보듯이 높은 것이 아니라 우슬초를 들고 팔을 뻗으면 십자가에 달린 사람의 입에 닿은 정도의 높이였다고 생각할 수 있습니다.

계속해서 17-19절 말씀을 살펴보시겠습니다.

"그 부정한 자를 위하여 죄를 깨끗하게 하려고 불사른 재를 취하여 흐르는 물과 함께 그릇에 담고 정한 자가 우슬초를 취하여 그 물을 찍어서 장막과 그 모든 기구와 거기 있는 사람들에게 뿌리고 또 뼈나 죽임을 당한 자나 시체나 무덤을 만진 자에게 뿌리되 그 정한 자가 제 삼 일과 제 칠 일에 그 부정한 자에게 뿌려서 제 칠 일에 그를 정결케 할 것이며 그는 자기 옷을 빨고 물로 몸을 씻을 것이라 저녁이면 정하리라."

우슬초로 재를 탄 물을 찍어서 삼 일째와 칠 일째에 뿌렸을 뿐만 아니라 그 때 입고 있었던 옷을 빨고 몸을 깨끗하게 씻었습니다. 그렇게 하면 그 사람은 다시 성결한 사람으로 돌아올 수 있었습니다.

바로 여기에서 장로교에서 행하는 수세, 즉 물을 뿌려서 행하는 세례 예식이 나오게 된 것입니다. 침례교는 물에 완전히 잠겼다가 나오는 침례를 행하는데 이는 죽음과 부활을 의미하는 것입니다.

따라서 장로교의 세례 방법이 옳으냐 침례교의 세례 방법이 옳으냐 하는 논쟁은 어떤 답이 있는 논쟁이 아닙니다. 각 교파에서 행하는 예식의 의미가 다르기 때문에 그것을 가지고 어떤 것이 더 옳다거나 그르다거나 할 수 없는 일입니다. 어느 한 교파의 방법만이 정통적인 것이고 옳은 것이라고 말할 수 없습니다. 한 교파에서 세례를 받았으면 다른 교파로 옮겼다 해도 굳이 다른 방법으로 세례를 받을 필요는 없는 것입니다.

미국에서는 부흥회를 하면 교파를 가리지 않고 참석을 하는데, 한국에서는 어느 침례교 목사님이 부흥회에서 장로교식 세례를 받은 사람은 예수님의 명령을 어긴 것이니 모두 다시 침례를 받아야 한다고 야단을 치는 바람에 큰 혼란이 있었던 적이 있습니다. 그래서 많은 사람들이 장로교에서 침례교로 옮겨가고 다시 침례를 받고, 또 같은 교회에 있던 성도들을 그 쪽으로 데리고 가려고 온갖 노력을 다 하는 것을 보았습니다. 그러다가 어떤 교회는 분열되고 만 경우도 있었습니다.

그러나 저는 굳이 그럴 것까지는 없다고 생각합니다.

한 번 세례를 받았으면 그것으로 족합니다. 우리에게 중요한 것은 한 사람을 예수님께로 인도해서 구원받게 하는 것이지 장로교인을 침례교인으로 만드는 것이 아닙니다. 물을 뿌리는 방법은 뿌리는 방법대로 성경적인 의미가 있는 것이고 물 속에 들어갔다가 나오는 방법은 그 나름대로 성경적인 의미가 있는 것입니다.

세례를 받은 것이 중요한 것이지 어떤 형태로 받았는가 하는 것이 더 중요한 것은 아닙니다. 그래서 저는 장로교인들이 침례교에 가면 다시 침례를 받아야 한다는 주장에는 전혀 동의하지 않습니다.

부정한 자가 만진 것은 전부 부정한 것이 되었습니다. 아무리 깨끗한 것을 만져도 정결 예식을 치르기 전까지는 모두 부정한 것으로 인정되었습니다.

"이는 그들의 영영한 율례니라 정결케 하는 물을 뿌린 자는 그 옷을 빨 것이며 정결케 하는 물을 만지는 자는 저녁까지 부정할 것이며 부정한 자가 만진 것은 무엇이든지 부정할 것이며 그것을 만지는 자도 저녁까지 부정하리라"(민 19:21-22).

죄인이 하는 것은 전부 죄이고 의인이 하는 것은 전부 의입니다. 그래서 우리가 어떤 사람인가 하는 것이 우리가 어떤 일을 하는가보다 더 중요한 것입니다.

속죄 받지 않은 자가 하나님 앞에서 행할 수 있는 선은 없습니다. 보혈의 피로 씻음 받은 자들의 삶은 향기로운 제물과 같고 구원받지 못한 죄인들의 삶은 전부가 다 부정한 것입니다.

이 말은 깨끗한가 깨끗하지 아니한가 하는 것을 판가름하는 기준은 사람의 행위에 있는 것이 아니고 무한대의 의이신 예수 그리스도에 의한 삶인가 아닌가 하는 데에 있다는 것을 말합니다.

무한대의 의가 빠진 삶은 아무리 선을 행한다 하더라도 선이라고 할 수 없습니다. 구원받지 못한 죄인이 선행을 하는 것은 아무리 반복해서 한다 해도 마이너스 무한대일 수밖에 없습니다. 사람의 의를 가지고는 절대로 하나님 앞에서 의인으로 인정받을 수 없습니다.

죄인이 만진 것은 다 부정합니다. 왜냐하면 그것을 만진 사람이 부정한 사람이기 때문입니다. 마음에 평화가 없는 사람이 평화를 이룰 수 없습니다. 마음에 갈등이 있는 사람은 갈등을 일으킵니다. 그래서 죄인이 하는 일은 하나님 앞에서 다 죄뿐입니다. 반대로 구원받은 사람이 하는 일은 하나님을 기쁘시게 합니다.

이것을 실질적으로 적용해 보면 예배는 구속받은 사람들이 모여서 하나님께 드리는 것입니다. 그러므로 구속받지 않은 사람의 예배는 진정한 예배로 받아들여지지 않습니다. 가족 모임에 이웃이 참여했다고 가족이 되는 것이 아님과 마찬가지입니다. 그러나 구원 받은 사람은 그의 생활 모두가 예배가 될 수 있습니다. 그 사람은 이미 정결한 사람이 되었기 때문입니다.

우리는 보통 교회 건물 안에는 하나님이 가득 계시고 그 밖을 나서면 하나님이 계시지 않는 것처럼 생각하기 쉽습니다. 그래서 교회 안에서 하는 일은 하나님을 위해서 하는 일이고 교회 밖에서 하는 일은 세속적인 일이라고 종종 생각합니다.

그러나 그렇지 않습니다. 구속함을 받은 사람이 하는 일이라면 공장에서 일을 하든 집에서 빨래를 하든 다 거룩한 것입니다. 그것을 하는 사람이 거룩하기 때문입니다. 반대로 구속함을 받지 못한 사람이 예배당에 와서 예배를 드린다고 해서 그 예배가 거룩하게 되지는 않습니다. 아무리 찬송을 아름답게 불러도 그것을 부르는 사람이 부정하면 부정한 것입니다.

예수 그리스도를 영접함으로 희생 제물이 되신 예수 그리스도의 피의 공로를 받아들인 사람이 드리는 예배가 참 예배입니다. 예수 그리스도의 구속의 피를 거부한 사람이 드리는 예배는 거룩한 예배가 될 수 없습니다.

사람이 할 수 있는 어떤 희생적인 사랑이나 어떤 종교적인 행동보다도 **예수 그리스도의 피의 희생을 나의 것으로 받아들이는 것이 인간이 할 수 있는 가장 거룩한 행위입니다.** 어떤 사람들은 교회 일을 열심히 하는 것을 하나님의 일이라고 생각합니다. 그러나 가장 큰 하나님의 일은 하나님과 그가 보내신 아들 예수 그리스도를 알고 믿는 것입니다 (요 6:29). 이것이 바로 하나님의 일입니다. 그 이상 더 큰 하나님의 일은 없습니다. 그런데 어떤 사람들은 예수 그리스도를 자기의 구주로 받아들이는 믿음은 없고 교회에서 열심히 활동하는 것을 신앙으로 생각하기도 합니다. 이런 사람은 복음의 참된 신앙을 깨닫지 못한 사람입니다.

저도 스물다섯 살까지는 그런 사람이었습니다. 교회에서 중요한 일은 혼자 다 하고 어려서는 교회에서 어떤 대회를 해도 일등상을 휩쓰는 사람이었습니다. 그런데 나중에 구원의 은혜를 깨닫고 나니까 그런 것이 아무 쓸데없는 일이라는 것을 알게 되었습니다.

어떤 일이든지 그 일을 하는 사람이 영적으로 거듭난 사람이 아니면 그 모든 행위들이 하나님의 일이 될 수 없습니다. 구속함을 받은 사람이 예배를 드리고 구속함을 받은 사람이 찬송을 하고, 구속함을 받은 사람이 교회에서 일을 해야 참된 하나님의 일이요 거룩한 일이라고 할 수 있는 것입니다.

우리가 할 수 있는 최선은 예수 그리스도를 믿고 그의 복음을 전하는 것입니다. 그 이상의 더 큰 일은 없습니다. 그리스도의 피의 공로, 대속의 공로를 믿는 것 이상의 진리가 없는 것입니다.

그런데 이상하게도 요즘 성도들은 다른 일은 다 열심히 하면서도 복음을 전하는 것만은 하지 않습니다. 예수님은 우리에게 사람을 낚는 어부가 되게 하겠다고 하셨는데, 그리스도를 따르는 제자라고 하는 사람들이 사람을 낚는 일은 빼 놓고 다른 일을 하고 있는 것입니다.

신학교의 교수들도 사람을 낚는 방법을 공부해서 박사학위를 받습니다. 그런데 정작 사람 낚는 일을 잘 하지 않습니다. 그저 낚는 방법을 연구할 뿐입니다. 일평생 그것을 과제로 연구하면서 책도 쓰고 논문도 발표하고 많은 사람들 앞에서 강의도 하지만 직접 사람을 낚는 일은 별로 하지 않습니다.

우리는 그런 사람이 되어서는 안 되겠습니다. 우리들은 예수님께서 명하신 대로 자신을 사람을 낚는 어부로 만들어서 부정한 자를 정한 자로 만드는 일을 해야 합니다.

우리가 할 수 있는 일은 예수 그리스도의 피의 공로를 의지해서 다른 사람들도 우리와 마찬가지로 성결한 사람으로 만드는 것입니다. 이것이 우리에게 맡겨진 최대의 임무이자 선한 행위인 것입니다.

시편 1편에 "의인의 길은 여호와께서 인정하시나 악인의 길은 망하리로다" 라고 했습니다. 여기에서의 의인도 그 사람의 행위에 따른 의인과 악인이 아니라 하나님을 알고 믿는 것으로 구분되는 의인과 악인이라는 것을 기억해야 할 것입니다.

사람의 행위 안에 의가 있는 것이 아닙니다. 하나님 안에 참된 의가 있습니다.

최악의 시간

여호와께서 모세에게 일러 가라사대 지팡이를 가지고
네 형 아론과 함께 회중을 모으고 그들의 목전에서 너희
는 반석에게 명하여 물을 내라 하라 네가 그 반석으로
물을 내게 하여 회중과 그들의 짐승에게 마시울지니라
모세가 그 명대로 여호와의 앞에서 지팡이를 취하니라
모세와 아론이 총회를 그 반석 앞에 모으고 모세가 그들
에게 이르되 패역한 너희여 들으라 우리가 너희를 위하
여 이 반석에서 물을 내랴 하고 그 손을 들어 그 지팡이
로 반석을 두 번 치매 물이 많이 솟아나오므로 회중과
그들의 짐승이 마시니라 여호와께서 모세와 아론에게
이르시되 너희가 나를 믿지 아니하고 이스라엘 자손의
목전에 나의 거룩함을 나타내지 아니한 고로 너희는 이
총회를 내가 그들에게 준 땅으로 인도하여 들이지 못하
리라 하시니라 이스라엘 자손이 여호와와 다투었으므
로 이를 므리바 물이라 하니라 여호와께서 그들 중에서
그 거룩함을 나타내셨더라

3장 (민 20:1-29)

최악의 시간

민수기 20장 한 장에만도 네 편 정도의 설교를 할 수 있는 많은 내용이 담겨 있습니다. 저는 20장의 제목을 "최악의 시간"이라고 붙여봅니다. 모세의 일생 가운데 20장처럼 슬프고 가슴이 아팠던 적은 없었을 것 같습니다.

모세가 갓난아기였을 때 자기 생명을 구하고 돌보아 주었던 누이 미리암이 죽고, 모세와 함께 오랫동안 동역했던 형 아론도 역시 죽고 삼남매 중 모세 혼자만이 남게 되었습니다. 가족으로서 가장 슬픈 시간일 뿐만 아니라 개인적으로도 대단히 가슴 아픈 시간입니다. 누이와 형을 잃은 것만도 엄청난 슬픔인데 그렇게도 오랫동안 이스라엘 백성들을 이끌고 소망하며 들어가려고 애를 써왔던 가나안 땅을 자신의 발로 한번 디뎌보지도 못하고 죽게 될 것이라는 하나님의 말씀을 들은 것도 바로 이때였습니다.

감정을 잘 다스리지 못해 하나님의 영광을 가리웠던 모세의 결정적인 실수 때문이었습니다. 40년 동안 약속의 땅 가나안을 바라보고 여기까지 왔는데 문 앞에 와서 아예 들어가 보지도 못하고 인생을 마치게 되었으니 얼마나 원통한 일입니까?

그런데다가 이스라엘의 형제 나라 에돔은 조용히 그 땅을 통과할 수 있게 해달라는 모세의 요청을 일언지하에 거절했습니다. 하나님께 거절당하고 형제 나라에게 거절당하고 자기 형과 누이까지 죽는 일이 이 한 장에 다 들어있으니 어찌 최악의 시간이라고 말하지 않을 수 있겠습니까?

아마 우리에게 이런 일들이 한꺼번에 찾아 왔다면 우리도 살고 싶은 마음이 없을 것입니다. 모세의 심정을 헤아려 보면 모세로서는 이 때가 최악의 시간이었을 것 같습니다. 만일 제가 이런 형편을 당했다면 어떠했을까 생각해 보아도 역시 최악의 시간이라고 말했을 것입니다.

우리 주변의 사람들이 나를 대적한다 해도 괴로워서 모든 것을 그만두고 도망가고 싶거나 심하면 죽고 싶은 생각이 들 수도 있을 것인데, 이런 엄청난 불행이 한꺼번에 닥쳤으니 모세의 심정은 말하지 않아도 알 수 있을 것입니다. 하나님께로부터 심한 책망을 받은 것, 한 가지만으로도 세상이 다 무너지는 것 같았을 것입니다.

미리암의 죽음

미리암의 죽음은 1절에 아주 간단하게 묘사되어 있습니다.

"정월에 이스라엘 자손 곧 온 회중이 신 광야에 이르러서 백성이 미리암은 신 광야의 가데스에서 죽어 거기에 장사되었습니다. 인간적으로 생각해 보면 누이 미리암이 없었더라면 지금의 모세가 될 수 없었을런지도 모릅니다. 바구니에 담아 강가 갈대숲 속에 버려진 모세를 지켜보다가 애굽의 공주가 모세를 발견하자 얼른 뛰어가서 유모를 구해주겠다고 하고 자기 어머니를 데려온 사람이 바로 누이 미리암이 아닙니까?

한때는 모세가 이방 여인과 결혼했다고 비난했다가 하나님의 진노를 사기도 했지만, 미리암의 죽음을 본 모세는 여러 가지 감회가 깊었을 것입니다.

형제가 여러 명이라 하더라도 자기에게 아주 결정적인 영향을 준 한 사람 정도가 특별히 있기 마련인데 모세에게는 미리암이 그런 사람이었을 것입니다.

저에게도 형제들이 많이 있습니다만 저에게 가장 큰 영향을 주신 분은 저의 둘째 형님이십니다. 만약 저의 둘째 형님이 세상을 떠나시면 저는 아마 아주 큰 슬픔을 느끼게 될 것 같습니다. 그분이 저에게 그만큼 큰 영향을 끼치셨기 때문입니다.

가족 중에 누가 죽었을 때 예수 믿는 사람들은 천국갔으니 슬퍼하지 말라고 위로를 합니다. 그러나 저는 그런 말을 하지 않습니다. 또 사람들은 모든 것이 하나님의 뜻이니 순종하는 마음으로 받아들이라고 말합니다. 좋은 곳에 갔는데 왜 우느냐고 말합니다. 그러나 이런 말들 역시 안 하는 것이 더 좋습니다. 그런 말들은 상을 당한 가족에게는 위로

가 되지 않습니다. 이런 때는 그저 가만히 함께 있어 주는 것이 더 유익합니다.

만일 본인이 그러한 말을 하나님의 뜻으로 받아들이면 감사한 일이지만 갑자기 교통사고로 남편을 잃은 아내에게 그렇게 간단하게 말해 버리면 슬픔을 당한 사람의 마음에 더 큰 상처만 낼 뿐입니다. 상을 당해 본 어떤 분은 자신이 직접 경험을 한 후부터는 다른 상가에 가서 절대로 그렇게 이야기하지 않는다고 합니다. 자신이 상을 당했을 때에 위로한답시고 그런 말을 하는 사람들이 그렇게 싫을 수가 없었다는 것입니다.

그런데 슬픔에 비해서 미리암의 죽음은 아주 간단하게 묘사되었습니다. 모세의 감정대로 하자면 긴 이야기를 했을 것이지만, 가족 이야기라서 그런지 모세는 미리암의 죽음을 간단하게 표현하고 있습니다.

데살로니가전서에서 바울은 그리스도인들에게 슬픔을 드러내지 말라고 한 것이 아니라 "슬퍼하되 희망이 없는 사람처럼 슬퍼하지 말라"고 했습니다(4:13).

슬플 때에는 슬퍼해야 합니다. 슬퍼해야 할 때 슬퍼하지 않으면 그것이 마음속에 병이 됩니다. 슬픔이 오면 그 슬픔의 과정을 지나가야 합니다. 슬픔과 고통을 느껴야 하는 것입니다. 그렇게 그 과정을 지나가야만 그 사람이 그 사건으로부터 해방될 수 있습니다. 그래야만 어두운 감정의 응어리가 없는 건강한 사람이 되는 것입니다. 그렇지 못하고 슬픔을 무시하거나 없는 척하거나 잊어버리려고만 한다면 그 어두운 감정은 몸과 마음의 병으로 나타나게 됩니다.

이스라엘 백성들의 불평

광야생활에 마실 물이 없게 되자 이스라엘 사람들이 불평을 하기 시작합니다.

"회중이 물이 없으므로 모여서 모세와 아론을 공박하니라"(민 20:2).

불평에는 새세대나 옛세대나 구분이 없습니다. 신구세대가 죄성에 있어서는 아무 차이가 없습니다. 누구를 막론하고 죄성이 그 속에 있는 존재라는 것이 여기서도 드러납니다. 인간은 누구나 같은 상황이 되면 세대를 막론하고 같은 죄를 짓습니다. 그래서 사람의 죄성은 시간이 지나도 달라지지 않는 것 같습니다. 성경이 수천 년 전에 쓰여진 이야기들이지만 현대인에게 같은 느낌으로 다가오는 것은 문화와 시대는 달라졌지만 인간은 변하지 않았기 때문입니다.

제가 우리 나라에 돌아와서 느낀 것이 있습니다. 그것은 외형은 많이 변화하고 발전하고, 경제나 문화나 과학과 교육 등은 많이 발전했지만 두 가지 변하지 않은 것이 있다는 것입니다.

그 하나는 정치입니다.
물론 정치도 시간이 지나면 좀더 발전을 하겠지만 다른 분야보다 어려울 것 같습니다. 국민이 변하지 않는 한 정치는 인간의 죄성과 밀접한 관계를 맺고 있기 때문에 변하기가 어렵습니다. 대통령이 바뀌었다고 해서 인간의 죄성이 갑자기 바뀌지는 않습니다. 약간의 변화는 있을 수 있겠지만 다른 분야처럼 빨리 바뀌지는 않을 것입니다.

정치는 권력 싸움이기 때문에 권력을 잡기 위해서는 수단과 방법을 가리지 않습니다. 그것이 정치의 속성인 한 정직한 정치가 속히 오리라는 기대를 하기는 어려운 것입니다. 사실상 이 나라의 정치는 예나 지금이나 거의 변하지 않고 있습니다.

그리고 또 한 가지 변화가 없는 것이 있는데 그것은 윤리입니다. 정치가 지난 50년간 전과 별로 달라진 것이 거의 없다고 한다면 윤리는 오히려 더 많이 후퇴했습니다. 세상은 발전했지만 국민들은 점점 더 악해지는 것처럼 보입니다. 여기에 우리의 문제가 있습니다. 구세대보다 신세대가 오히려 더 악이 많아지고 죄성이 더 지능화된 것입니다.

얼마 전 복음주의협회에서 신한국에 대한 문제를 가지고 발표와 토론을 한 적이 있었는데, 발표하는 사람들마다 공통적으로 지적하는 것이 있었습니다. 그것은 바로 한국 사회에서 제일 문제가 되는 것이 부패와 부정이라는 것입니다.

이것이 변하지 않고는 한국 사회가 변화할 수가 없는데 이 문제를 가지고 한국교회가 뭐라고 말을 할 수가 없다는 것입니다. 왜냐하면 교회도 똑같이 부패했기 때문입니다. 총회장 선거를 돈으로 하는 풍토는 정치판을 방불케 하는 형편이라고 하니 어떻게 사회의 부패를 문제 삼을 수 있겠습니까? 그러니 한국의 미래에 대해서도 교회가 주도적인 발언을 할 수 없다는 것입니다.

새 세대가 온다고 해서 사회가 변화하고 바르게 되는 것은 아닙니다. 예수 그리스도를 통한 복음으로 거듭나고 성화되지 않고서는 절대로 새로운 도덕적인 사회가 되지 않습니다. 자신들의 전 세대가 하나님께 반항을 하다가 벌을 받고 다 죽기까지 했는데도 그 후 세대들 역시 똑같은 전철을 밟고 있는 것입니다. 모세를 통해 하나님께 구하면 될 것을 하나님께 주먹을 드는 기회로 삼으려고 하니 그 백성들이 또다시 어려움을 겪을 수밖에 없는 것입니다.

이것이 바로 인간의 문제입니다. 인간은 한 번의 개혁이나 형벌이나 용서를 가지고 악에서 벗어날 수 있는 존재가 아닙니다. 인간은 매순간마다 성령과 말씀을 통해서 개혁되어야 하는 존재입니다.

베드로를 보면 그 사실을 잘 알 수 있습니다. 베드로는 예수님 앞에서 "주는 그리스도시요 살아 계신 하나님의 아들"이라는 정확한 신앙 고백을 했기 때문에 예수님께서 그 위에 교회를 세우는 반석이 되게 하겠다고 말씀하셨습니다. 그러나 그 말을 듣고 몇 십 초도 지나지 않아서 베드로는 예수님으로부터 "사탄아 물러가라"는 말을 듣게 됩니다. 위대한 고백을 한 지 일 분도 못 되어서 사탄의 유혹을 받는 것이 인간입니다.

우리도 마찬가지입니다. 하나님의 말씀을 들을 때에는 그 은혜와 진리를 깨닫고 감격하지만, 돌아서면 진리를 깨닫기 전 그대로의 악한 습성이 나타나는 것입니다. 하물며 30년 전에 받은 은혜가 30년 후에도 그대로 있을 것이라고 생각해서는 안 됩니다. 한 달 전, 일주일 전에 은혜를 받았다고 해서 죄성의 습관이 완전히 해결된 것은 아닙니다.

인간은 순간순간마다 깨닫고 변화하지 않으면 안 됩니다. 목회자도 안수받았다고 끝난 것이 아닙니다. 장로가 되면 죄에서 벗어나는 것이 아닙니다. 끊임없이 하나님 앞에서 새로워지지 않으면 죄성이 우리를 지배하는 것입니다.

인간의 죄성은 어제나 오늘이나 동일합니다. 신세대나 구세대도 마찬가지입니다. 순간마다 우리 가슴속에 주님의 은혜가 되살아나서 영적으로 새로워지지 않으면 인간의 죄성을 다스릴 다른 길은 없습니다.

3-5절을 보십시오.

> "백성이 모세와 다투어 말하여 가로되 우리 형제들이 여호와 앞에서 죽을 때에 우리도 죽었더면 좋을 뻔하였도다 너희가 어찌하여 여호와의 총회를 이 광야로 인도하여 올려서 우리와 우리 짐승으로 다 여기서 죽게 하느냐 너희가 어찌하여 우리를 애굽에서 나오게 하여 이 악한 곳으로 인도하였느냐 이 곳에는 파종할 곳이 없고 무화과도 없고 포도도 없고 석류도 없고 마실 물도 없도다"

이스라엘 백성들은 자신들이 받은 은혜를 전혀 알지 못하고 한탄과 불평을 하였습니다. 그래서 "우리의 형제들이 죽었을 때에 우리도 같이 죽었더라면" 하는 불평을 서슴없이 했습니다. 그리고 우리를 어 광야에서 죽게 하려고 데려왔느냐는 불평을 모세에게 다시 해대기 시작했습니다.

이 말은 모세가 애굽을 출발할 때부터 수없이 계속 들어온 말입니다. 육정이 발달하고 죄성이 악한 사람들의 눈에는 미래가 보이지 않는 것입니다. 하나님께서 젖과 꿀이 흐르는 가나안 땅을 주시겠다고 약속하며 그 백성들을 이끌어 내셨는데도 그 은혜와 사랑을 알지 못하고 조그만 불편이 있을 때마다 왜 자기들을 죽이려고 데리고 왔느냐고 원망을 하는 것입니다.

성도들은 하나님께서 주신 약속을 믿고 그 약속을 바라보면서 하루하루를 사는 사람들입니다. 지금 당장은 마실 것이 없고, 먹을 것이 없고, 시련을 당한다 하더라도 하나님의 자녀들은 언제나 하나님을 신뢰하고 희망 가운데 살아가야 합니다. 우리에게 이런 시련이 있을 때는 반드시 하나님의 섭리가 있을 것이라는 사실을 믿고 살아야 합니다. 이것이 우리의 신앙생활인 것입니다. 믿고 살면 하나님의 능력을 체험하게 됩니다.

연약한 인간은 비록 노예생활이라 할지라도 풍족하게 먹고 마실 수만 있다면 현재의 자유보다도 과거의 노예생활로 돌아가고 싶어하는 존재입니다. 우리들도 가끔 지금의 현실에 불만을 가지고 '그 때 다른 일을 했었더라면 더 좋았을 걸' 이라는 생각을 하거나, 지난 날로 돌아가고 싶다는 생각을 할 때가 있습니다. 그럴 때는 하나님의 선하심을 의심합니다. 그 자리가 전혀 하나님의 영광에 반대되는 자리라 할지라도 그 때가 편안했다는 이유만으로 그 자리에 남아 있었더라면 좋았을 것이라고 후회하는 때도 있습니다.

인간의 육신은 당장의 편안함과 풍족함을 좋아합니다. 그래서 어떻게 하면 편안한 자리에 있을 것인가만을 생각합니다. 당장 눈에 보이는 것이 좋지, 미래라든가 꿈이라든가 믿음이라든가 약속이라든가 하는 것은 신뢰하지 않으려고 합니다. 육신은 믿음을 좋아하지 않습니다.

그러나 이렇게 사는 사람은 죄의 종으로 소망 없는 삶을 사는 것입니다.

어떤 사람에게는 현세적 물질의 세계만이 중요합니다. 그래서 당장에 이루어지는 일이 아니면 전혀 믿으려 들지 않습니다.

그러나 어떤 사람에게는 이 땅의 풍족함보다는 의미 있게 사는 삶이 더 중요합니다. 이들은 당장은 먹고 마시고 입는 것이 다소 부족해도 의미 있는 삶을 찾아가면서 삽니다. 이런 사람들은 불행할 수 없습니다. 굶어도 자유를 택하고, 죽어도 진리를 택하는 사람은 절대로 불행하게 살지 않습니다. 그들은 영원한 것을 구하는 사람들이기 때문입니다.

이런 사람들은 세속적인 가치 기준과는 무관한 사람들이기 때문에 웬만한 불편함은 기꺼이 감수하며 살아갑니다. 이런 사람들에게는 하늘의 소망이 더 가치가 있기 때문입니다.

제가 대학 입학 준비를 할 때 어떤 길을 선택해야 할지 여러 방면으로 생각해 보았습니다. 아무리 생각을 해 보아도 돈을 버는 일이거나 명예를 구하는 일뿐이었습니다.

그런데 저는 일생을 돈이나 명예를 좇으며 살고 싶다는 생각이 들지 않았습니다. 그 때부터 하나님께서 저를 목회자로 만드시려고 준비하신 것 같습니다. 저는 어려서 너무 가난하게 살았기 때문에 돈에 대해서 욕심을 가지려면 한없이 욕심을 낼 수도 있었습니다. 그런데도 이상하게도 돈에 관심이 없었습니다.

감사하게도 하나님께서 그런 데에 흥미를 갖지 않도록 인도하셨습니다. 하나님께서 현세적인 복을 더하여 주신다면 감사한 일이지만 나 스스로 그것을 추구하며 일생을 살고 싶지는 않았습니다. 그래서 결국은 이렇게 하나님을 섬기는 사람이 된 것입니다.

하나님의 명령

백성들의 원망 때문에 모세는 회막에 들어가 하나님 앞에 엎드려 탄원을 했는데 그 때 하나님의 영광이 회막문 앞에 나타났습니다. 그리고 모세에게 말씀하시기를 지팡이를 가지고 반석에게 명하여 백성들과 짐승들이 먹을 물을 충분히 내라고 하셨습니다. 그 말씀을 들은 모세는 하나님 앞에서 지팡이를 듭니다.

> "모세와 아론이 총회 앞을 떠나 회막문에 이르러 엎드리매 여호와의 영광이 그들에게 나타나며 여호와께서 모세에게 일러 가라사대 지팡이를 가지고 네 형 아론과 함께 회중을 모으고 그들의 목전에서 너희는 반석에게 명하여 물을 내라 하라 네가 그 반석으로 물을 내게 하여 회중과 그들의 짐승에게 마시울지니라 모세가 그 명대로 여호와의 앞에서 지팡이를 취하니라"(민 20:6-9).

이 지팡이는 하나님께서 사용하신 적이 있는 지팡이였습니다. 하나님께서 모세에게 그 지팡이를 내놓으라고 하셔서 말씀대로 순종하자 변해서 뱀이 되었던 바로 그 지팡이였습니다.

하나님께 순종을 했더니 그 지팡이의 질이 변한 것입니다. 양을 치던 지팡이가 하나님의 지팡이가 된 것입니다. 그리고 나서 목동의 지팡이는 사람을 인도하는 지팡이가 되었습니다. 모세가 들어올리면 홍해가 갈라지는 하나님의 지팡이가 된 것입니다.

우리들도 마찬가지입니다. 우리는 평범한 사람에 지나지 않지만 하나님께 순종해서 자신을 하나님께 드리면 하나님께서 우리를 변화시켜서 주의 사람이 되게 만드시는 것입니다. 지팡이는 처음이나 나중이나 똑같은 마른 막대기이지만 하나님께 헌신한 막대기는 전혀 다른 질의 막대기로 변화됩니다.

그래서 하나님께서는 백성들을 다 모아 놓고 그들의 목전에서 그 지팡이를 들고 반석에게 물을 내라고 말로 명령하라고 하셨습니다. 모세는 그대로 순종만 하면 됩니다. 말은 모세가 하지만 반석에서 물을 내시는 분은 하나님이라는 사실을 사람들에게 알리면 되는 것이었습니다.

모세의 불순종

그런데 10-11절에 보면 모세는 하나님의 명령에 불순종합니다.

"모세와 아론이 총회를 그 반석 앞에 모으고 모세가 그들에게 이르
되 패역한 너희여 들으라 우리가 너희를 위하여 이 반석에서 물을
내랴 하고 그 손을 들어 그 지팡이로 반석을 두 번 치매 물이 많이
솟아 나오므로 회중과 그들의 짐승이 마시니라."

모세는 지팡이를 들라는 것까지는 순종했으나 말로 명령하라는 지
시는 어기고 지팡이를 들어 반석을 두 번이나 내리칩니다.

하나님께 순종하는 데에 부분적인 순종은 없습니다. 순종을 하든지
안 하든지 양자간에 선택이 있을 뿐이지 반쪽짜리 순종은 있을 수 없
습니다. **하나님은 완전한 순종이 아니면 받지 않으십니다.** 두 주인을 섬
길 수 없기 때문입니다. 여호와와 바알을 함께 섬길 수 없습니다.

모세는 지팡이를 들자마자 백성들에게 패역한 자들이라고 호통을
쳤습니다. 여기서는 번역상 우리 나라 말로 "패역한 자들"이라고 했지
만 사실상 심한 욕설을 퍼부은 것이었습니다. 그는 하나님의 능력으
로 해야 할 일을 자기 감정으로 하려고 했던 것입니다. 물론 누이를 잃
고 슬픔으로 상심해 있는 상태인데 백성들이 또다시 고질적인 불평을
하기 시작하고 반기를 들었으니 누군들 인간적으로 화가 나지 않겠습
니까? 인간적으로는 이해가 가지만 하나님의 일은 인간적인 이해와
는 다른 것입니다.

하나님의 일은 철저하게 하나님의 방법대로 따라 해야 합니다. 우리
는 때때로 우리 자신의 감정과 육을 따라 일을 하면서 하나님의 의를
따르는 듯 착각할 때가 있습니다. 이것을 경계해야 합니다.

우리는 가슴속에 성령께서 감동하시는 것을 느낄 때가 많이 있고,

성령께서 놀라운 역사를 행하시는 것을 보기도 합니다. 그러나 어떤 때는 분명히 성령이 아니고 자신인 것을 알면서도 성령인 듯 내세우는 경우가 많지 않습니까?

제가 고등학생 때 남산에서 열리고 있던 박태선 장로의 집회에 한 번 참석한 적이 있었습니다. 그분의 소위 성령운동이 시작한 때였습니다. 거기에 참석한 사람들은 모두 성령이 임하셨다고 하면서 야단법석을 떨었습니다. 그러나 아무 것도 모르는 저이지만, 제가 보기에 그 곳에 나타난 현상들은 성령이 아니었습니다. 박태선 장로의 영이거나 악령인지는 몰라도 성령은 아니었습니다. 그래서 한 번 참석해 보고는 다시는 참석하지 않았습니다. 지금은 이미 그의 영이 무엇이었는지 모두가 알고 있지 않습니까?

하나님은 우리 없이도 얼마든지 일을 하실 수 있는 분이십니다. 하나님께서 인간의 도움이 필요해서 인간을 사용하는 것은 아닙니다. 단지 인간을 하나님의 도구로 사용하시는 것뿐입니다. 그런데 그것을 알지 못하고 마치 우리 자신에게 어떤 힘이 있는 것처럼 생각하고 말하고 행동한다면 잘못된 것입니다.

모세는 하나님의 도구로 쓰임을 받는 사람으로서 자신의 감정을 통제하지 못하고 폭발했으며, 심한 말을 하고 하나님께 불순종했습니다. 40년 동안의 모세의 여정은 거기서 끝나게 되었습니다. 가나안 땅에 들어가 보지도 못하고 그 땅이 바라다보이는 건너편 산에서 일생을 마감하게 된 것입니다. 가장 가슴 아픈 순간입니다. 모세로서는 억울하기도 했을 것입니다.

시편 106:32-33을 보십시오.

> "저희가 또 므리바 물에서 여호와를 노하시게 하였으므로 저희로
> 인하여 얼이 모세에게 미쳤나니 이는 저희가 그 심령을 거역함을
> 인하여 모세가 그 입술로 망령되이 말하였음이로다."

이것은 민수기 20장의 사건을 설명하는 내용입니다. 시편에서는 모세가 그 입술로 망령되이 말하였다(rash words)고 합니다.

인간은 타락한 존재입니다. 영만 타락한 것이 아니라 그 감정과 의지와 입술까지도 부패해 있습니다. 머리끝에서 발끝까지 어느 한 곳 성한 곳이 없습니다(사 1:6). 특히 말의 실수가 많습니다. 말은 마음의 거울입니다.

어디 한 군데 자신 있게 부패하지 않았다고 할 수 있는 부분이 있는지 살펴보십시오. 우리 안에 있는 것은 전부 타락하고 부패한 것입니다. 이렇게 타락한 육신에서 나오는 것이기 때문에 우리의 감정을 표현할 때도 부패한 모습을 보이게 되는 것입니다. 그렇기 때문에 사람이 나서서 무엇을 한다는 것은 늘 위험한 일입니다. 아무리 샤워를 잘 하고 좋은 옷을 입고 치장을 해도 인간의 마음속에 있는 죄성을 가릴 수는 없습니다.

우리의 감정도 성령님에 의해서 통제되지 않으면 그것이 우리의 인생 전체를 망하게 할 수도 있습니다.

모세가 바로 그런 경우에 해당합니다. 모세는 말하기를 "우리가 언제까지 너희를 위하여 이 반석에서 물을 내랴"라고 했습니다. 여기서

'우리가' 라는 말이 문제가 됩니다. '우리가' 라니? 하나님께서는 이 말을 들으시고 펄쩍 뛰셨을 것입니다. 모세가 마치 지금까지 행해진 기적들을 자기가 한 것처럼 말했기 때문입니다. 머리끝에서 발끝까지 철저하게 죄로 물들은 인간이 도대체 무엇이기에 그런 말을 할 수 있단 말입니까?

모세는 하나님과 40년을 동행했고 하나님과 친구처럼 대화를 나눈 사이면서도 마음 가운데 도사리고 있는 죄성을 버리지도 다스리지도 못했던 것입니다.

하나님의 형벌

그 말을 들으신 하나님께서는 즉시로 모세의 시대가 끝났음을 선포하셨습니다. 모세의 역할은 이스라엘 백성들을 광야에서 인도해 내는 데에서 그치는 것일 뿐 가나안 땅까지는 들어가지 못한다는 것이었습니다.

사람이 하나님의 은혜를 많이 받으면 그것으로 인해 더욱 겸손해져야 하는데, 그렇지 못하고 오히려 자신의 능력으로 그 은혜를 받은 것처럼 생각해서 교만해지는 경우가 많습니다.

모세도 그 교만의 유혹을 이기지 못한 것입니다. 하나님이 다른 것은 용서하셔도 하나님의 영광을 인간이 가로채는 것을 두고 보시는 분이 아니십니다. 하나님의 영광을 도적질하면 반드시 그 대가를 치르게 하십니다.

만일 여러분이 하고 있는 일들이 잘되고 사람들이 모두 여러분의 능력을 칭찬하고 있다면, 지금이 조심할 때라는 사실을 잊지 말아야 합니다. 여러분은 바로 하나님께 감사하고 영광을 돌려야 합니다. 그렇지 않으면 하나님은 그것을 그냥 두고 보지 않으실 것입니다. 모든 좋은 것은 하나님의 선물입니다. 그 사실을 잊지 말아야 합니다.

모세의 말은 신학이 잘못되고 신론이 잘못된 데에서 나온 것입니다. 그는 하나님과 동행했지만 하나님에 대해서 완전히 알고 있었던 것은 아니었습니다. 그는 절대 주권자이신 하나님의 능력을 순간적으로 망각하고 자신의 능력으로 일을 하는 것처럼 행동했던 것입니다. 그는 절대자이신 하나님이 자신을 도구로 쓰시고 있을 뿐이라는 사실을 분노 때문에 망각했습니다.

모세에게 무슨 능력이 있어서 바위에서 물을 내게 할 수 있었겠습니까? 그는 하나님의 능력을 자신의 능력으로 착각했던 것입니다.

과격한 감정은 이성과 믿음을 잃게 만듭니다. 우리는 의지도 통제해야 하지만 순간적인 감정도 통제해야 합니다. 감정을 터뜨려야만 믿음을 제대로 표현하는 것이라고 생각해서는 안 됩니다. 하나님께서는 우리의 감정마저도 적절한 때에 적절하게 사용될 수 있도록 하실 수 있는 분입니다. 우리가 하나님의 성령 안에 있는 그리스도인이라면 감정도 성령으로 통제해야지 인간적으로 폭발시켜서는 안 됩니다.

우리가 해야 할 일은 하나님과 하나님의 약속을 믿고 성령님의 능력을 힘입어서 하나님의 영광을 위해 우리에게 주어진 일에 순종하는 것입니다.

세상의 다른 지식이나 능력, 학문으로 어떤 일을 성취하려고 하거나 자신의 타고난 능력을 가지고 자기 힘으로 하나님의 일을 하려고 하지 마십시오. 세상의 방법론으로 주님의 일을 이룰 수 있다고 생각하면 큰 오산입니다.

세상의 방법을 지배하시는 분이 하나님이십니다. 하나님이 아니시면 머리카락 하나라도 자라지 않는다는 것을 알아야 할 것입니다. 믿는 자의 수를 더하시는 이도 하나님이시고 죽음의 직전에서 구원하시는 분도 하나님이십니다. 그분을 따르는 것만이 우리의 살 길입니다.

모세는 말로 하라고 하신 하나님의 명령을 거역하고 지팡이로 반석을 두 번이나 내리쳤습니다. 이 반석은 그리스도에 대한 모형인데 두 번이나 그것을 쳤기 때문에 주님께서 한 번 당하신 고통의 표상을 망쳐 놓았습니다. 이것은 보통 문제가 아닙니다.

고린도전서 10:4에 보면 그 바위는 그리스도라는 말이 분명히 나옵니다.

"다 같은 신령한 음료를 마셨으니 이는 저희를 따르는 신령한 반석으로부터 마셨으매 그 반석은 곧 그리스도시라."

하나님께서는 말씀으로 그 반석에서 생명수가 흘러나오게 하려고 하셨는데 그것을 모세가 지팡이로 침으로 인해서 망쳐 놓은 것입니다. 그러나 어쨌든 그 반석으로부터 물이 흘러나와서 사람들과 짐승들이 다 마실 수 있게 되었습니다.

이것을 보면 인간들은 잘못하지만 그럼에도 불구하고 하나님은 그 세우신 뜻을 바꾸지 않으시고 행하심을 알 수 있습니다. 오히려 그 잘못에도 불구하고 하나님의 뜻을 이루시는 분입니다.

예를 들면, 창세기 38장은 설교를 하기가 참으로 어려운 곳입니다. 바로 유다가 자기의 며느리인 다말과 동침을 해서 아이를 낳는 이야기가 등장하는 곳이기 때문입니다. 이 본문은 읽기조차 민망합니다. 그러나 하나님께서는 이런 부끄러운 일을 통해서도 하나님의 뜻을 이루시는 분입니다. 다말은 시아버지인 유다와의 사이에서 쌍둥이인 베레스와 세라를 낳습니다.

그런데 하나님께서는 이 두 쌍둥이를 통해서도 하나님의 역사를 이루셨습니다. 그 아들 중 베레스를 통해서 다윗을 낳고 그 다윗의 계보에서 메시아가 탄생하게 하신 것입니다.

우리 인간들의 실수를 통해서도 하나님께서는 역사의 한 장을 이루십니다. 주의 종은 실수를 하지만 하나님께서는 역사를 멈추시지 않으십니다.

그런데 모세의 행동은 어리석은 백성들이 마치 모세가 지팡이로 물을 쳐서 나온 것으로 생각하게 만들었습니다. 결국 하나님의 영광을 빼앗은 결과를 낳고 말았던 것입니다.

앞에서 말씀드렸지만 하나님은 절대로 인간에게 그 영광을 빼앗기는 분이 아닙니다. 하나님이 어떤 분이신데 인간에게 그 영광을 빼앗기시겠습니까? 인간이 하는 모든 일이 하나님의 영광을 위해서 하는 일인데 하나님께 영광을 돌리기는커녕 오히려 하나님의 영광을 빼앗아 가려는 사람을 하나님께서 모르는 척하실 리가 없습니다.

12-13절을 보십시오.

"여호와께서 모세와 아론에게 이르시되 너희가 나를 믿지 아니하고 이스라엘 자손의 목전에 나의 거룩함을 나타내지 아니한 고로 너희는 이 총회를 내가 그들에게 준 땅으로 인도하여 들이지 못하리라 하시니라 이스라엘 자손이 여호와와 다투었으므로 이를 므리바 물이라 하니라 여호와께서 그들 중에서 그 거룩함을 나타내셨더라."

하나님은 여기서 모세의 두 가지 잘못을 지적하십니다.

그 첫째, "너희가 나를 믿지 아니하고", 즉 하나님을 믿지 않았다는 것입니다.

이 말은 언뜻 듣기에 이해가 되지 않는 말입니다. 어떻게 모세가 하나님을 믿지 않았다는 말입니까? 이 말은 아주 충격적인 말이 아닐 수 없습니다. 하나님의 말씀을 따라서 목회를 해온 목회자에게 하나님께서 너는 나를 믿지 않는다고 말씀하시는 것과 같은 것입니다.

정말 모세가 하나님을 믿지 않았던 것 같습니까?

여기에 하나님의 믿음에 대한 정의가 나옵니다. 하나님의 이 말씀은 모세가 하나님의 말씀에 순종하지 않았다는 것을 의미하는 것입니다. 하나님께 있어서 믿음과 순종이 같은 말입니다.

순종하는 것만이 믿음입니다.

다른 것으로는 믿음을 설명할 수 없습니다.

믿음은 순종과 일치하는 것입니다.

다른 것을 가지고서는 믿는다고 말할 수 없습니다.

믿음 없는 순종도 없고 순종 없는 믿음도 있을 수 없습니다. 순종하면 믿는 것입니다. 그래서 절반의 순종, 절반의 믿음은 있을 수 없는 것입니다.

하나님께서는 우리에게 창의력을 원하지 않으십니다. 서양의 많은 신학자들이 창의력을 발휘해서 신학을 하려고 했기 때문에 참된 신학이 손상을 입고 구미의 교회들이 쇠퇴하게 된 것입니다.

하나님께서 쓰신 1,500장의 신학서가 바로 신구약 성경입니다. 하나님께서는 성경에 맞지 않는 다른 신학서적이나 이론을 원하시지 않으십니다. 하나님이 쓰신 것만으로도 이미 충분합니다. 좋은 신학은 이 말씀을 설명해 주는 신학입니다.

'말씀에 순종하는 것이 믿음'이라는 신학만이 참된 신학이지 그 외의 것은 다 쓸데없는 이야기에 지나지 않습니다. 인간의 창의력과 철학을 가미한 신학은 하나님께서 원하시는 신학이 아닙니다.

두 번째, "나의 거룩함을 나타내지 아니한고로", 즉 모세는 하나님을 거룩하게 하지 않았다는 것입니다.

하나님의 위대하심을 드러내지 않았다는 것입니다. 하나님께서 말씀하신 대로 반석에 대고 말만 했으면 되었을 것을, 자신의 지팡이로 세게 두 번을 침으로 인해서 바위에서 물을 내는 능력이 마치 모세에게서 나오는 것처럼 오해하도록 한 행동을 두고 말씀하신 것입니다.

우리들 가운데서도 이런 행동을 하는 사람이 있을 것입니다. 하나님께서 하신 일을 가지고 마치 자기가 한 것처럼 행동하는 사람들이 능력을 받은 사람으로 떠받들어지고 존경받는 일들을 종종 볼 수 있습니다. 그러나 정말 그 사람의 신앙이 어떠한가에 대해서는 나중에 천국에 가서나 판가름날 것입니다. 그 때에 가서야 세상에서 능력 있는 자로 존경을 받고 추앙 받은 것이 결국은 하나님의 능력과 영광을 가로챈 것이라는 것이 밝혀지게 될 것입니다. 그리고 이름조차 한 번 들어보지 못한 분, 한 번도 큰 교회에서 목회해 보지 못하신 분, 한 번도 어떤 책을 쓰거나 라디오에 나오거나 텔레비전에 나온 적이 없었던 분들이 오히려 큰 상급을 받는 일이 생길 것입니다.

이런 두 가지의 잘못으로 인하여 모세는 가나안 땅에 들어가지 못하게 되고 말았습니다. 그리고 모세의 그런 모습을 지켜보고도 막지 못했던 동역자 아론 역시 하나님께 범죄한 것이 되어 가나안을 보지 못하고 모세보다 먼저 죽게 됩니다.

하나님께서 어디에서 어떻게 우리를 사용하실지 모르지만 그럴 때에 우리는 겸손하게 하나님께서 주신 일을 섬겨야 합니다. 하나님께서 지금 여기에서 나를 써 주신 것을 감사드리고 최선을 다해서 그 일을 하는 것이 하나님께 영광을 돌리는 길이 되는 것입니다.

우리가 하나님께 쓰임을 받고 있는 것이 확실하다면 언제 어디서 누구를 섬겨도 그것에 대해 감사하는 것이 신앙입니다. 하나님께서 쓸 사람이 없어서 우리를 쓰시는 것이 아닙니다. 만일 우리가 하나님 앞에서 순종하지 못하고 범죄한다면 하나님께서는 얼마든지 다른 사람을 쓰실 준비가 되어 있습니다. 기회가 주어졌을 때 감사하는 마음으로 철저하게 순종해야 합니다. 그것이 우리가 할 수 있는 최선의 길입니다.

신명기를 보면 요단강 앞에서 모세가 하나님께 애원을 하는 모습을 볼 수 있습니다. 가나안 땅에 들어가기 위해서 40년 동안을 고생했는데 단 한 번만이라도 그 땅을 밟아 볼 수 있도록 해 달라는 것이었습니다. 그러나 하나님께서는 아주 단호하게 거절하십니다. 아예 다시는 그런 이야기를 꺼내지도 말라고 못을 박으셨습니다.

하나님의 영광을 가로챈 죄가 그렇게 큰 것입니다. 더 이상의 변명이나 말이 필요 없는 것입니다. 신명기 3:26을 보면 하나님께서 모세에게 "그만해도 족하니 다시는 내게 이 일로 말하지 말라"고 하십니다. 더 이상은 말할 여지가 없도록 단단하게 못을 박으신 것입니다. 하나님의 철저하심과 냉정하심과 돌이키지 않으심이 나타나는 구절입니다.

에돔 통과를 거절당함

14-21절에는 모세가 에돔 땅을 통과하게 해 달라고 요청하는 말이 나옵니다. 에돔 사람들에게 같은 혈족으로서 부탁을 하는 것입니다. 에돔은 야곱의 형제인 에서의 후손들이었기 때문입니다. 그 땅을 지나가는 것 외에는 아무것도 건드리지 않겠고 만일에 물을 마셨으면 그 물 값까지도 갚겠다고 했습니다.

그런데 에돔은 그 간곡한 부탁을 거절합니다. 그뿐 아니라 그 땅을 통과하는 날에는 공격을 하겠다고 위협까지 했습니다. 이 거절은 두고두고 원한이 되어서 에돔은 이스라엘의 적이 되고 결국에는 망하게 됩니다. 선을 베풀 기회가 온다면 마땅히 베풀어야 합니다.

17-18절을 보십시오.

"청컨대 우리로 당신의 땅을 통과하게 하소서 우리가 밭으로나 포
도원으로나 통과하지 아니하고 우물 물도 공히 마시지 아니하고
우리가 왕의 대로로만 통과하고 당신의 지경에서 나가기까지 좌편
으로나 우편으로나 치우치지 아니하리이다 한다 하라 하였더니 에
돔 왕이 대답하되 너는 우리 가운데로 통과하지 못하리라 내가 나
가서 칼로 너를 맞을까 염려하라."

이 에돔 땅은 지금의 페트라인데 사해 남쪽인 이 도시는 바위로 이
루어진 요새였지만 그렇게 철벽 같은 성들도 망할 수밖에 없었습니
다. 신명기 24:18에 있는 말씀처럼, **호의는 베풀 수 있을 때에 베풀어야
하는 것입니다.** 자신이 그런 위치에 있을 때에 베풀어준 호의가 나중
에는 다시 자신에게로 돌아오게 되어 있습니다.

모세가 이런 일들을 한꺼번에 당했으니 얼마나 낙심이 되었겠습니
까? 사람이 살다 보면 모세처럼 이렇게 낙심이 될 때가 있습니다. 이
럴 때에 어떻게 해야 하겠습니까?
그에 대한 대답은 사무엘상 30:6에 나옵니다.

"백성이 각기 자녀들을 위하여 마음이 슬퍼서 다윗을 돌로 치자 하
니 다윗이 크게 군급하였으나 그 하나님 여호와를 힘입고 용기를
얻었더라."

어렵고 절망스러울수록 다윗처럼 우리 자신을 주 안에서 격려해야 합니다. 사람의 격려는 다소 도움은 되나 믿을 만한 것이 못 됩니다. **하나님 안에서 스스로 힘을 얻는 방법을 찾아야 합니다.**

성숙한 사람은 자기 자신을 격려할 수 있습니다. 늘 사람의 위로가 필요한 사람은 주변에 사람이 없으면 견디지 못 하고 하나님보다 사람을 의지하는 경우가 더 많습니다. 반면에 항상 하나님을 의지해서 자기를 격려하고 스스로 힘을 얻어서 일어서는 사람은 인생을 넉넉히 살아갈 수 있습니다.

사람에게 도움을 많이 받는 사람들은 잘되면 주변에 있는 사람들이 서로 자기가 도와주어서 그렇게 되었다고 떠들고 다닙니다. 그리고 마치 자신 때문에 일이 그렇게 된 것처럼 생각하고 그 영광을 자신에게로 돌립니다. 하나님께 드릴 영광을 인간에게 돌리게 되는 것입니다.

그러나 주 안에서 스스로를 격려하고 주님과 더불어 일을 한 사람들은 그 모든 영광을 하나님께 드리게 되어 있습니다.

아론의 죽음

가데스를 떠난 이스라엘 백성들은 호르 산에 이르렀습니다. 에돔 왕이 에돔 땅을 지나는 것을 거절했으므로 에돔을 우회하는 길을 택한 것입니다. 그런데 민수기 20:23-26에 보면 이 호르 산에서 아론이 죽음에 이르게 됩니다.

"여호와께서 에돔 땅 변경 호르 산에서 모세와 아론에게 말씀하시
니라 가라사대 아론은 그 열조에게로 돌아가고 내가 이스라엘 자
손에게 준 땅에는 들어가지 못하리니 이는 너희가 므리바 물에서
내 말을 거역한 연고니라 너는 아론과 그 아들 엘르아살을 데리고
호르 산에 올라 아론의 옷을 벗겨 그 아들 엘르아살에게 입히라 아
론이 거기서 죽어 그 열조에게로 돌아가리라."

이스라엘 자손과 온 회중이 호르 산에 이르자 하나님께서 아론의 죽
음을 이야기하십니다. 그리고 그 구체적인 원인이 므리바 물에서 하
나님께 불순종한 것 때문이라고 말씀하십니다.

아론은 처음부터 하나님을 전적으로 신뢰한 사람이 아니었습니다.
그래서 모세가 잠깐 자리를 비운 사이에 금송아지 우상을 만들어 사람
들을 타락의 도가니로 몰아넣기도 하였습니다.

하나님께 죽음의 통보를 받은 모세는 하나님의 명대로 아론의 옷을
벗겨서 그 아들 엘르아살에게 입혀 줍니다. 이제 제사장의 직분을 아
들에게 넘겨주겠다는 상징적인 의식을 행하는 것입니다. 그리고 아론
은 그 자리에서 죽었습니다. 그 의식을 행하는 모세의 가슴은 얼마나
아팠겠습니까?

하나님의 말씀을 경시하는 불순종은 이처럼 무서운 것입니다. 모세
와 아론이 오랫동안 그렇게 많은 수고를 했음에도 불구하고 하나님께
서는 그 두 사람에게 가나안 땅을 허락하지 않으셨습니다. 두 사람 모
두 가나안 땅이 바라다보이는 요단강 동편에서 죽음을 맞게 된 것입니
다.

"모세가 여호와의 명을 좇아 그들과 함께 회중의 목전에서 호르 산에 오르니라 모세가 아론의 옷을 벗겨 그 아들 엘르아살에게 입히매 아론이 그 산꼭대기에서 죽으니라 모세와 엘르아살이 산에서 내려오니 온 회중 곧 이스라엘 온 족속이 아론의 죽은 것을 보고 위하여 삼십 일을 애곡하였더라"(민 20:27-29).

온 회중은 아론을 위해서 30일을 애곡했습니다. 광야를 떠도는 중에도 자신들의 지도자였던 사람의 장례를 예를 갖추어 치른 것입니다.

나중에 신명기 34:5, 8을 보면 이스라엘 백성들은 모세가 죽자 그를 위해서도 30일을 애곡한 것이 기록되어 있습니다. 우리 나라에서 3일장을 치르고 49제를 지내고 3년 상을 지내는 것처럼 이스라엘 백성들에게는 30일이라는 장례기간이 가장 예를 갖춘 기간이었던 것 같습니다.

민수기 20장에서 우리는 많은 교훈을 얻을 수 있습니다. **믿음은 철저한 순종을 의미하는 것입니다.**

순종을 수반하지 않는 믿음은 믿음이라고 할 수 없습니다. 신앙에 대해서 많은 것을 아는 것보다도 한 가지라도 완전하게 순종하는 것이 더 좋은 것입니다.

그리고 무엇보다 하나님께서 하신 일을 자신이 한 것처럼 행동하는 것은 절대로 용서받지 못할 죄입니다. 하나님께서는 자신의 영광을 누구에게도 내놓지 않으시는 분이십니다. "나 여호와는 질투하는 하나님이다"라는 말을 기억하고 겸손하게 모든 영광을 하나님께 드려야 합니다.

　마지막으로 하나님께서 기회를 주실 때에 최선을 다해서 충성해야
합니다. 어떤 일에도 불평하는 대신 최선을 다해서 섬겨야 합니다. 하
나님께서는 우리가 그 일을 잘 감당해 내지 못한다고 판단하시면 언제
든지 다른 사람에게 그 기회를 넘기실 수 있는 분이기 때문입니다.
　우리가 만일 하나님이 쓰실 만한 그릇이 아니라면 하나님은 우리가
아니라 얼마든지 다른 사람을 통해서라도 하나님의 일을 이루십니다.
하나님의 일을 이루시는 분은 하나님 자신이기 때문입니다.

놋뱀을 보면 살리라

백성이 하나님과 모세를 향하여 원망하되 어찌하여 우리를 애굽에서 인도하여 올려서 이 광야에서 죽게 하는고 이 곳에는 식물도 없고 물도 없도다 우리 마음이 이 박한 식물을 싫어하노라 하매 여호와께서 불뱀들을 백성 중에 보내어 백성을 물게 하시므로 이스라엘 백성 중에 죽은 자가 많은지라 백성이 모세에게 이르러 가로되 우리가 여호와와 당신을 향하여 원망하므로 범죄하였사오니 여호와께 기도하여 이 뱀들을 우리에게서 떠나게 하소서 모세가 백성을 위하여 기도하매 여호와께서 모세에게 이르시되 불뱀을 만들어 장대 위에 달라 물린 자마다 그것을 보면 살리라 모세가 놋뱀을 만들어 장대 위에 다니 뱀에게 물린 자마다 놋뱀을 쳐다본즉 살더라

놋뱀을 보면 살리라

모세는 20장에서 인간적으로 아주 힘들고 절망적인 체험을 했지만 그렇다고 해서 그 자리에 그냥 주저앉아 있지만은 않았습니다.

아무리 슬프고 고통스러운 일을 당했다 해도 그 사람을 그저 그 자리에 앉아 있게 놔두지 않는 것이 인생입니다. 인간의 삶이란 단 한 순간도 정지될 수 없습니다. 그러므로 어떤 일을 당했다 하더라도 다시 털고 일어나서 하나님께서 우리에게 주신 삶의 짐을 지고 약속의 땅을 향해서 전진해야 합니다. 하나님이 주신 사명을 끝까지 감당하기 위해서 하나님이 쓰시는 그 날까지 우리의 걸음을 멈추지 않아야 하는 것입니다.

하나님께서는 시련의 시간을 경험한 모세와 이스라엘 백성들을 그대로 내버려두지 아니하시고 하나님의 약속을 이루시기 위해 다시 일어나게 하시고 다시 걸을 수 있도록 해 주십니다. 그래서 그 고난의 장이 끝나자마자 다시 승전의 기회를 주시는 것입니다.

하나님께서는 벌하실 때는 무섭게 하시는 분이시지만 그렇다고 해서 그 자리에서 죽도록 내버려두시는 분은 아니십니다. 우리가 절망의 골짜기에 있을 때에도 하나님께서는 우리를 그 골짜기에 그대로 버려 두지 않으시고 구해 주시고 함께 동행해 주십니다. 하나님께서 다시 나아갈 길을 제시해 주시고 어떻게 해야 할 바를 지시해 주시는 것에 순종하기만 하면 다시 승리하는 기회를 얻게 되는 것입니다.

불뱀과 놋뱀

민수기 21장은 처음부터 아랏과의 싸움에서 이기는 이야기가 나옵니다. 하나님은 언제나 순종하는 자와 함께하시고 자기 백성을 사랑하신다는 것을 보여주십니다. 그래서 절망에 빠져 있던 백성들에게 다시 힘을 주고 희망을 가지고 가나안을 향해 갈 수 있도록 다시 인도해 주십니다. 언제라도 하나님이 함께하시면 살 길이 있다는 것을 알게 하시는 것입니다.

그런데 문제는 이렇게 승리를 해서 좀 살 만해지니까 숨어있던 죄성이 다시 발동을 한 것입니다. 가슴 속에 깊이 박혀 있는 불평의 습관이 다시 나타난 것입니다. 불평은 죄인된 인간의 오래된 습관이기 때문에 또 고개를 듭니다.

그래서 불뱀과 놋뱀의 이야기를 통해서 예수 그리스도의 예표이자 모형이 예언적으로 제시됩니다.

세 번의 승리와 한 번의 범죄 사건이 범죄와 순종의 쌍곡선을 이루면서 전개되는 장이 바로 21장입니다. 하나님께서는 이스라엘의 범죄 사건을 통해서도 예수 그리스도의 모형과 인류의 미래를 보여주십니다.

아랏 왕 정복

1-3절 사이는 절망 후 첫 번째 승리를 체험하게 되는 가나안 아랏 왕과의 전쟁이 나옵니다. 사실상 이 전쟁은 이스라엘 백성들에게 꼭 필요한 전쟁은 아니었는데 이스라엘 사람들이 다가온다는 소식만을 듣고도 겁을 먹은 아랏 왕이 이스라엘 사람 몇 명을 포로로 잡는 바람에 싸움이 커진 것입니다. 그냥 길을 비켜주었으면 아무 문제도 일어나지 않았을 것입니다. 이스라엘이 싸우려고 한 것도 아니었는데 상대방이 겁을 먹고 먼저 도발 행위를 한 것이었습니다.

1절을 보십시오.

> "남방에 거하는 가나안 사람 곧 아랏의 왕이 이스라엘이 아다림 길로 온다 함을 듣고 아스라엘을 쳐서 그 중 몇 사람을 사로잡은지라."

누구든지 하나님의 백성들에게 도전적인 행동을 할 수는 있습니다. 그러나 그 결과는 그들 자신이 책임을 져야 합니다. 하나님의 백성을 건드리는 것은 하나님을 건드리는 것과 같기 때문에 대단히 위험한 일입니다. 저는 이러한 사실에 대해 확신을 가지고 있습니다.

하나님의 백성들에게 공연히 적대감을 갖고 도발적인 행동을 하는 사람이 있습니다. 그러면 감정적으로는 그 사람과 싸우고 싶은 생각이 들 것입니다. 그러나 그렇게 해서는 안 됩니다. 아니 그럴 필요가 없습니다. 오히려 그 사람을 불쌍히 여기고 기도해 주어야 합니다. 하나님의 자녀인 나를 건드렸으니 하나님께서 그 사람을 그냥 두지 않으실 것이기 때문입니다.

하나님의 백성들을 아무 이유도 없이 함부로 대적하는 일은 아주 위험한 일입니다. 이것은 틀림없는 사실입니다. 하나님의 백성에게 호전적인 마음을 가지면 아랏 왕처럼 참패하는 결과를 맞게 됩니다.

자식이 범죄해서 벌을 줄 수는 있을지라도 무죄한 자식이 괴롭힘을 당하는 것을 그대로 두고 보는 아버지는 없습니다. 이것은 이스라엘 역사를 통해서 충분히 증명되는 것입니다.

이스라엘 백성들이 범죄함으로 인하여 그 벌로 이웃 나라인 바벨론을 들어서 이스라엘을 치게 하시기도 하지만 그 후에는 바벨론도 징계하십니다. 그리고 그 징계는 이스라엘에게 내린 것보다 훨씬 무겁고 철저합니다.

이것이 하나님의 방법입니다. 하나님은 자기 손으로 자기 백성을 징계하는 한이 있어도 절대로 하나님을 믿지 않는 이방인에게 자기 백성들이 짓밟히게 놓아 두지 않으십니다. 이 마음은 자식을 둔 부모의 마음과도 같은 것입니다.

2-3절을 보십시오.

"이스라엘이 여호와께 서원하여 가로되 주께서 만일 이 백성을 내 손에 붙이시면 내가 그들의 성읍을 다 멸하리이다 여호와께서 이스라엘의 소리를 들으시고 가나안 사람을 붙이시매 그들과 그 성읍을 다 멸하니라 그러므로 그곳 이름을 호르마라 하였더라."

이스라엘 백성들이 아랏 왕과의 싸움을 위해서 하나님께 서원 기도를 합니다. 그런데 그 기도의 자세가 매우 겸손하다는 것을 알 수 있습니다. "주께서 만일 이 백성을 내 손에 붙이시면…"이라고 말을 하는 것입니다. 이것은 모든 것이 하나님의 손에 달려 있다는 것을 인정하는 기도입니다. '만일 하나님이 그렇게 해 주신다면' 이라고 말하는 것은 싸움의 승패가 하나님의 주권에 있음을 겸손하게 고백하는 것입니다.

가끔 집회 중에 목사님들이 기도로 하나님께 명령하는 것을 봅니다. 어떠어떠한 것을 해 주지 않으면 안될 것처럼 호통을 치며 기도를 합니다. 이것은 잘못된 태도입니다. 우리가 어떻게 함부로 하나님께 명령을 하고 큰소리를 칠 수 있습니까? 우리는 그저 하나님이 원하시고 이끄시는 대로 순종하기만 하면 되는 것입니다.

어떤 일이든 마지막 결정 여부는 하나님이 정해 주시는 대로 따르겠다는 것이 하나님의 자녀들이 취할 수 있는 아름다운 태도입니다.

특히 구약성경에는 그런 표현이 많이 나옵니다.

에스더가 자기 남편인 왕의 처소에 들어갔을 때에도 말하기를 "당신의 눈에 제가 은혜를 입었사오면"이라고 말하는 것을 볼 수 있습니다.

느헤미야도 겸손하게 "당신의 마음에 드시면"이라고 말함으로써 왕의 마음을 움직여 예루살렘 성을 재건하는 역사를 일으킵니다. 하나님의 절대적인 주권을 인정하고 하나님의 결정을 기다리는 것이 믿는 사람들이 하는 일입니다.

여기에 바로 설득의 열쇠가 있습니다.

하나님께서는 이스라엘의 기도를 허락하셨습니다. 하나님께서 이런 기도를 허락하지 않으신 적이 없었습니다. 사람들과의 관계에서도 겸손한 자세는 중요한 것입니다.

서양 사람들의 어법에는 상대방의 의사를 존중하는 방법이 많이 발달해 있습니다. 그리고 일을 하는 데 이러한 태도와 어법은 상대방의 호감을 사고 일이 잘 진행되도록 돕는 윤활유가 됩니다.

여호와 하나님께서도 이렇게 부르짖는 이스라엘의 목소리를 들으시고 가나안 사람들을 그들의 손에 붙이십니다. 결국 승리는 마지막에 하나님께서 누구의 손을 들어주느냐에 달려 있는 것이지 왕이나 군사나 무기에 달려 있는 것이 아닙니다.

여리고 성 사건이 바로 하나님의 싸움이 어떤 것인가를 보여준 예입니다. 무기를 들고 싸워서 함락시킨 것이 아니라 하나님이 지시하시는 대로 성 주위를 돌아서 이긴 것이 바로 여리고 성 함락이었습니다. 이것이야말로 싸움의 승패가 무기나 군사에 있지 않다는 것을 보여주는 단적인 예입니다.

그러나 그 다음 아이 성의 전투에서는 승리감에 도취되어 하나님께 묻지도 않고 자기 마음대로 싸움을 하다 대패하고 말았습니다. 하나님이 승리를 주실 때에 더욱 겸손하게 그 앞에 엎드려야 하는데 교만한 마음을 가지면 반드시 실패를 경험하게 되어 있습니다.

인간은 하나님의 축복을 받는 그 순간에 승리감과 기쁨에 도취되어서 곧 그 축복을 주신 하나님을 잊어버리게 됩니다. 그리고 그 다음에 실패의 쓴맛을 경험하고 나서야 다시 하나님께 돌아오는 것입니다. 여호수아도 그랬고 다윗도 그랬습니다. 다윗도 승리를 거듭한 뒤 예루살렘 성에 돌아왔을 때 하나님 앞에 범죄하고 말았습니다. 승리의 주체가 누군지 늘 기억해야 합니다.

인간은 일이 잘될 때에 겸손하게 하나님 앞에 엎드리지 못하는 경우가 많습니다. 이것이 인간의 본성입니다. 일단 싸움에서 승리하고 원하던 것을 이루고 나면 그것을 이루게 해 주신 이를 잊어버리는 것입니다. 그 후에도 겸손하게 엎드린 자세를 흐트러뜨리지 않고 변함없이 하나님께 모든 것을 묻고 그 말씀에 따라서 행동에 옮기는 사람은 아주 소수입니다. 인간의 이기적인 속성이 하나님 앞에서 겸손하게 행하는 것을 막습니다.

그러나 하나님께서는 누구와도 자신의 영광을 나누지 않는 분이십니다. 모든 공을 자신의 것으로 돌리는 사람에게 하나님의 승리는 오래 머무르지 않습니다. 하나님의 영광을 빼앗으려 하거나 하나님의 영광을 가리우는 것은 하나님께서 절대로 용서하지 않으시기 때문입니다.

여호와께서 이스라엘 백성들의 목소리를 들으셨기 때문에 가나안의 아랏 왕과 도시들은 완전히 멸망하고 말았습니다. 그래서 그곳에 '호르마' 즉 '완전한 멸망'이라는 이름이 생기게 되었습니다. 하나님의 지시를 따라 싸운 이스라엘 백성들은 완전한 승리를 거두었던 것입니다.

하나님은 자기 백성들이 억울하게 당하는 것을 그대로 지켜보시는 분이 아니십니다.

신앙생활의 핵심이 바로 여기에 있습니다. 아랏 왕과의 싸움에서 승리한 이스라엘 백성들의 태도를 배우는 것이 바로 올바른 신앙생활을 하는 방법입니다. 신앙생활의 원리는 그렇게 복잡하지 않습니다. 성경이 천오백 페이지나 되지만 그것이 말하고 있는 진리는 단순하고 쉬운 것입니다.

모든 일을 하나님의 말씀대로 살고 있는가 하는 것이 신앙생활의 전부입니다. 이것이 신앙의 처음과 끝입니다.

어떤 문제가 생겼을 때 그것을 가만히 분석을 해 보면 그 원인은 단 한 가지임을 발견할 수 있을 것입니다. 하나님의 말씀대로 살겠다는 의지가 결여되어 있는 것입니다. 그러나 그렇게 하나님의 뜻과는 상관없이 자기 마음대로 살면 자기도 고생하고 남도 고생시킵니다.

또다시 불평하는 이스라엘 - 놋뱀 사건

문제는 대개 하나님의 은혜를 받고 난 다음에 발생합니다. 완전하게 승리한 이스라엘 백성들 역시 또다시 하나님의 은혜를 잊어버리고 불평을 하기 시작합니다. 조상 대대로 내려오는 죄악의 씨가 계속해서 뿌리를 내려 그 후손들에게까지 미친 것입니다. 불평이라는 아주 고질적인 죄가 다시 고개를 들기 시작합니다.

성도들도 그렇고 장로님도 그렇고 목사님도 그렇고 그 가슴 속에는 다 죄악의 씨가 들어 있습니다. 아담으로부터 전해 내려오는 그 죄악의 씨를 뽑아 버릴 수가 없는 것입니다. 성도들의 죄성은 하나님의 은혜로 덮어씌워져 있어서 가릴 수는 있지만 그것이 완전히 없어지지는 않습니다. 그래서 성령의 충만함이 죄악의 씨가 고개를 들지 못하도록 하는 유일한 능력인 것입니다. 심지어 모세까지도 성령의 힘이 덧입혀지지 않았거나 성령의 힘에 통제되지 않은 상태에서는 악한 감정이 그대로 살아나지 않았습니까?

성령충만한 삶은 말 한 마디 하더라도 기도하고 생각한 다음에 하는 것입니다. 무슨 일이든지 자기의 뜻대로 하는 것이 아니라 성령께서 이끄시는 대로 하는 것입니다. 그 자리에서 기분이 내키는 대로 결정을 하는 것이 아니라 일단 기도하면서 하나님의 뜻이라는 것이 확인될 때에 움직이는 것입니다.

그래서 신앙생활이 간단하면서도 어려운 것입니다. 인간의 죄성이라는 고질병이 우리의 방심한 틈을 타고 늘 우리를 잘못된 길로 이끌어가기 때문입니다.

이번에 이스라엘 백성들이 불평을 한 원인은 호르산에서 떠나서 에돔 땅을 통과하면 지름길이 되는데 에돔 사람들이 허락하지 않았기 때문에 먼길로 돌아가게 된 것이 몹시 짜증이 났기 때문이었습니다. 그래도 어차피 가야 할 길이니까 마음을 가다듬고 차분하게 열을 정비해서 가면 될 것을 한두 사람이 불평을 하기 시작하고 그것이 여기저기 퍼지면서 문제의 발단이 일어나게 된 것입니다.

일단 육체가 힘이 들면 영혼이 강건하지 않은 사람은 짜증은 내고 불평을 하게 됩니다. 영이 강한 사람들은 육이 약할 때에도 스스로를 지탱할 수 있습니다. 그러나 영이 약한 사람은 육이 피곤하면 그대로 넘어집니다. 그래서 영적인 건강을 하루도 소홀히 할 수 없는 것입니다.

불평의 원인

이스라엘 백성들은 두 가지 일로 피곤해 있었습니다.

첫 번째 이유는 전쟁을 한 후이기 때문이었습니다. 승리로 끝난 전쟁이기는 했지만 심신이 피곤하지 않을 수는 없었을 것입니다. 그리고 그 전쟁이 승리로 끝남으로 인해서 정신으로나 육신적으로 긴장 상태에 있던 것이 한꺼번에 풀려 버렸습니다. 그뿐 아니라 심리적인 불안 상태에서 벗어나서 거의 탈진 상태에 있었을 것입니다.

두 번째 이유는 승리의 기쁨과 즐거움 때문이었습니다. 그들은 잔치를 하고 지칠 때까지 뛰놀았을 것입니다. 이렇게 긴장된 상태에서 풀림과 동시에 기쁨의 축제로 인한 탈진 상태에 들어가게 되면 다른 것에 힘을 쓸 수 없게 됩니다.

그 상태는 마치 바알과 싸운 엘리야와 같았을 것입니다. 엘리야는 바알과의 싸움에서 승리한 후에 완전히 지쳐서 더 이상 살아갈 힘을 잃고 하나님께 죽기를 호소하기까지 합니다. 바로 이런 상태가 이스라엘 백성들의 상태였을 것입니다.

그 때 꼭 필요한 것이 쉬는 일, 휴식입니다. 그럴 때에 쉬지 않으면 인간은 쓰러지게 되어 있습니다. 그런데 모세는 쉴 시간을 제대로 주지 않고 강행군을 했던 것입니다. 그러니 지친 이스라엘 백성들 사이에서 불평이 없을 수가 없게 된 것입니다. 그리고 쉬운 길을 어렵게 돌아가게 만든 에돔 사람에 대한 미움이 얼마나 컸겠습니까? 지치고 피곤한 마음에 미움까지 차오르니까 그런 상태에서 나오는 것은 불평과 불만일 수밖에 없었을 것입니다. 이런 상황이라면 누구나 짜증이 났을 것입니다.

그래서 휴식은 일하는 것 못지 않게 꼭 필요한 것입니다. 하나님께서도 6일 동안 일을 하시고 하루는 쉬지 않으셨습니까? 에너지를 방출했으면 쉬면서 다시 충전시켜야 다음 일을 할 수 있는 것입니다.

> **"백성이 호르 산에서 진행하여 홍해 길로 좇아 에돔 땅을 둘러 행하려 하였다가 길로 인하여 백성의 마음이 상하니라"(민 21:4).**

그런데 지도자 모세가 설득력 있는 메시지를 통해서 방향을 잡아주었으면 이런 일이 일어나지 않았을 수도 있습니다. 지도자의 설득은 이런 때에 효과를 발휘할 수 있어야 합니다.

제가 군대에 갔을 때의 일입니다. 제가 배치를 받은 부대에서 받은 첫 번째 임무는 멀리 떨어져 있는 곳에 있는 화장실 청소를 하는 것이었습니다. 저는 그런 일을 한 번도 한 적이 없었고 다른 사람들도 마찬가지였습니다. 그러니 신병들의 불평이 이만저만이 아니었습니다.

그 때 저는 동료들을 모아 놓고 이렇게 말했습니다. "우리에게 떨어진 임무는 철회할 수 없는 것이다. 그러니 기왕에 할 일이라면 빠른 속도로 기분 좋게 하자. 그러면 아주 짧은 시간 내에 일을 끝낼 수 있을 것이다." 그러자 모두가 그 말에 동의를 하고 일을 시작해서 아주 기분 좋게 짧은 시간에 일을 마칠 수 있었습니다.

일단 꼭 해야 할 일이라고 판단이 서면 그 일을 즐겁게 하는 것이 성숙한 사람의 태도입니다. 하지 않을 수 없는 일을 하면서 짜증을 내고 불평을 한다면 그것은 자기 자신을 고단하게 하는 것일 뿐입니다.

학교에서 학생들을 가르친 저의 경험으로 미루어 봐도 어차피 할 일을 스스로 알아서 잘 하는 사람들이 공부도 잘하고 나중에 목회도 잘 하는 사람이 됩니다.

첫 시간에 숙제를 주면 학생들마다 반응이 각각 다르게 나타납니다. "논문 숙제를 위해서 최소한 몇 권의 참고도서를 사용해야 합니까?" 라고 묻는 학생도 있고 심지어는 15페이지로 레포트를 내라면 "표지 까지 합해서입니까?"라고 묻는 학생도 있습니다. 그런 학생들은 공부 하는 동안 본인도 고생이고 가르치는 사람도 속을 썩이고 나중에 졸업 을 해서도 목회에 성공할 수 없는 사람들입니다.

하나님의 축복은 바른 생각과 바른 자세를 가진 사람에게 임하는 것 입니다. 그런 사람들에게는 그 사람의 노력 이상의 축복이 넘치게 부 어지는 것입니다. **축복은 그 사람의 그릇에 따라 차이가 있습니다.**

불평의 내용

5절부터는 불평의 내용이 나옵니다.

"백성이 하나님과 모세를 향하여 원망하되 어찌하여 우리를 애굽 에서 인도하여 올려서 이 광야에서 죽게 하는고 이 곳에는 식물도 없고 물도 없도다 우리 마음이 이 박한 식물을 싫어하노라 하매."

불평의 내용은 전과 다름이 없습니다. 우리를 광야에서 죽게 하려고 데려왔느냐는 것입니다. 이 땅에는 식량도 없고 물도 없으니 젖과 꿀이 흐르는 땅으로 인도하겠다는 하나님의 말씀을 도무지 믿지 못하겠다는 것입니다.

불평을 하는 사람은 불평의 전문가가 됩니다. 십 년 전에 불평으로 평지풍파를 일으킨 사람은 오 년 후에 다시 불평을 하고 오늘까지 그 불평이 끊이지를 않습니다. 불평은 습관이기 때문입니다.

중요한 것은 과거에 그 사람이 어떤 훈련을 했는가 하는 것이고 그것이 오늘의 행동을 결정하는 것입니다. **성공과 실패도 훈련입니다.** 행복도 불행도 습관입니다.

돌아가시는 분의 모습을 옆에서 지켜보면 그분이 평소에 어떤 삶을 살았는지 나타납니다. 하나님 앞에서 신실하게 살았던 사람은 사경을 헤매면서도 하나님을 찾고 찬송을 합니다. 그런 모습을 몇 번 보면서 그분이 젊어서부터 그렇게 훈련된 삶을 살았었다는 것을 발견할 수 있었습니다. 무의식까지도 지배할 만큼 그분은 하나님 앞에서 철저한 삶을 살았던 것입니다. 그래서 무의식 상태에서는 자기가 그 동안 입력해 두었던 것들이 자연스럽게 흘러나오는 것입니다. 평상시에 어떤 훈련을 했는가 하는 것이 죽기 전까지 우리의 삶에 영향을 미칩니다.

이스라엘 그 세대들은 이미 죽은 자기 조상들의 나쁜 습관을 그대로 반복하고 있었습니다. 이것이 인간들의 속성입니다. 그들의 불평 속에는 불신앙이 들어 있습니다.

그래서 불평의 내용 중에는 영적인 내용이 거의 없습니다. 왜 하나님은 나에게 기도를 덜 하게 하시는가, 왜 하나님은 나에게 찬송을 덜

하게 하시는가 하는 문제들로 불평을 하는 사람은 없습니다. 그저 사
람들이 하는 불평의 내용은 왜 나에게는 돈이 많이 벌리지 않는가, 왜
나에게는 좀더 넓은 아파트를 주시지 않는가 하는 것뿐입니다.
그것이 인간의 마음입니다.

그러나 하나님께서는 자기 백성들의 먹을 것과 입을 것은 절대적으
로 보장을 해 주시는 분입니다. 그래서 주님께서도 무엇을 먹을까, 무
엇을 입을까 하는 것을 염려하지 말라고 하셨습니다. 하나님께서 다
먹이시고 입히신다고 하셨습니다. 먼저 그 나라와 그 의를 구하면 그
나머지 모든 것을 다 하나님께서 더해 주시겠다고 보장하신 것입니
다. 광야에서도 마찬가지입니다.
먹을 것과 입을 것이 있고 비를 가려줄 지붕이 있다면 만족하는 것
을 배워야 합니다. 우리가 깊이 생각하고 고민해야 할 것은 어떻게 하
면 하나님의 뜻에 맞게 살면서 인간답게 사느냐 하는 것입니다. 음식
때문에 걱정을 하는 것이 아니라 그 음식을 먹고 무엇을 할 것인가를
고민해야 하는 것입니다.
그것이 우리 인생의 관건입니다. 주님이 주시는 음식을 먹고 나서
그 에너지로 무엇을 하며 어떻게 살 것인가, 어떻게 하나님의 나라를
확장시키는 일에 효과적으로 동참할 것인가에 초점을 맞추어야 합니
다.

만일 우리가 죽은 다음에 누군가가 우리의 이야기를 책으로 쓴다고
생각해 봅시다. 그러면 그 내용이 어떤 것이어야 하겠습니까? '그 사
람은 평생 어떤 음식을 먹고 살았는가' 하는 것이 책 전체의 내용이 된

다면 그 사람은 먹기 위해 살았다는 평가를 받을 수밖에 없습니다.

　인생을 결산하는 책에는 적어도 그 사람은 평소에 어떤 가치관을 가지고 어떻게 살았는가 하는 것이 주요 내용이 되어야 합니다. 만일 그런 것에 대해서는 전혀 내용이 없다면 그 사람의 삶은 없었던 것이나 다름없습니다.

　더구나 기가막힌 것은 이스라엘 백성들이 하나님이 그나마 주신 만나를 경멸했다는 사실입니다. 하나님의 은혜에 감사하지 않는 사람들은 하나님께 버림을 받을 수밖에 없습니다. **작은 것에 감사하지 않는 사람은 큰 것을 받을 자격이 없습니다.** 아니 그 정도가 아니라 있는 것도 다 빼앗기게 되어 있습니다.

　행복은 오늘이지 미래가 아닙니다. 행복은 어느 날 찾아오는 것이 아니라 자기가 오늘 만들어내는 것입니다. 자신이 지금의 상태에서 행복하게 생각하고 감사하면서 사는 사람이라야 미래에도 행복하게 살 수 있습니다.

　그리고 결정적으로 이스라엘 백성들은 하나님을 무시하는 잘못을 했습니다. 그 표현은 5절의 마지막에 나와 있습니다.

　　"백성이 하나님과 모세를 향하여 원망하되 어찌하여 우리를 애굽에서 인도하여 올려서 이 광야에서 죽게 하는고 이곳에는 식물도 없고 물도 없도다 우리 마음이 이 박한 식물을 싫어하노라 하매."

　마지막에 '박한 식물을 싫어한다' 는 표현은 원문대로 하면 "이 무가

치한 빵에 진저리가 난다"는 것입니다. 여기에 쓰인 단어는 너무너무 싫어서 구역질이 나고 진저리가 난다는 말입니다. 이 말은 그 음식을 주신 하나님에 대한 철저한 경멸을 나타낸 것입니다.

이것은 엄청난 도전입니다. 하나님께서 주신 빵을 놓고 어떻게 인간들이 그렇게 이야기할 수 있겠습니까? 하나님의 은혜가 적을 때는 적은 대로 감사하고, 그 은혜가 많을 때는 많은 대로 감사하는 것이 하나님을 믿는 사람들의 태도입니다. 하나님이 만나를 주시면 그것을 먹을 수 있게 해 주신 하나님께 감사하고, 거기에 메추라기를 더해 주시면 그 더해 주신 것에 대해 더욱 감사해야 하는 것이 성도들의 태도입니다. 그러면 하나님께서 그 모습을 보시고 더 좋은 것으로 더해 주시는 것입니다.

그런데 여기서 이스라엘 백성은 정반대로 하나님의 은혜를 받고도 하나님을 원망하고 있습니다. 이 문제를 우리에게 적용시켜 보십시오.

지금 우리들의 모습은 어떻습니까? 우리들은 정말 이스라엘 사람들을 비난할 자격이 있는 사람들입니까?

저는 이 구절들을 읽으면서 정신이 번쩍 들었습니다. 혹시 저에게 이런 모습은 없는지, 지금의 내 모습은 어떤 것인지 되짚어졌기 때문입니다.

우리가 살면서 이스라엘 백성들과 같이 되는 것은 그렇게 드문 일이 아닙니다. 자칫 잘못하면 망하는 길로 가게 됩니다. 우리 자신을 통제하지 않고 가만히 놓아두면 우리의 죄성은 망하는 길로 우리를 끌고 갑니다. 늘 기도하면서 계속 방향 수정을 하지 않으면 멸망으로 달리는 것이 인간의 속성입니다. 다른 사람은 말할 것도 없이 저 자신부터가 그렇습니다. 말씀과 기도로 철저하게 무장하고 날마다 헌신하지 않으면 엉뚱한 곳으로 가게 됩니다.

불평의 결과

이스라엘 백성들이 한 일은 바위를 향해서 계란을 던지는 것이므로 그 결과에 대해서는 말할 필요가 없습니다. 하나님께서는 그 백성들에게 불뱀을 보내시어 그들의 오만함을 벌하셨습니다.

6절을 보십시오.

> "여호와께서 불뱀들을 백성 중에 보내어 백성을 물게 하시므로 이스라엘 백성 중에 죽은 자가 많은지라."

이스라엘 백성들은 범죄함으로 말미암아 자멸의 길을 걷게 되었습니다. 하나님은 불평을 대단히 싫어하십니다. 하나님의 은혜에 대해 감사할 줄 모르는 것보다 더 큰 죄는 없습니다.

그 불평은 재앙을 불렀습니다. 결국 갑자기 독사들이 나타나서 불평을 하는 사람들을 물어 죽이는 사건이 일어났습니다.

불평하는 것과 같은 나쁜 습관은 불뱀을 불러오는 것과 같은 일입니다. 불평은 자살행위입니다. 불평은 자신을 죽입니다. 마음에 불평을 품으면 뱀에게 물리지 않아도 가슴에 독이 생기게 되어 있습니다. 그래서 그 독이 말로 퍼지고 행동으로 퍼집니다. 불평의 질병에 걸리면 독사에 물린 것과 같습니다.

불평하는 데에 사용하는 단어는 아예 우리의 입에 올려놓지 않는 것이 좋습니다. 그런 단어들을 한두 번 사용하면 습관이 됩니다. 그러므로 우리의 마음 가운데에 불평이 일어나거나 입술로 불평이 나오려고만 해도 그것을 막아 버리고 삼켜 버려야만 합니다. 그렇지 않으면 불평이 우리를 삼킬 것이기 때문입니다.

놋뱀을 보면 살리라

하나님께서 죽음의 벌을 내리시자 그때서야 백성들이 회개합니다. 처음부터 벌받을 일을 하지 않아야 하는데 죄를 짓고 벌을 받고 나서야 회개합니다. 미리미리 성령님의 도움을 따라 순종하면 되는데 그러지 못하고 징계를 받은 후에야 돌아서는 것입니다. 인간은 이토록 어리석습니다.

제가 목회를 하면서 보아도 안타까울 정도로 사람들은 말을 듣지 않습니다. 그렇게 하면 안 된다는 것이 뻔히 보여서 말리는데도 그 당시에는 말을 듣지 않습니다.

이스라엘 사람들도 하나님이 보내신 불뱀이 죽음을 가져오자 그제야 자신들의 잘못을 깨닫고 회개하는 모습을 보입니다.

7-8절을 보십시오.

"백성이 모세에게 이르러 가로되 우리가 여호와와 당신을 향하여 원망하므로 범죄하였사오니 여호와께 기도하여 이 뱀을 우리에게서 떠나게 하소서 모세가 백성을 위하여 기도하매 여호와께서 모세에게 이르시되 불뱀을 만들어 장대 위에 달라 물린 자마다 그것을 보면 살리라"

그런데 하나님께서는 이렇게 회개하는 것만으로도 징벌을 끝내십니다. 그 외에는 이것저것 따지지를 않습니다. 정말 감사한 일이 아닐 수 없습니다.

예수님께서도 그렇게 하셨습니다. 사람들이 간음하다가 잡힌 여인을 데리고 오자 죄 없는 자들이 먼저 돌로 치라고 해서 그 여인을 구해 준 예수님께서는 그 여인에게 다른 어떤 이야기도 하지 않으셨습니다. 그저 "나도 너를 정죄하지 않겠으니 가서 다시는 죄를 짓지 말라"는 한 말씀으로 그 사건을 끝내셨습니다.

이런 점에서 우리 믿는 사람에게 희망이 있습니다. 어쩔 수 없이 잘못을 하게 되어도 곧바로 깨닫고 하나님께 용서를 구하면 하나님께서는 그 즉시 용서해 주시고 다시 우리를 품어주십니다.

모세의 중보기도

이스라엘 백성들은 모세에게 와서 하나님께 뱀을 제거해 달라는 중보기도를 요청했습니다. 그리고 하나님께서는 모세의 기도를 들어 주셨습니다. 이미 불뱀에게 물린 자는 그 독이 온몸으로 퍼져서 죽습니다. 그래서 하나님의 기적적인 치유하심이 아니면 살 수 있는 방도가 없었습니다.

인간은 지금 이런 지경에 와 있는 것입니다. 마귀라고 하는 불뱀에게 물려서 죄라고 하는 독이 온몸에 퍼져 있습니다. 그래서 그대로 두면 죽는 것은 시간 문제입니다. 그 독을 제거할 수 있는 해독제는 밖에서부터 와야 합니다. 이미 뱀에 물려 독이 퍼져 있는 사람은 자신을 구원할 수 있는 능력을 가지고 있지 않습니다. 도움은 밖으로부터 와야 합니다.

8-9절을 보십시오.

> "여호와께서 모세에게 이르시되 불뱀을 만들어 장대 위에 달라 물린 자마다 그것을 보면 살리라 모세가 놋뱀을 만들어 장대 위에 다니 뱀에게 물린 자마다 놋뱀을 쳐다본즉 살더라."

모세의 기도를 들으신 하나님께서 그들을 구원하기 위해서 놋뱀을 만들어 장대에 달게 하셨습니다. 그리고 그것을 쳐다보는 사람들은 다 살 수 있도록 하신 것입니다.

하나님께서 마련하신 사는 길은 이렇게 간단합니다. 하나님께서 마련해 주신 구원의 놋뱀을 보면 사는 것입니다. 구원받은 사람이 변화를 받는 것은 과정을 거쳐야 하지만, 처음에 구원을 받는 것보다 쉬운 일은 없습니다. 그저 쳐다보기만, 그저 믿기만 하면 되는 것입니다. 단순하게 믿으면 생명의 길이 열리는 것입니다.

놋뱀, 예수님의 모형

붉은 색깔이 나는 이 놋뱀은 예수님의 모형이었습니다. 붉은 빛깔은 피를 상징하고 장대는 십자가를 상징합니다. 구리뱀이 장대에 달린 것을 예수님이 십자가에 매달리실 것의 상징으로 사용하셨던 것입니다.

예수님께서는 그것을 친히 요한복음 3:14-15에 자신의 예표로 말씀하셨습니다.

> "모세가 광야에서 뱀을 든 것같이 인자도 들려야 하리니 이는 저를

믿는 자마다 영생을 얻게 하려 하심이니라."

불뱀에 물렸어도 장대에 달린 구리뱀을 보는 사람들은 누구나 살아났던 것처럼 예수 그리스도를 믿는 사람들은 누구나 영생을 얻을 수 있게 되는 것입니다. 그렇다고 해서 구세주이신 예수님처럼 구리뱀 자체에 어떤 능력이 있었던 것은 아닙니다. 놋뱀을 쳐다보면 산다는 하나님의 말씀을 믿고 바라보았을 때 하나님께서 그들을 살렸던 것입니다.

에베소서 2:8의 말씀처럼 그 은혜로 인하여 믿음으로 말미암아 구원을 얻었으니 이것이 우리에게서 난 것이 아니요 하나님의 선물인 것입니다.

뱀에 물린 자들은 잘려진 장미꽃송이와 같습니다. 당장 겉으로 보기에는 예쁜 꽃송이 때문에 아름답고 싱싱해 보이지만 이미 뿌리는 잘려 나갔기 때문에 더 이상의 생명이 없는 것입니다. 꽃 자체는 스스로 살아있을 능력이 없기 때문에 시들어지는 것은 시간문제입니다. 오직 하나님의 은혜만이 그 생명을 살릴 수 있습니다. 마음으로 믿어 의에 이르고 입으로 시인하는 그 순간에 우리는 이미 영원한 생명으로 옮겨져 있는 것입니다.

그런데 말씀대로 놋뱀을 쳐다보자 독이 제거되고 살아나게 되니까 사람들은 그 뱀 자체에 신비한 힘이 있는 것으로 착각하게 되었습니다. 그래서 영혼의 눈이 어두워진 이스라엘은 히스기야 왕 때에 놋뱀을 우상으로 경배하기 시작했습니다. 하나님께서 그렇게 하신 이유는 놋뱀 자체에 능력이 있는 것이 아니라, 놋뱀을 쳐다보면 산다는 하나님의 말씀을 믿는 믿음을 보시겠다는 것이었습니다. 그런데도 사람은 어리석게도 보이는 것만을 섬기고 믿었습니다. 그래서 하나님께서는 이스라엘 백성들이 숭배하던 그 놋뱀을 가루로 만들어서 없애버리라고 말씀하셨습니다.

이들의 이야기는 범죄와 고난과 슬픔과 회개 그리고 구원이라는 전형적인 사이클을 가지고 있습니다. 이런 모습이 가장 잘 나타나는 곳이 바로 사사기입니다. 이것은 영이 약하고 육이 발달한 인간의 모습입니다.

우리는 이런 사이클에 들어가지 않도록 조심해야 합니다. 그리고 만일 이런 사이클 속에 이미 들어가 있다면 빨리 그 고리를 끊을 수 있도록 해야 할 것입니다. 하나님의 은혜를 받으면 겸손하게 감사를 드리고, 그래서 더 큰 은혜가 나타나면 그 은혜에 감사해서 더 겸손해지고 더 깊이 감사하는 사람이 될 수 있도록 우리를 훈련해야 하는 것입니다. 그럴 때에만이 하나님께서 우리들을 한 순간 한 순간 인도해 주시고 그 걸음을 축복으로 수놓아 주실 것입니다.

이스라엘의 계속되는 여정

놋뱀 사건이 있은 후에도 이스라엘의 여정은 계속되었습니다. 오봇에서 비스가 산정이 보이는 계곡까지 긴 여정을 거쳐 요단강 동쪽 모압지방에 이르렀습니다. "여호와의 전쟁기"라는 14-15절의 기록에 모세가 써놓은 승리의 노래가 여기에 인용되어 있습니다.

14-15절을 보십시오.

"이러므로 여호와의 전쟁기에 일렀으되 수바의 와헙과 아르논 골짜기와 모든 골짜기의 비탈은 아르 고을을 향하여 기울어지고 모압의 경계에 닿았도다 하였도다."

또 하나님께서는 이들을 버리지 아니하시고 브엘이라는 곳에 이르러서는 모세를 통해서 다시 물을 공급해주셨습니다. 이번에는 바위에서 쏟아져 나오는 물 대신 이미 있는 샘물로 인도하셨습니다. 하나님께서는 사람에게 필요한 것을 반드시 마련해 주십니다. 그때에 이 샘물을 마신 이스라엘 사람들은 바위에서 물을 내신 하나님을 찬양하는 노래를 부르기도 합니다.

16절을 보십시오.

"거기서 브엘에 이르니 브엘은 여호와께서 모세에게 명하시기를 백성을 모으라 내가 그들에게 물을 주리라 하시던 우물이라."

요단 동편 지역 장악

하나님께서는 지난 날의 이스라엘의 잘못과 그로 인한 실패에도 불구하고, 백성들이 다시 믿음과 용기를 가지고 나섰을 때에 그들에게 두 번의 승리를 허락해 주셨습니다.

시혼 왕과 아모리 도시 정복

이스라엘은 에돔에게 부탁을 했던 것처럼 시혼 왕에게 지나가게 해

달라고 부탁을 했지만 시혼 왕은 이를 거절했을 뿐 아니라 먼저 이스라엘을 공격해 왔습니다. 그러나 이스라엘은 역시 자기 백성을 도우시는 하나님의 은혜로 이들을 이기고 아르논부터 얍복까지 점령하는 쾌거를 이룹니다.

25-26절을 보십시오.

> "이스라엘이 이같이 그 모든 성읍을 취하고 그 아모리인의 모든 성읍 헤스본과 그 모든 촌락에 거하였으니 헤스본은 아모리인의 왕 시혼의 도성이라 시혼이 모압 전왕을 치고 그 모든 땅을 아르논까지 그 손에서 탈취하였었더라."

옥 왕과 바산 도시 정복

하나님께서는 그 여세를 몰아 바산 왕 옥까지도 이스라엘의 손에 붙이셨으므로 이스라엘의 경계가 갈릴리 바다 동북쪽에까지 이르게 되었고 요단강 동쪽을 완전히 정복하게 되었습니다.

그렇게 승전을 거듭하여 얻은 이 지역은 이 전쟁에서 앞장섰던 르우벤, 갓, 므낫세 지파의 절반에게 기업으로 분할되었습니다.

33-34절을 보십시오.

> "돌이켜 바산 길로 올라가매 바산 왕 옥이 그 백성을 다 거느리고 나와서 그들을 맞아 에드레이에서 싸우려 하는지라 여호와께서 모세에게 이르시되 그를 두려워말라 내가 그와 그 백성과 그 땅을 네 손에 붙였나니 너는 헤스본에 거하던 아모리인의 왕 시혼에게 행한 것같이 그에게도 행할지니라."

모압 평야의 전투는 치열했을 것입니다. 시혼 왕은 그 땅을 모압 인으로부터 빼앗았을 정도로 전투에 능한 사람이었습니다. 그러나 하나님이 함께하시는 군대를 당할 수 있는 군사는 없습니다. 싸움의 승패는 군사나 무기에 달려 있는 것이 아니라 하나님께 있기 때문입니다.

사실 시혼의 패배에는 권선징악적 의미가 있습니다. 아르논 남쪽의 모든 땅은 본래 모압인의 소유였는데 시혼이 빼앗았던 것이기 때문입니다. 시혼의 땅을 정복한 이스라엘은 결국 아모리인들의 땅에 거하게 되었습니다.

견딜 수 없는 최악의 시간도 결국은 지나가 버립니다. 이스라엘은 아랏 왕을 정복하는 승리를 체험하나 즉시로 범죄하고 고통을 당했습니다. 회개하는 자에게 구원을 베푸시는 하나님은 다시 믿음으로 순종하는 이스라엘에게 두 번의 승리를 주셔서 요단강 동쪽을 정복하게 하시고 르우벤, 갓, 므낫세 반 지파가 먼저 기업을 얻도록 하셨습니다. 400년 전에 주셨던 창세기 15장의 약속을 이루셨습니다.

견딜 수 없는 최악의 시간에도 그 자리에서 회개하고 참고 견디면 그 다음에는 반드시 승리의 시간이 옵니다. 하나님께서 그 백성을 언제까지나 슬픔과 절망 가운데 내버려두지 않으시기 때문입니다. 자신들이 저지른 범죄와 그로 인한 고통으로 시달렸던 이스라엘 백성들은 가나안을 향해 나가는 걸음을 계속했고, 그런 가운데서도 하나님께서 약속하신 역사는 이루어지고 있는 것입니다.

발람이 나귀에게 말하되 네가 나를 거역하는 연고니 내 손에 칼이 있었더면 곧 너를 죽였으리라 나귀가 발람에게 이르되 나는 네가 오늘까지 네 일생에 타는 나귀가 아니냐 내가 언제든지 네게 이같이 하는 행습이 있더냐 가로되 없었느니라 때에 여호와께서 발람의 눈을 밝히시매 여호와의 사자가 손에 칼을 빼어 들고 길에 선 것을 보고 머리를 숙이고 엎드리니 여호와의 사자가 그에게 이르되 너는 어찌하여 네 나귀를 이같이 세 번 때렸느냐 보라 네 길이 내 앞에 패역하므로 내가 너를 막으려고 나왔더니 나귀가 나를 보고 이같이 세 번을 돌이켜 내 앞에서 피하였느니라 나귀가 만일 돌이켜 나를 피하지 아니하였더면 내가 벌써 너를 죽이고 나귀는 살렸으리라 발람이 여호와의 사자에게 말씀하되 내가 범죄하였나이다 당신이 나를 막으려고 길에 서신 줄을 내가 알지 못하였나이다 당신이 이를 기뻐하지 아니하시면 나는 돌아가겠나이다 여호와의 사자가 발람에게 이르되 그 사람들과 함께 가라 내가 네게 이르는 말만 말할지니라 발람이 발락의 귀족들과 함께 가니라

짐승만도 못해?

하나님을 의지하여 승리를 체험한 이스라엘은 육체의 정욕에 이끌려 모압 앞에서 범죄하고 하나님의 진노를 경험했습니다. 그러나 이러한 과정을 통해 이스라엘은 값없이 주시는 하나님의 구원의 역사 또한 경험하게 되었습니다.

이제 22장에서는 이스라엘 백성들이 계속해서 가나안으로 승승장구해 오자 이에 위기를 느낀 모압 왕 발락이 예언자 발람을 매수하여 이스라엘을 저주하려고 시도하는 내용이 묘사되어 있습니다. 그러나 자기 백성을 저주하는 것을 하나님께서 허락하시지 않으십니다. 오히려 그 예언자를 통해서 이스라엘 백성들을 축복하실 뿐입니다.

만일 하나님의 백성을 저주하고 싶다면 가장 쉬운 방법이 도덕적인 타락을 유도하는 것입니다.

기독교인들은 공식적 핍박은 얼마든지 저항할 수 있도록 훈련이 된 사람들입니다. 아니 오히려 그런 어려움을 만나면 더 하나님과 가까이 하며 신앙으로 철저하게 무장하는 사람들입니다. 당장 목에다 칼을 대고 예수님을 부인하지 않으면 죽이겠다는 노골적인 위협은 이겨낼 수 있습니다.

그러나 그렇게 직접적이고 노골적인 공격이 아니라 우리의 삶 속에 나타나는 조그마한 일들을 통해서 서서히 사람을 타락시키는 윤리적인 문제들에는 힘없이 무너질 수 있습니다.

전쟁보다 도덕적인 타락이 더 위험하고 무서운 유혹인 것입니다.

발람을 초청한 이유

이스라엘은 여리고 맞은편 모압 평야에 진을 쳤습니다. 모압 평지는 이스라엘이 가나안으로 들어가기 전에 마지막으로 진을 친 곳이기도 합니다. 십볼의 아들 발락은 모압에 이르기 전까지 이스라엘의 행적에 대해 잘 알고 있었습니다.

1-2절을 보십시오.

> "이스라엘 자손이 또 진행하여 모압 평지에 진 쳤으니 요단 건너편 곧 여리고 맞은편이더라 십볼의 아들 발락이 이스라엘이 아모리인에게 행한 모든 일을 보았으므로"

모압 왕 발락은 필요 이상으로 이스라엘 백성들을 두려워하기 시작했습니다. 그 두려움이 성경에 아주 적나라하게 표현되어 있습녀다. 얼마나 공포심에 떨었는지 "번민" 했다고 기록되어 있습니다.

3-4절을 보십시오.

"모압이 심히 두려워하였으니 이스라엘 백성의 많음을 인함이라 모압이 이스라엘 자손의 연고로 번민하여 미디안 장로들에게 이르되 이제 이 무리가 소가 밭의 풀을 뜯어먹음같이 우리 사면에 있는 것을 다 뜯어먹으리로다 하니 때에 십볼의 아들 발락이 모압 왕이 었더라."

발락은 이스라엘 백성들이 모압 평야에 진을 친 것을 보고 마치 소가 들의 풀을 다 먹어 버리듯 이스라엘이 주위의 나라들을 다 먹어 버릴 것 같은 공포에 사로잡혀 있었습니다. 그래서 발락은 미디안의 장로들과 협의하여 공동보조를 취하기로 하고 메소포타미아 주술사인 발람의 도움을 청하기로 했습니다.

인간의 적, 공포

인간의 정서를 해치는 것으로 심리학자들이 말하는 문제 두 가지가 있습니다. 하나는 두려움이고 다른 하나는 분노입니다. 이 두 가지가 인간의 정서에 있어서 최대의 적이라고 할 수 있습니다. 이 두 가지 때문에 인간은 많은 고생을 합니다. 이 두 가지가 우리 마음 가운데 있을 때에는 정상적이고 논리적인 사고를 방해하기 때문에 비이성적이고 비합리적인 사고와 행동을 하게 됩니다.

그래서 이 두 가지 감정을 통제하고 조정하는 것이 인간이 해야 할 가장 중요한 일 중에 하나입니다. 모세가 마지막에 가나안 땅을 밟지 못하고 죽게 된 이유도 바로 자신의 분노를 바르게 다스리지 못했기 때문입니다.

제가 가만히 생각도 해 보고 주변 사람들을 살펴보니 심리학자들의 이런 의견이 정말 설득력이 있는 말이라고 여겨집니다. 자신감이 없다, 초조하다, 불안하다 이런 것이 모두 공포심에서 오는 것입니다. 긴장감 역시 공포의 다른 형태입니다.

분노도 여러 가지의 형태로 변형되어 나타나는데 결국 알고 보면 그것이 두려움의 표현이라는 것을 알게 됩니다.

그래서 성경에 두려움에 대한 말이 얼마나 많이 나오는지 모릅니다. 성경에는 484번이나 "두려워한다, 두려워하지 말라"는 말이 나옵니다. 그외에도 염려, 근심, 불안, 초조 등까지 포함한다면 훨씬 더 많을 것입니다. 물론 횟수가 중요한 것은 아닙니다. 다만 그렇게 많이 반복해서 씌어 있는 것을 보면 우리 성도들의 삶 가운데 있는 두려움의 문제에 대해서 하나님께서도 심각하게 생각하고 계셨다는 것을 알 수 있습니다. 따라서 목회자나 교회는 이 두 가지를 제거해 주는 사역을 해야 합니다.

저는 의식적으로 그런 노력을 하고 있습니다. 처음부터 계획하여 공포와 불안의 문제들을 선별하고 그에 대한 해답을 제시해 주는 것입니다. 그것이 얼마나 중요한 문제인지 모릅니다.

대개 분노의 감정을 많이 갖는 사람들은 외형적이고 다혈질적인 사람인 경우가 많습니다. 반면에 내성적인 사람은 공포와 불안에 시달리는 경우가 더 많습니다. 그래서 제 경우는 분노보다는 두려움을 느낄 가능성이 더 많습니다.

아마 누구나 이 두 가지의 경우 중 하나에 속하게 될 것입니다.

여기서 우리가 생각해야 할 것은 두려운 마음이 드는 순간 벌써 그는 패배하고 있다는 것입니다. 공포는 인간의 가장 큰 적 가운데 하나입니다. 인간은 외적인 적 때문이 아니고 내적인 적 때문에 패배당하는 것입니다. 바깥의 여건보다도 자기 자신의 속에 있는 내부의 공포 때문에 실패하는 경우가 많습니다.

그러나 성경은 이 세상에서 두려워할 것은 단 한 가지뿐이라고 말합니다(신 6:13, 삼상 12:14, 계 14:7). 그것은 바로 하나님입니다. 하나님 외에는 세상의 그 무엇도 두려워할 것이 없습니다. 하나님을 두려워하는 것은 생명의 길이지만 인간을 두려워하는 것은 망하는 길입니다. 이것이 성경이 계속해서 가르치고 주장하는 바입니다.

저는 어렸을 때 보이는 외부의 적보다 보이지 않는 내부의 적이 더 무섭다는 사실을 아주 인상적으로 경험한 바가 있습니다.

제가 초등학교에 다닐 때는 학급을 분단 단위로 묶어서 함께 단체행동을 하게 했습니다. 그래서 7, 8명이 한 조가 되어 학교에서나 집에서나 늦게까지 함께 공부를 하도록 되어 있었습니다.

그런데 제가 5학년쯤 되었을 때였습니다. 하루는 같은 조원들과 한 방에서 어느 집에 모여서 한참 공부를 하고 있는데 어떤 아이가 장난삼아 불을 꺼버렸습니다. 한창 장난이 심할 나이에 그런 상황이 되었으니 어떠했겠습니까? 너나할것없이 갑자기 서로 손에 닿는 대로 한 사람씩 붙들고 씨름을 시작하였습니다.

저도 얼떨결에 한 아이를 붙잡고 씨름을 했습니다. 누군지도 모르고 얼마나 안간힘을 쓰면서 지지 않으려고 했는지 모릅니다. 얼마 후에 여기저기서 항복이라고 고함치는 소리가 들려왔습니다. 싸울 만큼 싸우고 지친 아이가 항복을 선언한 것입니다. 한 아이가 항복을 하자 다른 아이들도 다투어 항복을 했습니다. 저도 저와 함께 씨름하던 아이에게 항복을 받아냈습니다.

그런데 불을 켜서 서로 씨름을 한 상대방을 확인하고 나서 저는 얼마나 놀랐는지 모릅니다. 저와 함께 씨름을 한 아이는 우리 학교 축구부 주장으로 교내에서 제일 힘이 세고 싸움을 잘하는 아이였던 것입니다. 지금도 그렇지만 그 때도 저는 체력이 비교적 약한 아이였습니다.

그런 제가 축구부 주장하고 싸워서 항복을 받아냈다는 것은 정상적으로 생각하면 있을 수가 없는 일이었습니다. 만약에 불을 켜 놓고 상대방이 누구인지 아는 상태에서 씨름을 했더라면 제가 질 것이 뻔한 일이었습니다. 그랬더라면 저는 아예 씨름을 하려고 하지도 않았을 것이고, 했다 하더라도 2초도 못 가서 항복하고 말았을 것입니다. 왜냐하면 그 친구를 보는 순간 이미 공포심 때문에 싸우지도 않고 졌다고 생각할 것이 분명했기 때문입니다.

그것은 보이는 적인 축구부 주장이 강해서가 아니라 제 마음속의 '공포' 라고 하는 적이 더 강하기 때문입니다. 승부는 이미 싸움을 하기도 전에 나버리는 것입니다.

마음속에 불안과 공포가 없으면 외부의 보이는 적은 문제가 되지 않습니다. 그래서 보이는 사람을 두려워하지 않고 보이지 않는 하나님을 두려워하는 사람은 어디서든지 승리하는 삶을 산다는 것입니다.

어쨌든 이렇게 장로들과 상의를 해서 발락은 메소포타미아의 이방 주술가인 발람을 초청하는 제일진 사절단을 보냅니다.

"그가 사자를 브올의 아들 발람의 본향 강변 브돌에 보내어 발람을 부르게 하여 가로되 보라 한 민족이 애굽에서 나왔는데 그들이 지면에 덮여서 우리 맞은편에 거하였고"(민 22:5).

발람은 이방의 주술사였지만 성경의 문맥으로 미루어 보아서 하나님에 대한 지식도 상당히 겸비한 사람으로 보입니다. 물론 그렇다고 그가 하나님의 예언자인 '나비'로 불린 적은 없습니다.

발람의 고장이라고 말하는 브돌이 지금의 어디인지는 알 수 없지만 유프라데스 강 근처라는 것은 짐작할 수 있습니다. 그리고 그의 아버지의 이름을 브올이라고 했는데 이 말은 '태워버린다, 혹은 씹어서 먹는다'라는 뜻을 가지고 있습니다. 발람이라는 이름도 '삼켜버린다, 사람을 파멸시킨다'는 뜻이 있습니다. 이름의 어원으로 볼 때 이 두 사람은 사람을 저주하거나 축복하는 마력의 소유자였던 것이라는 추론을 할 수 있습니다.

발락의 사절단은 발람을 찾아가서 이스라엘 백성들을 저주해 달라는 부탁을 합니다.

6절을 보십시오.

"우리보다 강하니 청컨대 와서 나를 위하여 이 백성을 저주하라 내가 혹 쳐서 이기어 이 땅에서 몰아내리라 그대가 복을 비는 자는 복을 받고 저주하는 자는 저주를 받을 줄을 내가 앎이니라."

이스라엘이 너무 막강해서 자기들의 힘으로는 어떻게 할 수가 없으니까 주술사의 힘을 빌리려고까지 한 것입니다. 그런데 이들이 발람에게 부탁하면서 하는 "당신이 축복하는 자는 축복을 받고 저주하는 자는 저주를 받을 것"이라는 말은 창세기 12:3에 하나님께서 아브라함에게 하셨던 말과 비슷합니다. 그는 이미 그 주변의 사람들에게 그런 능력이 있는 사람으로 소문이 나 있었던 것입니다. 영적인 지도자의 축복과 저주의 힘은 막강합니다.

하나님께 문의하는 발람

모압과 미디안의 대표들이 많은 사례비를 지참하고 가서 발람에게 이스라엘을 저주해 달라는 부탁을 했습니다. 그러자 발락의 말을 전해 들은 발람은 자기가 가야 할지 가지 말아야 할지에 대한 결정을 하나님께 물었습니다.

7-8절을 보십시오.

> "모압 장로들과 미디안 장로들이 손에 복술의 예물을 가지고 떠나 발람에게 이르러 발락의 말로 그에게 고하매 발람이 그들에게 이르되 이 밤에 여기서 유숙하라 여호와께서 내게 이르시는 대로 너희에게 대답하리라 모압 귀족들이 발람에게서 유하니라."

이런 태도를 미루어 보면 아브라함 시대에 시작된 여호와 하나님에 대한 지식이 아직도 메소포타미아 지방에 다소 남아 있었다는 것과 이스라엘에 대한 소문이 그 쪽에도 급속하게 퍼져갔던 것을 알 수 있습니다. 우리가 이미 알고 있듯이 하란 지방에 아브라함의 친척들이 살고 있었기 때문에 아브라함이 자기의 며느리를 얻기 위해서 종을 그 지방으로 보내지 않았습니까? 그런 것을 보면 이 지방에 순수한 여호와의 종교가 그대로 보전되어 있었던 것은 아니라 하더라도 여호와 종교의 영향이 남아 있었을 것이라는 짐작을 할 수 있습니다.

발람의 기도를 들으신 하나님께서는 9-12절 사이에 가지 말라고 명하셨습니다.

> "하나님이 발람에게 임하여 가라사대 너와 함께한 이 사람들이 누구냐 발람이 하나님께 고하되 모압 왕 십볼의 아들 발락이 내게 보낸 자라 이르기를 보라 애굽에서 나온 민족이 있어 지면에 덮였으니 이제 와서 나를 위하여 그들을 저주하라 내가 혹 그들을 쳐서 몰아낼 수 있으리라 하나이다 하나님이 발람에게 이르시되 너는 그들과 함께 가지도 말고 그 백성들을 저주하지도 말라 그들은 복을 받은 자니라."

하나님께서 이미 축복하신 이스라엘은 다른 어떤 사람도 저주할 수 없습니다. 그리고 하나님의 백성에게 하는 저주가 통할 리도 없습니다.

하나님의 백성에게 고통과 고난을 줄 수 있는 분은 하나님 한 분밖에 안 계십니다. 그래서 이스라엘 백성들에게 잘못이 있을 때에는 하나님께서 직접 징계의 채찍을 드시는 것입니다.

하나님의 자녀에게는 어떤 저주를 해도 아무 효력이 없습니다. 하나님의 백성들에게 저주를 하는 것은 산 위에 올라가서 소리를 지르는 것과 같습니다. 산 위에서 지르는 소리는 메아리가 되어서 다시 자신에게 되돌아오지 않습니까? 하나님의 백성들에게 하는 저주는 바로 이와 같습니다. 저주를 하는 사람이 그 저주를 받게 되어 있습니다(창 12:3).

이 원리를 우리가 가슴에 새기고 산다면 대단한 위로와 힘을 얻을 수 있을 것입니다. 이런 원리를 알아야만 우리에게 욕을 하는 사람을 향해 화를 내는 대신 불쌍히 여기는 마음을 갖게 됩니다. 그런 사람은 자신이 욕을 하는 사람이 어떤 사람인지 모르고 욕을 하는 것입니다.

이제부터 정말 그런지 안 그런지 한번 실험을 해 보십시오. 나에게 욕을 하는 사람을 달리 보게 될 것입니다. 물론 자신에게 욕을 하는 사람이 곱게 보이지는 않지만 그렇다고 참을 수 없을 만큼 속이 상하거나 그 사람을 미워하는 단계까지는 안 가게 됩니다. 그래도 속이 상하고 상대방을 미워하는 마음이 든다면 그 때는 그 사람이 한 저주나 욕이 나 자신에게 어떤 해도 끼칠 수 없다는 것을 기억하십시오. 생각이 바뀌면 느낌도 바뀌는 것입니다.

제가 최근에 어떤 기독교 잡지와 인터뷰를 했는데 그 기자의 질문이 왜 한국에 이렇게 많은 문제가 일어나는가 하는 것이었습니다. 저는 그 이유가 잘못된 사고방식, 사고의 오류에 있다고 대답했습니다. **잘못된 생각을 심으면 잘못된 행동이 생기고, 잘못된 행동을 심으면 잘못된 습관이 형성되고, 잘못된 습관은 잘못된 인격을 낳게 되는 것입니다.**

따라서 하나님의 백성은 그 어느 누구도 해할 수 없다는 것을 알게 되면 생각의 방향이 바뀌게 되고 그에 따라 모든 다른 것들까지 긍정적으로 바뀌게 되는 것입니다. 이것은 신앙인들의 가장 기본적인 원리입니다. 그리고 이 기본 원리를 생활에 적용하게 되면 어떠한 상황에서도 일상 생활에 상당한 평화가 있게 될 것입니다.

하나님의 응답을 들은 발람은 결국 사절단과의 동행을 거부하고 그들을 그냥 돌려보냅니다. 그러나 후에 나타난 발람의 모습을 볼 때 이것은 하나님의 지시에 대한 형식적인 순종이며 내적 불순종과의 미묘한 갈등을 겪는 시점이라고 볼 수 있습니다.

13절입니다.

> "발람이 아침에 일어나서 발락의 귀족들에게 이르되 너희는 너희의 땅으로 돌아가라 내가 너희와 함께 가기를 여호와께서 허락지 아니하시느니라."

발락의 거듭된 초청

발람이 초청을 거절하자 발락은 다시 사절단 이진을 파견합니다. 발락은 이번에는 처음의 사절단보다 더 권위 있는 사람들로 구성해서 더 많은 사례, 명예와 부를 약속합니다.

17절입니다.

> "내가 그대를 높여 크게 존귀케 하고 그대가 내게 말하는 것은 무

엇이든지 시행하리니 청컨대 와서 나를 위하여 이 백성을 저주하라 하시더이다."

처음에 거절했던 것처럼 발람은 이번에도 두 가지 이유를 들어 그의 청을 거절합니다. 첫째는 명예나 물질의 혜택 때문에는 갈 수 없다는 것이고 두 번째는 하나님의 명을 거역할 수 없다는 것이었습니다.

"발람이 발락의 신하들에게 대답하여 가로되 발락이 그 집에 은금을 가득히 채워서 내게 줄지라도 내가 능히 여호와 내 하나님의 말씀을 어기어 덜하거나 더하지 못하겠노라 그런즉 이제 너희도 이 밤에 여기서 유하라 여호와께서 내게 무슨 말씀을 더하실는지 알아 보리라"(민 22:18-19).

이 정도면 아주 훌륭한 태도를 가진 것이라고 할 수 있습니다. 하나님을 두려워하는 사람으로서 지켜야 할 기본 원리를 알고 있는 사람이라고 볼 수 있는 것입니다.

그러나 당신이 무엇을 요구하든지 그대로 들어주겠다는 말을 들은 발람의 마음은 흔들렸고 바로 거기서 문제가 시작되었습니다.

인간을 절대화할 때 교만한 마음이 생기는 것입니다. 자기 나름대로는 하나님의 뜻대로 살려고 노력을 하는데도 자기 자신을 높이고 싶은 자만심과 이기심, 허영심이 생기게 되면 하나님이 보이지 않게 됩니다.

우리 주변에서도 이런 경우들을 많이 봅니다. "당신이 아니면 안 됩니다", "당신이라면 할 수 있습니다", "하나님의 영광이 당신을 통해서 나타나고 있습니다" 등등의 말을 들으면 그 말에 혹하고 넘어가 버리는 것입니다. 그러나 그런 말이 바로 그 사람을 실족시키는 단서를 제공합니다. 그런 말을 들으면 마치 자신의 말이나 행동에 어떤 능력이 있는 것으로 착각을 하게 되어 있습니다. 그리고 그 사이에서 자기 자신도 모르는 교만이 싹트는 것입니다.

아부는 상대방을 가당치도 않게 치켜올려서 내가 원하는 것을 이루려는 술수입니다. 자기가 다른 사람에 의해서 절대화되면 그 때의 기분은 말할 수 없이 좋습니다. 그러나 그 다음은 멸망의 구렁텅이가 기다리고 있는 것입니다.

저는 "목사님이 한 말씀만 하시면"이라는 말을 자주 듣곤 합니다. 그런데 이런 말을 들으면 마치 저에게 무슨 대단한 권한이 있어서 제가 말하는 것이면 무엇이든지 되는 것처럼 착각을 하게 됩니다.

그러나 그런 생각은 자신을 스스로 자멸의 길로 인도하고 있는 것임을 알아야 합니다. 이런 말에 스스로 속아서는 안 됩니다. 이 소리는 멸망의 음성입니다. 그런 말을 듣는 때일수록 더욱 자신을 겸손하게 만들어야 하고 근신하는 생활을 하라는 경고로 받아들여야 합니다.

자신의 절대적인 영향력을 인정받게 될 때 하나님은 보이지 않게 되고, 그 때부터 타락은 시작됩니다.

발람의 잘못된 태도

바른 삶의 원리를 몰라서 잘못된 길로 가는 사람은 별로 없습니다. 다 알고 있으면서도 달콤한 악의 유혹을 이기지 못해서 함정 속에 빠지고 다시 돌이키지 못할 길로 가는 것입니다.

처음에는 단호하게 거절을 했던 발람은 발락이 제시한 조건들에 슬 그머니 마음이 흔들리기 시작했습니다. 그래서 이미 하나님께서 대답을 명확하게 한 일을 다시 한 번 묻겠다고 합니다. 상황은 그 때나 지금이나 달라진 것이 없는데 발람의 마음이 달라진 것입니다. 그래서 두 번 반복할 필요가 없는 일을 반복하겠다고 하는 것입니다.

여기서 발람의 문제는 시작됩니다.

이 때의 목적은 자기가 원하는 대답을 듣겠다는 것입니다. 하나님은 이미 대답을 하셨는데 그 대답이 자기의 마음에 들지 않았던 것입니다. 그래서 내 마음이 움직이는 쪽이 하나님의 뜻이라는 대답을 얻어내고 싶었던 것입니다.

지금도 많은 성도들의 기도가 바로 이런 기도인 경우가 많습니다. 높은 산에 올라가서 통성으로 기도하는 것, 기도원 굴에 무릎을 꿇고 앉아 기도하는 것, 밤새도록 교회에서 철야기도하는 것, 이런 모든 기도의 대부분이 바로 자신의 뜻이 하나님의 뜻과 같다는 것을 알기 위한 기도입니다. 말로는 하나님의 뜻을 알기 위해서 기도하는 것이라고 하지만 정말로 그런 자세로 기도하는 사람은 극소수에 지나지 않습니다. 조심해야 합니다.

저 자신도 이런 것을 분간하기가 참으로 어렵습니다. 그리고 제가 경험한 바에 의하면 우리 나라 사람들이 미국 사람들보다 열 배는 더 이런 경향이 강한 것 같습니다. 하나님의 응답을 자기 마음에 맞게 아전인수격으로 해석하는 것입니다. 모든 일을 하나님 중심으로 생각하는 것이 아니라 자기 중심으로 생각하는 것입니다.

얼마 전에 한 미혼의 여성도가 저를 찾아왔습니다. 자기가 지금 결혼 때문에 기도를 하고 있는 중인데 저에게도 기도를 부탁한다는 것이었습니다. 그리고 신랑감이 될 사람이 있는데 어떤어떤 자격을 갖춘 사람이라는 이야기도 상세하게 했습니다. 얘기를 들어보니 문제될 것이 전혀 없는 사람이었습니다. 대개 이런 경우에 문제가 되는 것은 딱 한 가지입니다.

저는 그 성도에게 그 남자가 믿는 사람이냐고 물었습니다. 대답은 예상대로였습니다. 그는 믿는 사람이 아니었던 것입니다. 다른 조건은 모두 완벽하게 갖춘 사람이고 이 여성은 나이가 찬 처녀였기 때문에 그 사람을 믿지 않는 사람이라는 이유로 놓치기가 싫었던 것입니다. 그래서 자신의 그 뜻을 하나님의 뜻으로 만들기 위해서 기도하고 있었던 것입니다.

그 처녀의 말은 결혼을 한 후에 열심히 노력을 해서 그 사람을 예수 믿게 하겠다는 것이었습니다. 그래서 저는 이 문제를 가지고는 더 이상 기도를 할 필요가 없다고 말해 주었습니다.

이미 하나님의 말씀이 분명히 나와 있는데 그것을 따르지 않고 다른 방향으로 가기 위해서 하는 기도는 할 필요가 없기 때문입니다. 단지 자기의 마음에 내키지 않으니까 그것을 어떻게 다른 방향으로 바꾸어 볼까 하고 하는 기도는 할 필요가 없는 것입니다.

그런 사람들은 혼자서 자기의 뜻을 관철시키기 위해서 열심히 기도하다가 내적으로 확신을 가지게 되고 그것이 하나님의 뜻이라고 믿게 되는 것이 대부분입니다. 마음을 완전히 비운 상태가 아니라 이미 마음에 결론을 정해 놓고 하는 기도이기 때문에 객관적인 결론을 얻기가 힘들게 되어 있습니다.

그렇게 떼를 써서 하나님께서 묵인하시는 가운데 하는 결혼의 책임은 자신이 져야 합니다. 그런 사람들은 오랜 세월 동안의 고난을 감수할 각오를 해야 합니다.

하나님께서 그 사람의 기도를 들으시고 응답하셔서 그 남편이 하나님의 자녀로 돌아올 수는 있겠지만 그렇게 하기 위해서 걸리는 시간은 아주 길고 힘든 시간들이 될 것입니다. 그리고 그 사람이 하나님께로 돌아왔을 때에 그 신앙생활이 미온적일 가능성이 적지 않습니다.

그리고 예수님을 영접했다고 해서 수십년 간 지녀온 습관이 하루 아침에 변화되지도 않습니다. 그저 구원받은 사람이 되었다는 한 가지 사실에 만족하는 수밖에 없습니다.

물론 예외도 있지만, 제가 본 대부분의 경우가 그랬습니다.

저도 가끔 제 아내에게 도전을 받습니다. '당신이 하려고 하는 것이 하나님의 뜻이냐, 아니면 당신이 원하는 것이냐?' 하는 도전을 받으면 저도 다시 한 번 그 일에 대해서 심사숙고하게 되는 것입니다.

그런데 이렇게 자기 뜻을 하나님의 뜻이라고 생각하면서 사는 사람들의 신앙생활은 아주 복잡하기 마련입니다. 자기 뜻을 하나님의 뜻이라고 생각하고 행동을 했으니 그 삶이 단순하게 잘 풀릴 리가 없는 것입니다.

더 큰 명예와 더 많은 사례비에 마음이 끌리게 된 발람은 하나님께서 더 할 말씀이 없는가 알아보겠다고 말합니다. 이것은 하나님이 원하시는 것이 무엇인지를 뻔히 알면서도 자신의 뜻을 관철시키기 위해서 하나님을 이용하려는 생각을 하는 것입니다. 그리고 결국은 하나님의 이름을 빌어서 자기의 뜻을 이루려는 생각을 하는 것입니다.

지금 발람의 이야기를 하고 있지만 우리들도 이런 일에 예외적인 사람들이 아닙니다. 누구나 겪은 적이 있고 지금도 겪고 있는 일입니다.

저도 하나님의 뜻을 알려고 하기보다는 제 자신의 뜻대로 제 인생을 살려고 했다는 것을 크게 회개하였던 경험이 있습니다. 급하고 힘들 때에는 하나님의 이름을 부르면서 도움을 요청하지만 그 일이 해결되고 나면 다시 하나님을 뒷자리로 밀어내는 것입니다. 그리고는 자기가 원하는 대로 하면서 살아가는 것입니다.

저는 저 자신을 살펴보고 제가 일생 동안 그렇게 살았다는 것을 알고 나서 얼마나 놀랐는지 모릅니다. 마치 필요할 때에만 종을 부리듯 그렇게 내 목적을 위해서 절대자이신 하나님을 멋대로 찾는 것이 저의 태도였던 것입니다. 일생을 그렇게 살았다는 것을 알았을 때 저는 그 앞에 고꾸라질 수밖에 없었습니다. 그리고 그것을 회개하고 나서야 참 하나님을 발견할 수 있었습니다.

그런데 그랬다고 해서 그 이후부터 옛날의 태도가 완전하게 사라지는 것은 아니었습니다. 꾸준히 자기 자신을 살펴서 하나님 앞에 복종시키지 않으면 때때로 옛모습이 살아났습니다. 절대자 하나님께 모든 것을 맡기고 모든 것을 그분께 의지해서 살아야만 교만의 죄에서 벗어날 수 있는 것입니다.

발람의 기도에 하나님은 억지 허락을 하십니다. 그러면서 가긴 가더라도 하나님께서 주시는 말만을 하라고 단서를 붙이셨습니다.

20-21절을 보십시오.

> "밤에 하나님이 발람에게 임하여 이르시되 그 사람들이 너를 부르러 왔거든 일어나 함께 가라 그러나 내가 네게 이르는 말만 준행할지니라 발람이 아침에 일어나서 자기 나귀에 안장을 지우고 모압 귀족들과 함께 행하니."

하나님께서는 발람의 의도를 이미 아셨기 때문에 허락은 하셨지만 결국은 그런 인간의 연약함을 통해서도 하나님의 영원하신 계획을 이루셨습니다. 하나님의 염려에도 불구하고 왕을 요구하는 이스라엘 백성들에게 하나님은 결국 왕을 세우는 것을 허락하셨습니다. 그리고 왕으로 인하여 많은 문제들이 생겼지만 그것을 통해서도 하나님께서는 당신의 계획을 이루셨습니다. 인간이 고집을 하면 하나님께서 동의하는 것처럼 보이지만 그것은 멸망을 향해 가는 것을 당분간 두고 보시는 것뿐입니다.

결국 이렇게 해서 발람도 불순종의 길을 나서게 되었습니다.

거짓 선지자보다는 나귀가 낫다

22-35절은 발람과 말하는 나귀 이야기가 나옵니다. 권위있는 사절단의 호위를 받으면서 발락에게 영광스럽게 가고 있는 발람의 마음속은 하나님의 뜻보다는 돈과 명예로 점점 가득 차게 되고 자기 욕심만

생각하게 되었습니다. 이제는 그의 마음이 하나님의 뜻을 행하려는 생각보다는 세상적 욕심으로 가득차게 된 것입니다.

그런데 그런 발람의 앞에 여호와의 사자가 칼을 들고 나타났습니다. 목적지에 다다름에 따라 발람의 마음이 점점 변해가는 것을 아신 하나님께서 분노하시어 사자(使者)를 보내신 것입니다.

23-25절을 보십시오.

> "나귀가 여호와의 사자가 칼을 빼어 손에 들고 길에 선 것을 보고 길에서 떠나 밭으로 들어간지라 발람이 나귀를 길로 돌이키려고 채찍질하니 여호와의 사자는 포도원 사이 좁은 길에 섰고 좌우에는 담이 있더라. 나귀가 여호와의 사자를 보고 몸을 담에 대고 발람의 발을 그 담에 비비어 상하게 하매 발람이 다시 채찍질하니."

그런데 그 천사의 모습이 발람의 눈에는 보이지 않고 그가 탄 나귀의 눈에는 보였습니다. 그래서 아무것도 볼 수 없는 발람은 칼을 든 여호와의 사자가 두려워서 피하는 애꿎은 나귀를 채찍으로 때리기만 합니다.

인간이 죄로 타락하면 짐승만도 못하게 됩니다. 영적으로 어두워지고 타락하는 것은 대단히 위험한 일입니다.

이때 '여호와의 사자' 는 단순한 천사를 말하는 것이 아니라 예수님이 성육신하셔서 이 땅에 나타나시기 전의 모습입니다. 여기서의 천사는 보통 명사가 아니고 '말렉 엘로힘' 이라고 하는 고유명사입니다. 아브라함과 모세와 여호수아에게 나타났던 그 사자를 말하는 것입니다. 신약에 와서는 그 이름이 보이지 않는데 그것은 예수님께서 직접 성육신하셔서 이 땅에 오셨기 때문입니다.

다시 말하지만 인간이 영적으로 타락을 하면 짐승보다도 못하게 됩니다. 하나님의 세계는 영적으로 보는 것이기 때문에 영의 눈이 어두워지면 아무것도 보이지 않게 되는 것입니다. 영적으로 밝은 사람들은 천사를 눈으로 보기도 하고 하나님의 말씀을 분명하게 듣기도 합니다. 그런데 발람은 자기 욕심으로 가득 차서 아무것도 들리지도 보이지도 않게 되었던 것입니다.

여기에 대해서는 베드로후서 2:15-16에 잘 나와 있습니다.

> "저희가 바른 길을 떠나 미혹하여 브올의 아들 발람의 길을 좇는도다 그는 불의의 삯을 사랑하다가 자기의 불법을 인하여 책망을 받되 말 못하는 나귀가 사람의 소리로 말하여 이 선지자의 미친 것을 금지하였느니라."

발람은 불의의 삯을 사랑한 사람이었기 때문에 하나님의 사자를 보지 못하고 눈이 어둡게 되는 것으로 책망을 받았던 것입니다. 그리고 그렇게 불의로 눈이 어두워진 발람을 일깨워 준 것은 미물인 나귀였습니다. 하나님의 섭리하심이 있으면 짐승이 사람보다도 밝은 영의 눈을 가질 수도 있게 되는 것입니다.

억울하게 발람에게 맞은 나귀는 놀랍게도 자기 주인에게 나한테 무슨 잘못이 있다고 때리느냐고 항변합니다. 그러자 마음이 강팍해진 발람은 나귀에게 화를 내면서 칼이라도 있었으면 죽였을 것이라고 화를 냅니다. 하나님께 불순종하는 마음이 깊어지자 자기를 태우고 가는 짐승에게 함부로 대하고 막말이 거침없이 나오는 것입니다. 또 마음이 불편하면 분노도 쉽게 나타납니다.

죄인된 사람의 심성은 마치 라디오의 다이얼처럼 조금만 옆으로 돌아가면 전혀 다른 소리가 나거나 잡음이 섞여 나오게 되어 있습니다. 이에 나귀가 다시 발람에게 대답을 합니다.

28-30절을 보십시오.

> "여호와께서 나귀 입을 여시니 발람에게 이르되 내가 네게 무엇을 하였기에 나를 이같이 세 번을 때리느뇨 발람이 나귀에게 말하되 네가 나를 거역하는 연고니 내 손에 칼이 있었더면 곧 너를 죽였으리라 나귀가 발람에게 이르되 나는 네가 오늘까지 네 일생에 타는 나귀가 아니냐 내가 언제든지 네게 이같이 하는 행습이 있더냐 가로되 없었느니라."

그제서야 발람은 무엇인가 이상한 점이 있다는 생각을 하게 되었습니다. 짐승의 말을 듣고 나서야 눈이 떠지고 하나님의 사자를 볼 수 있게 된 것입니다. 하나님은 나귀를 통해서도 영적인 잠에서 깨어나게 하십니다.

우리는 여기서 짐승과 함께 대화를 하면서도 그것에 대해서 전혀 이상하다는 점을 느끼지 못하고 있는 발람의 정신 상태를 짐작할 수 있습니다. 불순종은 상황을 혼란시키고 마음을 걷잡을 수 없이 만드는 것입니다. 사울도 하나님께 불순종함으로 인하여 나중에는 정신이 이상해지고 결국에는 자살로 자기 인생을 마감하게 되지 않았습니까?

영적인 문제가 심리적인 문제가 되고 심리적인 문제는 육체에 심각한 영향을 미치게 되어 있습니다. 그래서 영적인 불순종으로 일어나는 문제들은 빨리 바로잡아야지 그렇지 않으면 작은 일이 파멸로 몰고 가는 원인이 될 수도 있습니다.

영적으로 민감한 사람은 하나님께서 이 세상의 사물들을 통하여 우리를 교훈하는 소리를 들을 수 있습니다. 하나님의 말씀은 성경을 통해서만 오는 것이 아닙니다. 설교를 통해서도, 성경공부를 통해서도, 그리고 다른 상황이나 사람을 통해서도 하나님의 말씀을 들을 수 있습니다.

늘 하나님의 말씀에 귀기울이고, 거기에 순종하면서 사는 사람들은 그 사람의 삶 전체 속에서 하나님의 음성을 듣는 것입니다. 그래서 어떤 때는 나를 괴롭히는 사람을 통해서도 하나님의 음성을 들을 수 있는 것입니다.

발람의 두 종이나 동행하던 모압의 사절단이 이 사자의 광경을 보지 못한 것을 보면, 그들은 먼저 앞서 갔거나 이 사건은 발람의 환상 속에서 일어난 사건인 것 같습니다. 어떤 경우라도 우리에게 말씀하시고자 하는 바는 마찬가지입니다.

여호와의 사자가 발람의 눈을 뜨게 하자 드디어 발람은 여호와의 사자를 볼 수 있게 되었습니다. 영의 눈은 하나님께서 열어주셔야만 볼 수 있는 것입니다. 육신의 눈과 지적인 눈과 영적인 눈은 전혀 다른 것입니다. 그래서 거듭나지 않은 사람은 하나님의 나라를 볼 수 없습니다(요 3:3).

성경에는 그런 사실을 증명해 주는 많은 사건이 있습니다. 마가복음 8:18은 "눈이 있어도 보지 못하며 귀가 있어도 듣지 못하느냐"라고 말씀하고 있습니다. 막달라 마리아도 부활하신 예수님의 모습을 알아보지 못했습니다. 엠마오로 가던 두 제자도 영의 눈을 뜨기까지는 같이 동행하고 있는 사람이 예수님인 것을 알지 못했습니다. 그래서 성경은 "들을 귀가 있는 자는 들을지어다"라고 말하고 있습니다.

엘리야는 자기 집을 호위하고 있는 천군 천사들을 볼 수 있었지만 그의 종인 게하시는 같은 것을 보고도 육의 눈에 보이는 페르시아 군사밖에는 볼 수 없었습니다.

시편에는 영의 눈을 열어달라는 기도가 많이 있습니다. 시편에 보면 "내 눈을 열어서 주의 법의 기이한 것을 보게 하소서"(시 119:18)라든가 "영의 눈을 밝게 하여 주님을 늘 보게 하여 주옵소서"라는 기도들이 나옵니다. 이것은 그만큼 영의 눈으로 보는 세계가 중요하기 때문입니다.

하나님의 사자는 눈이 뜨인 발람에게 만일 나귀가 하나님의 사자를 피하지 않았으면 나귀는 살았을지 몰라도 발람은 죽었을 것이라고 책망을 합니다(32-33절). 발람의 생명이 나귀보다도 무가치하게 된 것입니다. 여호와의 사자가 "빼든 칼"은 하나님의 분노를 표현하고 있습니다.

하나님의 사자의 말을 들은 발람은 자신이 범죄하였음을 회개합니다. 그리고 이제라도 원하신다면 다시 돌아가겠다고 합니다. 여기서는 모압으로 가는 것이 잘못인지 알면서도 가고 있다는 것보다는 발람의 마음의 변화가 이야기의 초점이 됩니다. 잘못을 발견하면 즉각 돌아서야 합니다.

34절을 보십시오.

> "발람이 여호와의 사자에게 말씀하되 내가 범죄하였나이다 당신이 나를 막으려고 길에 서신 줄을 내가 알지 못하였나이다 당신이 이를 기뻐하지 아니하시면 나는 돌아가겠나이다."

그러나 하나님의 사자는 발락의 사람들과 함께 가되 하나님께서 지시하는 대로만 말하라고 다시 한 번 경고합니다.

35절을 보십시오.

> "여호와의 사자가 발람에게 이르되 그 사람들과 함께 가라 내가 네게 이르는 말만 말할지니라 발람이 발락의 귀족들과 함께 가니라."

여호와의 사자는 '나'라는 단어를 강하게 사용하여 자신이 평범한 하나님의 천사가 아니라는 사실을 은연중에 알리고 있습니다. 이는 하나님의 삼위 중 성육화 전 구약시대에 나타난 그리스도라는 것을 말해 줍니다.

발람과 발락의 만남

명예욕 물질욕 등에 사로잡혀 세상의 노예로 전락한 두 사람의 만남

이 이루어집니다. 발락은 자신이 아르논 경계 도시까지 나와서 발람을 환영했습니다. 이것은 상당한 명예입니다. 그리고 그렇게 간곡하게 초청을 했는데도 첫 번째 초청 때에 오지 않은 것에 대해서 언급하면서 발람에게 불평 섞인 환영의 말을 합니다.

37절을 보십시오.

"발락이 발람에게 이르되 내가 특별히 보내어 그대를 부르지 아니하였느냐 그대가 어찌 내게 오지 아니하였느냐 내가 어찌 그대를 높여 존귀케 하지 못하겠느냐."

어떤 악인들의 악한 도모라 할지라도 하나님의 구속의 역사를 막을 수 없습니다. 발락의 말에 대해 발람은 자신은 하나님께서 말씀하시는 것 외에는 말할 수 없기 때문에 다른 할 말이 없다고 대답함으로써 발락의 기대감을 약화시켜 놓았습니다.

"발람이 발락에게 이르되 내가 오기는 하였으나 무엇을 임의로 말할 수 있으리이까 하나님이 내 입에 주시는 말씀 그것을 말할 뿐이니이다"(민 22:38).

일단 발람을 맞이한 발락은 예언 의식이 개시되는 곳으로 갑니다. 그리고 하나님께 황소와 양을 제물로 바치는 제사를 드립니다. 이런 의식은 대개 점을 치는 의식으로 알려진 것입니다. 그러나 아무리 여호와 하나님의 이름으로 제물을 드린다 해도 하나님의 백성들을 저주하는 일이 용납될 수는 없습니다. 그런데 이것을 모르는 발락은 전혀 효과가 없는 일을 합니다. 하나님을 제대로 모르는 삶은 낭비적 삶입니다.

> "아침에 발락이 발람과 함께하고 그를 인도하여 바알의 산당에 오르매 발람이 거기서 이스라엘 백성의 진 끝까지 보니라"(민 22:41).

발락은 바알 산정에 올라가서 눈앞에 펼쳐진 이스라엘의 모습을 살펴보았습니다. 바알 산당은 아마도 모압 평야가 내려다보이는 산꼭대기에 있었을 것입니다.

하나님께서 원하시지 않는다는 것이 분명함에도 불구하고 돈과 명예를 위해서 자신의 생각을 관철시키려고 하는 것은 자신을 멸망의 구렁텅이로 몰고 가는 것입니다. 하나님께서는 그런 인간의 마음을 충분히 알고 계시기 때문에 그의 요구를 허락하시지만 결국에는 그 허락을 통해서도 하나님의 뜻을 성취하십니다.

돈과 명예에 자신을 파는 종교인 발람의 불쌍한 모습은 우리 모두에게 큰 경고가 됩니다.

6장 (민 23:1-24:25)

하나님은 인생이 아니시니 식언치 않으시고 인자가 아니시니 후회가 없으시도다 어찌 그 말씀하신 바를 행치 않으시며 하신 말씀을 실행치 않으시랴 내가 축복의 명을 받았으니 그가 하신 축복을 내가 돌이킬 수 없도다 여호와는 야곱의 허물을 보지 아니하시며 이스라엘의 패역을 보지 아니하시는도다 여호와 그의 하나님이 그와 함께 계시니 왕을 부르는 소리가 그 중에 있도다 하나님이 그들을 애굽에서 인도하여 내셨으니 그 힘이 들소와 같도다 야곱을 해할 사술이 없고 이스라엘을 해할 복술이 없도다 이 때에 야곱과 이스라엘에 대하여 논할진대 하나님의 행하신 일이 어찌 그리 크뇨 하리로다 이 백성이 암사자같이 일어나고 수사자같이 일어나서 움킨 것을 먹으며 죽인 피를 마시기 전에는 눕지 아니하리로다 하매

발람의 네 가지 예언

발람의 이야기에서 우리가 깨달을 수 있는 것 중의 하나는 잘못된 종교인이 전하는 것이라 할지라도 하나님의 말씀은 하나님의 말씀이라는 것입니다. 진리는 누가 전해도 진리입니다.

민수기 23장은 타락한 선지자가 전하는 하나님의 예언에 관한 것입니다. 비록 타락한 종교인이 전한다 할지라도 그가 전한 말씀 자체는 하나님의 말씀이기 때문에 그 사람은 거부해도 진리는 언제나 받아들여야 합니다.

이것은 우리가 하나님의 말씀에 대한 객관성을 이해하는 데 중요한 원리가 됩니다.

자신의 기분에 따라서 옳은 것도 옳지 않다고 한다든가, 전하는 사람이 마음에 들지 않는다고 해서 진실을 무시하는 것은 객관성을 상실한 태도입니다. 자신의 기분에 따라 모든 것을 결정하는 주관적인 사람이 되면 그 사람은 주변의 사람들로부터 신뢰를 얻을 수 없습니다.

대중에게 신임을 받을 수 있는 사람, 특히 대중을 이끌어갈 지도자가 되려면 그 사람은 언제나 객관성과 공정성을 잃지 않으려는 노력을 해야 합니다. 그런 사람들은 진리와 거짓을 구별할 수 있는 능력이 있어야 합니다. 그래야만 사람들이 그를 믿고 따를 수 있습니다.

제가 서울대 4학년 때에 4·19가 났습니다. 그런데 그 여파 가운데는 좋지 않는 것들도 있었습니다. 예를 들면 가치관이 혼란한 틈을 타서 학생들이 교수들을 쫓아내려고 하는 일들이 생겼습니다. 학생들이 교수를 쫓아내면서 내세웠던 표면적인 이유는 그 교수들이 어용이라는 것이었습니다.

그러나 그런 이유보다는 특정인을 내쫓기 위해서 학생들을 충동질한 경우가 대부분이었습니다. 어용으로 몰린 교수들은 대부분 비서울대 출신 교수들이었습니다. 그래서 본교 출신 교수들이 이들에게 어용이라는 올가미를 씌우고 학생들을 이용해서 내쫓으려고 했던 것입니다.

저는 그 때 아무리 생각을 해봐도 그 교수들이 쫓겨날 이유가 없다고 생각해서 학생들의 주장에 공식적으로 이의를 제기했습니다. 그러자 학생 대표들이 이미 교수회의에서 결정이 된 일이니 아무 소리 말고 있으라고 하였습니다. 교수회의는 물론이고 각 일간신문에까지 모두 기정 사실로 발표가 된 후였던 것입니다.

그러나 저는 그것을 그냥 두고 볼 수만은 없었습니다. 그래서 저와 같은 생각을 가진 사람들과 함께 억울한 교수들을 구제하기 위한 활동을 시작했습니다. 한참 활동을 한 끝에 마침내는 대강당에 모든 학생들을 모아 놓고 양편이 자기 주장을 펴서 학생들을 설득하고 투표로 결정하자고 했습니다.

그런데 정작 그런 자리가 마련이 되자 그들은 학생들을 설득하지 못했습니다. 제삼자를 이해시킬 수 있는 객관성이 부족했던 것입니다. 그래서 결국은 우리 쪽의 학생들이 승리를 해서 해직이 되셨던 교수님들이 복직되어 다시 강단에 설 수 있게 되었습니다. 객관성을 가지고 있다면 이렇게 대세가 기울어져 보였던 싸움에서도 승리할 수 있는 것입니다.

만일 말하는 사람에 따라서 진리가 변한다면 어떻게 그것을 진리라고 말할 수 있겠습니까? 진리는 무신론자가 말해도 진리인 것입니다.

그 다음으로 나타나는 교훈은 하나님의 백성은 아무도 저주할 수 없다는 것입니다. 하나님께서 그들과 함께하는 이상 그 저주는 아무런 효과가 없습니다.

하나님의 축복은 그 축복을 받는 사람의 공과에 좌우되지 않습니다. 과거에도 보면 하나님의 축복을 받는 사람들이 그 사람이 행한 행위 때문이 아니라 하나님의 전적이고 일방적인 은혜에 의해 받았다는 사실을 알 수 있습니다. 마치 짝사랑을 하는 것처럼, 한 쪽이 어떤 생각을 하고 어떤 행동을 하는가 하는 것에 상관없이 하나님의 축복을 그대로 쏟아부어 주시는 것입니다. 대부분의 남녀 관계에서 여자의 반응이 없더라도 거기에 연연하지 않고 남자가 끝까지 그 여자를 사랑하면 결국은 반응이 없었던 여자도 그 남자에게로 돌아오는 것과 같은 이치입니다.

하나님께서 어떤 사람을 선택하셔서 그 사람을 전적으로 축복하시기를 원하시면 아무도 그 사랑을 막을 수가 없습니다.

제일 좋은 예가 바로 야곱입니다. 하나님께서는 야곱을 태어나기 전부터 사랑하셔서 그가 어떤 일을 하든지 그에게 축복을 아끼지 않으셨습니다. 보통의 사람이었다면 야곱의 행위를 보고는 축복할 생각이 다 달아났을 것입니다. 그러나 하나님만은 달랐습니다. 하나님은 그를 끝까지 사랑하셔서 결국 그를 녹여 놓고야 마셨습니다.

이처럼 이스라엘 백성들은 하나님께서 축복하시기로 작정하시고 선택하신 민족이기 때문에 어느 누구도 그들을 저주할 수가 없는 것입니다.

첫 번째 예언

23:1-12은 발람의 첫 번째 예언에 관한 이야기입니다.

발람과 발락은 일곱 제단을 쌓고 황소 일곱 마리와 수양 일곱 마리를 준비해서 번제를 드리고 하나님을 기쁘시게 하려는 시도를 합니다. 이것 역시 메소포타미아 지방에 남아 있는 아브라함적 신앙의 잔재인 것 같습니다.

발람은 발락을 번제 곁에 서서 기다리게 해 놓고 자기 혼자만 하나님의 말씀을 받으러 산 위로 올라갔습니다. 그리고 눈앞에 펼쳐진 이스라엘 사람들을 바라보며 하나님의 계시를 기다렸습니다.

"발람이 발락에게 이르되 나를 위하여 여기 일곱 단을 쌓고 거기 수송아지 일곱과 수양 일곱을 준비하소서 하매 발락이 발람의 말

대로 준비한 후에 발락과 발람이 매단에 수송아지 하나와 수양 하나를 드리니라 발람이 발락에게 이르되 당신의 번제물 곁에 서소서 나는 저리로 갈지라 여호와께서 혹시 오셔서 나를 만나시리니 그가 내게 지시하시는 것은 다 당신에게 고하리이다 하고 사태난 산에 이른즉"(민 23:1-3).

그 산 아래에는 이스라엘 백성 이백만이 진을 치고 있었습니다. 그 광경은 아마 장관이었을 것입니다. 지상에서 보는 광경과 산에서 내려다보는 광경과는 하늘과 땅의 차이가 있습니다. 평지에 사람들이 모여 있는 것을 보아도 이백만이면 어마어마했을텐데 산 위에서 그것을 보았으면 더욱 위압적이었을 것입니다.

한국에서 있었던 빌리 그래함 전도대회에 참가한 사람들이 백만 정도 되었는데 그때도 얼마나 장관이었습니까! 전세계의 매스컴들이 한국에 백만의 기독교인들이 모였다고 하는 것을 일제히 보도하면서 놀랄 정도였습니다. 아마 그때 설교를 한 목사님이나 통역을 했던 목사님들은 정말 일생일대의 감격을 맛보았을 것입니다.

그것을 한 마디의 단어로 표현한다면 '파워', 즉 힘이라는 단어로 표현할 수 있을 것입니다. 다른 설명을 붙이지 않고도 기독교인들의 힘을 유감없이 과시한 것이라고 할 수 있습니다. 안 믿는 사람들이 볼 때에 그보다 더 기독교의 힘을 느끼게 하는 일이 없었을 것입니다.

그런데 사실상 대전도집회를 하고 나서 그 결과를 따져보면 노력에 비해 그렇게 열매가 많지는 않습니다. 교회성장학을 연구하는 학자들의 연구 결과를 보면 그 사실을 알 수 있습니다. 대전도집회 때 결신을 하는 사람들의 숫자와 개 교회가 매주 꾸준히 전도집회를 한 것을 비교해 보면 교회의 선교가 훨씬 효과적이라고 합니다. 대전도집회 때도 많은 사람들이 결신을 하기는 하지만 나중에 조사를 해 보면 그 사람들이 꾸준히 교회에 남아있지는 않는다고 합니다. 대개 5퍼센트 정도만 확실하게 결실을 봅니다.

이런 의미에서 볼 때 대전도집회의 효과는 그 집단의 힘을 과시하고 그것으로 다시 힘을 얻는 것이라고 할 수 있습니다.

이스라엘 백성들이 모여 있는 것만으로도 서로에게 힘이 되는 동시에, 모압과 같은 다른 민족들에게는 그들의 힘을 과시함으로써 위협을 줄 수 있었을 것입니다.

4-11절까지는 발람에게 들려주시는 하나님의 첫 번째 예언이 나옵니다. 그러나 그 예언의 내용은 발락이 원했던 것처럼 이스라엘 백성을 저주하겠다는 내용이 아니었습니다.

하나님께서는 발람에게 네 가지 말씀을 주셨습니다. 발람은 이 네 가지 말씀을 선포하고 있습니다.

8-10절을 보십시오.

"하나님이 저주치 않으신 자를 내 어찌 저주하며 여호와께서 꾸짖지 않으신 자를 내 어찌 꾸짖을꼬 내가 바위 위에서 그들을 보며 작은 산에서 그들을 바라보니 이 백성은 홀로 처할 것이라 그를 열방 중의 하나로 여기지 않으리로다 야곱의 티끌을 뉘 능히 계산하며 이스라엘 사분지 일을 뉘 능히 계수할꼬 나는 의인의 죽음같이 죽기를 원하며 나의 종말이 그와 같기를 바라도다."

첫 번째는 하나님께서 저주하지 아니하시는 백성들을 자신의 힘으로는 저주할 수 없다는 것입니다. 하나님은 발람의 입을 통하여 자신이 사랑하는 백성에게는 어떤 저주도 통하지 않는다는 것을 분명히 밝히셨습니다.

두 번째는 이스라엘 사람들은 다른 나라의 백성들과는 구별되는 백성들이라는 것입니다. 하나님의 백성들은 왕 같은 제사장이요 눈동자와 같이 아끼시는 소중한 백성들이요, 모든 백성들 위에 뛰어난 하나님의 보물이었습니다.

이것은 오늘 하나님을 믿는 성도들에게도 해당되는 이야기입니다. 그 누구도 하나님께서 눈동자같이 아끼시는 하나님의 자녀들을 해할 수는 없는 것입니다.

세 번째는 "야곱의 티끌을 누가 감히 셀 수 있겠는가" 하는 말입니다. 이것은 이스라엘 백성들의 수에 강한 충격을 받았다는 말입니다. 그 시대에 이백만의 군사들을 산꼭대기에서 내려다보았으니 그 끝이 보였을 리가 없습니다. 셀 수도 없는 티끌처럼 보였을 것입니다. 그러니 감히 저주할 마음이 생기지도 않았을 것입니다.

심지어는 그들의 힘이 얼마나 강해 보였든지 발람은 자신도 그들 가운데에 속할 수가 있으면 얼마나 좋을까 하는 생각까지 합니다.

마지막으로 "나는 의인의 죽음같이 죽기를 원하며 나의 종말이 그와 같이 되기를 바라도다"라고 합니다.

이때의 '의인'은 복수로 되어 있습니다. 바로 이스라엘 백성들을 가리키는 것입니다. 악한 사람이기는 했지만 종교인이 가지는 특성상 그는 의인의 반열에 들고 싶었던 것입니다. 그래서 감히 하나님의 백성들을 저주할 수 없다는 것도 알았던 것입니다.

저도 설교를 하면서 매번 이스라엘 사람들의 이야기를 해야 하고, 이스라엘의 역사를 이야기해야 하기 때문에 가끔은 하나님께서 기왕에 한 민족을 택하시려면 우리 나라 백성들을 택하셨으면 얼마나 좋았을까 하는 생각이 듭니다. 그랬으면 제가 하는 모든 일들이 우리 나라 사람의 이야기이고 우리 나라의 역사였을 것 아니겠습니까? 그랬더라면 이 나라에서 태어난 것을 유대인들처럼 자랑스럽게 생각하게 되었을런지도 모릅니다. 그 어려운 이스라엘 사람들의 이름이나 도시를 외우려고 그렇게 힘들게 애쓰지 않아도 되었을 것입니다.

이처럼 발람 자신도 하나님이 사랑하시고 막강한 힘을 가진 이스라엘 사람이 되고 싶다는 생각을 했던 것은 당연한 일이었을 것입니다. 물론 우리가 성경을 읽을 때에는 그 사람이나 사건을 이스라엘에 국한시켜서 생각해서는 안 됩니다. 고유한 문화적인 것을 비문화적인 것으로 만들고, 유대인들의 이야기를 전인류적인 것으로 만들고, 이스라엘의 이야기를 한국적으로 만들어서 적용시켜야 하는 것이 바로 우리 기독교인들이 해야 할 일입니다. 그렇지 않으면 하나님의 말씀이 어느 한 지역의 몇몇 사람에게만 적용되는 지엽적인 말씀이 되고 마는 것입니다.

저주를 하라고 불러온 발람이 오히려 이스라엘 백성들을 두둔하고 높이고 찬양하는 이야기로 끝을 냅니다. 하나님이 보호하는 백성들을 저주하는 것은 불가능하기 때문에 하나님의 백성이 아닌 사람이 어떤 의도를 가지고 말을 해도 결국은 축복하는 말이 될 수밖에 없는 것입니다.

그러니 발락이 불평을 하는 것은 당연한 일입니다. 아주 많은 경비를 들여서 하는 일인데 정반대의 결과를 얻게 되었으니 발락으로서는 답답한 상황이 아닐 수 없습니다.

그러나 발람은 하나님께서 하게 하시는 말 외에는 할 수 없는 자신의 입장을 분명하게 밝힙니다. 모압 평야에 모여 있는 모래와 같이 많은 이스라엘을 보고는 도저히 저주의 말을 할 수 없었던 발람은 그나마 정직하게 하나님의 영이 시키는 대로 말했던 이방 종교인이었습니다. 자신이 그 사람들을 싫어한다는 이유로 그 사람들의 진실마저도 왜곡시키지는 않았던 것입니다.

그래서 발락의 첫 번째 시도는 이렇게 실패로 끝나고 말았습니다.

두 번째 예언

첫 번째 시도가 실패로 끝나자 발락은 장소를 옮겨서 다시 저주를 할 생각을 합니다. 처음에 선택한 장소가 이스라엘 백성들이 모여있는 진중을 한눈에 볼 수 있는 산 위였기 때문에 저주를 하는 데에 나쁜 영향을 미쳤다고 생각한 것입니다. 그래서 이번에는 이스라엘 백성들이 다 보이지 않는 산의 맨 끝자락에 서서 저주를 하도록 했습니다. 거기다가 세워 놓으면 좀 다른 이야기가 나오지 않겠는가 하는 계산에서 였습니다.

그러나 축복이나 저주는 전망 때문에 하거나 못하는 것은 아닙니다. 하나님의 백성들은 전망에 따라 움직이는 사람들은 아니기 때문입니다.

13-14절을 보십시오.

> "발락이 가로되 나와 함께 그들을 달리 볼 곳으로 가자 거기서는 그들을 다 보지 못하고 그 끝만 보리니 거기서 나를 위하여 그들을 저주하라 하고 소빔 들로 인도하여 비스가 꼭대기에 이르러 일곱 단을 쌓고 매단에 수송아지 하나와 수양 하나를 드리니."

발락은 발람을 소빔 들로 인도하여 비스가 꼭대기로 이끌어 옵니다. 그리고 거기에다 다시 일곱 단을 쌓고 매단에 수송아지 하나와 숫양 하나를 하나님께 드립니다. 부디 이 번제물의 향기를 흠향하시고 마음을 돌려서 이스라엘을 저주하게 해달라는 발락의 아부였던 것입니다.

발락은 하나님을 인간과 같은 나약한 속성을 가진 분이라고 생각했습니다. 그래서 사람들이 돈봉투 하나만 가져다 주면 못 이기는 척하고 자기들의 말을 들어주는 것처럼 하나님을 움직이려고 했던 것입니다. 발락은 하나님의 본질을 이해하지 못했던 것입니다. 하나님의 절대성과 거룩하심을 이해하지 못했던 것입니다. 그러나 하나님은 그런 일에 마음을 돌이킬 분이 아니셨습니다.

성도들 중에도 십일조하는 것을 무슨 큰 선심쓰듯 하는 사람들이 있습니다. 그 동안은 하지 않았는데 이제 십일조를 드리니까 어떻게 해 달라는 말을 아주 당당하게 합니다.

그러나 그 동안 십일조를 하지 않았다는 것은 하나님의 돈을 떼먹고 있었다는 것을 뜻하는 것일 뿐입니다. 그리고 지금 한다는 것은 이제서야 자신의 의무를 다하게 되었다는 것인데 그것을 가지고 무슨 큰일이나 하는 것처럼 말하는 것은 아주 큰 착각을 하고 있는 것입니다. 지금까지 떼먹은 것은 생각하지도 않고 십일조하는 것을 무슨 굉장한 신앙적 결단을 하는 것으로 생각하는 사람들은 발락과 같은 생각으로 하나님을 대하고 있는 것입니다.

십일조는 내겠다, 안 내겠다고 말 할 수 있는 것이 아닙니다. 그것은 하나님의 것이므로 당연히 하나님께 드려야 하는 것입니다. 십일조는 무조건 드리게 되어 있는 것이지 흥정을 할 수 있는 것이 아닙니다.

발람은 다시 두 번째로 저주를 시도하기 위해서 제사를 드린 후 홀로 건너편으로 갔습니다. 그리고 발람을 만난 하나님께서는 두 번째의 예언의 말씀을 주셨습니다. 하나님은 본질상 스스로 내린 축복을 바꾸시는 분이 아니십니다. 사랑이신 하나님께서 자기 백성에게 쏟으시는 사랑을 멈추게 할 수는 없는 것입니다.

18-24절 사이에서 발람은 하나님께서 주시는 대로 다시 예언을 시작합니다.

"하나님은 인생이 아니시니 식언치 않으시고 인자가 아니시니 후회가 없으시도다 어찌 그 말씀하신 바를 행치 않으시며 하신 말씀

을 실행치 않으시랴 내가 축복의 명을 받았으니 그가 하신 축복을
돌이킬 수 없도다"(민 23:19-20).

발람은 하나님께서 한 번 하신 말씀은 절대로 돌이킬 수 없으며 하
나님이 하시고자 하는 일은 반드시 이루시고야 만다는 것을 발락에게
알립니다. 하나님의 사랑은 중간에 거두어들이는 사랑이 아닙니다.

저는 신학적으로 문제가 있다고 생각되어 잘 부르지 않는 찬송이 있
습니다. 바로 "예수 예수 내 주여 지금 내게 오셔서 떠나가지 마시고
길이 함께하소서" 라는 찬송입니다. 이것은 신학적으로나 성경적으로
나 철저하게 틀린 가사입니다. 하나님께서는 자기 백성을 떠나지 않
으시고 버리지 아니 하시며 언제나 우리와 함께 계시겠다고 약속하셨
습니다. 그런데 그것을 믿지 못하고 '떠나가지 마시라' 고 노래를 부르
면 그것을 듣는 분의 심정이 어떻겠습니까?
이것은 하나님의 본성을 알지 못하고 믿지 못하는 사람들이나 하는
말입니다. 하나님을 철저하게 신뢰한다면 그런 말을 할 수 없는 것입
니다. 하나님은 언제나 우리와 함께하실 뿐만 아니라 내 안에 내주하
여 계시는 분이십니다. 하나님은 이방인인 발람을 통해서도 그것을
알려 주셨습니다.

자신에게 작은 문제만 생겨도 하나님이 나를 버리셨다고 생각하고
걱정하고 절망하는 것은 하나님의 자녀들이 취해야 할 태도가 아닙니
다. 가능하면 성경에 맞지 않는 가사의 노래는 피하십시오. 그런 찬양
은 공연히 불안한 마음만을 가중시킬 뿐입니다.

저는 제가 쓴 책이긴 하지만 확신 시리즈 중의 하나인 「당신은 확실히 믿습니까?」라는 책을 예수를 믿는 사람이라면 누구에게나 읽게 하고 싶습니다. "주님 임재의 확신"을 느끼고 믿게 해 주고 싶기 때문입니다. 이것을 깨닫게 되면 마음이 달라지고, 모습이 달라지고, 태도가 달라지게 됩니다.

신약 이후의 하나님은 구약에서처럼 찾아오셨다가 떠났다가 하는 영이 아닙니다. 하나님께서 우리에게 보내신 성령은 우리 가운데에, 우리 속에 영원히 임재해 계시다는 것을 확신해야 합니다. 그리고 그것을 확신하는 순간부터 사람은 변하게 되어 있습니다.

발람은 말하기를 여호와 하나님께서 이스라엘과 함께 계시며 왕의 우렁찬 함성이 그들과 함께 있다고 말합니다.
21절을 보십시오.

"여호와는 야곱의 허물을 보지 아니하시며 이스라엘의 패역을 보지 아니하시는도다 여호와 그의 하나님이 그와 함께 계시니 왕을 부르는 소리가 그 중에 있도다."

이 말씀은 곧 우리들에게 주시는 말씀입니다. 믿는 것과 믿지 않는 것의 차이는 엄청난 것입니다. 위의 말씀을 우리에게 주시는 말씀으로 믿고 산다면 우리의 신앙생활은 많은 면에서 달라질 것입니다.

하나님께서는 우리의 허물이나 약함을 멸시하지 않으시고 우리의 하나님이 되어 주셨습니다. 본문 말씀에서 하나님은 메시아 예수님을 보내실 거라고 약속하셨습니다. 이는 전적으로 하나님의 은혜이며 축복입니다. 아무것도 하나님의 일방적인 사랑을 끊을 수 없습니다.

로마서 8장 마지막에도 바울 사도는 "누가 우리를 그리스도의 사랑 안에서 끊으리요?"라고 반문하면서 아무것도 그리스도의 사랑에서 우리를 끊을 수 없다는 것을 분명히 합니다.

하나님께서는 그 백성의 허물조차 보지 아니하신다고 했습니다. 그 백성의 관계가 이처럼 깊은 것입니다. 한 순간도 나를 떠나지 않고 지키시며 함께하십니다.

따라서 이스라엘을 향한 저주는 있을 수 없는 일이었습니다. 하나님께서 그들의 잘못을 채찍질할 수는 있지만 아무도 하나님의 백성을 저주할 수는 없는 것입니다. 그 정도가 아니라 그 백성들은 사자와 같이 일어나서 먹이를 완전히 잡아먹을 것이라고 했습니다. 하나님의 백성은 마지막에 가서 적을 이기고 승리하는 백성이 된다는 것입니다.

계속해서 발람의 예언을 보십시오.
23-24절입니다.

"야곱을 해할 사술이 없고 이스라엘을 해할 복술이 없도다 이 때에 야곱과 이스라엘에 대하여 논할진대 하나님의 행하신 일이 어찌 그리 크뇨 하리로다 이 백성이 암사자같이 일어나고 수사자같이 일어나서 움킨 것을 먹으며 죽인 피를 마시기 전에는 눕지 아니하리로다 하매"

발람은 결국 이스라엘 백성들이 암사자와 같이 강건하여지며 수사자와 같이 다른 민족들을 먹게 될 것이라고 예언합니다. 결전을 앞둔 사람들에게 더 이상의 예언은 필요가 없을 것입니다.

발람이 이스라엘 백성들을 축복하는 말만을 하자 발락은 발람에게 저주하지 않으려면 축복도 하지 말라고 불만을 토로합니다. 발락의 입장에서 생각해 보면 발람에게 베푼 모든 대접과 노력이 헛수고가 되었으므로 그런 소리를 하는 것이 당연합니다. 그러나 발람으로서도 어쩔 수가 없었습니다. 하나님의 영은 두 사람보다 더 강하기 때문입니다. 발람은 자기를 주관하시는 영 앞에 꼼짝할 수 없었습니다.

발락은 또다시 장소를 바꿀 생각을 합니다. 그리고 또 제물을 드리면서 하나님의 마음을 바꾸어보려고 합니다. 그러나 이미 말한 바와 같이 뇌물을 드린다고 해서 마음을 바꾸실 하나님이 아니시기 때문에 하나님의 축복을 저주로 바꿀 수는 없는 일이었습니다.

발락은 하나님께서 직접 자기 백성들에게 채찍을 든 일을 상기하면서 이번에는 일말의 기대를 걸고 있었습니다. 그러나 영원한 사랑의 대상은 이미 정해진 것이었으며 하나님의 사랑은 변할 수가 없었습니다.

여기서 우리가 기억해야 할 것은 **이러한 사랑의 대상이 바로 우리들**이라는 사실입니다. 그 사랑은 우리의 행동 때문에 비롯된 것이 아닙니다. 하나님이 우리를 자기 백성으로 선택하셨기 때문입니다.

사람들은 하나님의 선택이 그 사람의 선함 때문인 줄 알고 조금 잘못되면 하나님께서 우리를 버리지 않을까 생각합니다. 그러나 그렇지 않습니다. 우리를 사랑하시는 것은 그분이 바로 사랑 자체이시기 때문입니다.

하나님은 사랑이시기 때문에 어떤 조건과도 상관없이 사랑하십니다. 하나님의 사랑은 인간의 사랑처럼 다가왔다 멀어졌다 하는 것이 아닙니다. 이것을 믿을 때에 하나님의 은혜를 체험하게 됩니다.

최근에 영국의 어떤 심리학자가 기독교 상담책을 한 권 냈는데 아주 좋은 내용들이 많이 있었습니다. 그분의 주장이 바로 이것입니다. 하나님은 사랑이기 때문에 우리가 아무리 걱정과 염려를 해도 우리를 사랑하신다는 것입니다. 따라서 우리가 하나님의 사랑에 대해서 하는 걱정은 기우에 불과한데 쓸데없는 기우 때문에 정서적인 문제가 나타난다는 것입니다.

저도 이 생각에 전적으로 동의합니다. 하나님이 영원한 사랑이라는 사실을 안다면 다른 걱정과 염려가 끼여들 자리가 없습니다. 하나님의 사랑은 우리에게 달린 것이 아니고 하나님께 달린 것입니다.

결론적으로 발람의 두 번의 저주 시도가 다 실패하고 오히려 하나님의 축복만을 반복하는 결과를 낳았습니다. 믿는 사람들에게는 저주가 변해서 축복이 되는 것입니다. 하나님께서 자기 백성을 사랑하시고 축복하시면 아무도 그 백성을 저주할 수 없습니다. 설령 저주한다 해도 그것은 아무런 효력을 발휘할 수 없습니다. 우리를 향한 일방적인 하나님의 사랑은 어떤 상황에서도 파도처럼 계속되는 것이기 때문입니다.

세 번째 예언

민수기 23장은 하나님의 백성은 아무도 저주하거나 대적할 수 없다는 것을 확실하게 증명해 주는 사건을 기록하고 있습니다.

로마서 8장은 그 사실을 이런 말로 표현하고 있습니다.

> "그런즉 이 일에 대하여 우리가 무슨 말을 하리요 만일 하나님이
> 우리를 위하시면 누가 우리를 대적하리요"(롬 8:31).

그런데 이 때 "우리를 위하시면"은 원문을 따라 말하면 "하나님께서 우리 편이시니 누가 우리를 대적하리요" 라고 번역해야 정확합니다. 하나님이 어떤 때는 우리 편이셨다가 다른 때에는 우리의 반대편에 서기 때문에 만일 하나님이 우리 편이시라면 그 때는 우리를 대적할 사람이 없다는 말이 아니라는 뜻입니다. '하나님께서 우리 편이신데 감히 누가 우리를 대적하겠는가?' 라는 자신감을 강조하기 위해서 쓰인 본문인 것입니다.

같은 말이라 할지라도 어떻게 번역을 하느냐에 따라서 의미의 차이가 있는 것입니다. 이러한 확신이 우리에게는 반드시 필요합니다.

하나님은 자신의 독생자인 아들을 우리를 위해 희생시킬 정도로 우리를 사랑하십니다. 바울은 로마서 8:32에 "자기 아들을 아끼지 아니하시고 우리 모든 사람을 위하여 내어 주신 이가 어찌 그 아들과 함께 모든 것을 우리에게 은사로 주지 아니하시겠느뇨"라고 묻습니다.

그러나 이 표현은 물음을 통해서 하나님께서 그 아들과 함께 모든 것을 우리에게 주신다는 것을 강조하기 위한 것입니다. 너무도 당연

한 대답이기 때문에 그럴 수밖에 없다는 것입니다.

바울은 또 "하나님께서 우리를 영원 전부터 아시고 우리를 그 뜻대로 선택해 주셨다"고 말하고 있습니다(롬 8:29). 하나님께서는 그 많은 민족들 가운데서 이스라엘 민족을 선택하시고 많은 형제들 중에서 맏아들을 삼으셨습니다. 그 선택은 전적으로 하나님이 원하셔서 한 것이었기 때문에 다른 이유가 있는 것이 아닙니다. 이스라엘 백성들은 처음부터 목이 곧고 패역한 세대라는 말이 구약의 곳곳에서 나오고, 그들이 얼마나 하나님의 은혜를 잘 잊어버리고 하나님 앞에 원망을 쏟아놓기를 좋아하는지는 누구보다 하나님께서 잘 알고 계셨습니다. 그러나 하나님께서는 그 백성을 사랑하셨고 계속 돌보아 주셨습니다.

하나님이 미리 아셨다는 것은 지식적으로 아셨다는 말이 아니라 사랑하셨다는 말입니다. 이 표현은 아담이 하와를 알았다는 표현과 같은 의미의 말입니다.

또, 로마서 8:30을 보면 하나님께서는 "또 미리 정하신 그들을 또한 부르시고 부르신 그들을 또한 의롭다 하시고 의롭다 하신 그들을 또한 영화롭게 하셨느니라"고 말씀하고 있습니다.

영화롭게 되었다는 말은 우리가 이미 승리한 사람들이라는 말입니다. 그래서 이미 하나님으로 인하여 승리를 얻은 사람을 망하게 할 수는 없는 것입니다. 우리는 지금 승리를 얻어 놓은 상태에서 예수 그리스도를 본받는 성화의 기간에 있다는 것입니다.

이미 우리는 하나님의 축복에 의한 영광스러운 승리를 이루어 놓은 상태에 있는데 누가 이런 우리를 대적하고 저주해서 패배시킬 수 있겠습니까? 만일 그럴 수 있다고 생각하는 사람이 있다면 그 사람은 성경을 모르는 사람입니다.

하나님께서 우리를 선택하신 것은 우리를 예수 그리스도를 닮은 자녀들로 만들기 위한 것이었습니다. 그런 하나님의 작정을 무효화시킬 수 있는 존재는 아무도 없는 것입니다.

발람의 저주가 이스라엘 백성들에게 통하지 않을 수밖에 없는 이유가 여기 있습니다. 오히려 그가 하나님의 백성의 대열을 보고는 감동을 받아서 눈을 뜨자 하나님께서는 오히려 그를 통해서 이스라엘 백성들을 축복하셨던 것입니다.

발람은 24:1-2의 세 번째 예언을 통해서 자기 마음의 변화를 표현합니다.

> "발람이 자기가 이스라엘을 축복하는 것을 여호와께서 선히 여기심을 보고 전과 같이 사술을 쓰지 아니하고 그 낯을 광야로 향하여 눈을 들어 이스라엘이 그 지파대로 거하는 것을 보는 동시에 하나님의 신이 그 위에 임하신지라."

많은 사람들이 모여 있는 것을 보는 것은 그 사람들의 수만 보는 것이 아니라 그들의 힘을 보는 것입니다. 그리고 사람들이 모여서 발하는 힘이라고 하는 것은 산술적인 덧셈에 따라 나오는 것이 아닙니다.

사람의 힘을 모으면 합해지는 것이 아니라 곱해지는 것입니다. 이것이 인간집합의 심리학입니다. 우리가 가지는 대중집회는 그 힘을 확인하고 서로에게 힘을 주는 것입니다. 찬송을 불러도 열 사람이 부르는 것과 스무 사람이 부르는 것은 단지 두 배가 아니라 그 이상의 효과를 가져오게 되어 있습니다. 이것을 영어로는 시너지(Synergy)라고 합니다.

발람은 이스라엘 백성들이 군집한 것을 보고 마음이 열렸고, 그 위에 하나님의 영이 임하게 되었습니다. 구약시대에는 하나님의 영이 그 사람 위에 임했다가 때로는 다시 떠나는 형태를 취했습니다. 그래서 구약에는 성령이 그 안에 내주한다는 말이 거의 없습니다. 다만 다윗이 범죄한 후에 시편에서 말하기를 "주님의 성신을 내게서 거두지 마소서"(시 51:11)라는 표현이 나옵니다.

신약에 와서는 임한다는 표현보다는 임재한다는 표현이 더 많이 쓰여집니다. 물론 구약에도 하나님의 영이 그 자녀들 속에 있었을 것이지만 계시의 점진성에 의해서 그것을 깨닫게 된 것은 신약시대에 와서였다고 보는 견해가 지배적입니다.

하나님의 영은 새가 날아들듯이 왔다가 다시 날아가는 그런 영이 아닙니다. 하나님의 영은 우리 안에 항상 내주하십니다. 그래서 사도 바울도 성도들의 가슴에 성령께서 내주하신다는 것을 알게 하기 위해서 여러 번 이야기하고 있는 것을 볼 수 있습니다(고전 3:16; 고후 6:16; 롬 8:11).

성령께서는 우리가 예수님을 영접하는 순간 우리 안에 들어오셔서 영원히 우리와 함께하시는데, 그것을 믿지 않고 성령을 달라는 기도를 하게 되면 하나님의 말씀과 약속을 믿지 않는 것입니다.

저는 성령을 이미 주셨는데 계속 달라고 기도하는 것이 신학적으로 틀렸다고 생각합니다. 그런 기도는 아직 예수 그리스도를 믿음으로 영접하지 않고 성령을 인정하지 않는 사람들이 해야 하는 기도인 것입니다. 아무도 성령으로 말미암지 않고는 예수 그리스도를 구주로 고백할 수 없다고 했기 때문에 이미 믿고 고백을 한 사람은 성령께서 그 안에 내주하고 계시다는 증거입니다.

따라서 이미 성령이 임재해 있는 사람은 충만케 해달라는 기도는 좋으나 성령을 달라고 구해서는 안 된다고 생각합니다. 예수 그리스도를 구주로 고백하는 사람들에게는 이미 성령께서 임재하고 계시다는 것을 분명히 믿고 따라야 합니다.

지난 번 WCC총회의 주제가 "성령이여 오셔서 만물을 새롭게 하소서"였는데 이 말은 신학적으로 틀린 말입니다. 잘못된 신학관을 가지고 있기 때문에 모 여대의 어느 신학교수는 그 회의석상에서 초혼제라는 춤까지도 출 수 있었던 것입니다.

성령은 이미 우리 가운데 와 계시는데 다시 어디로 오라는 말입니까? 그 말 자체가 성립될 수 없는 것입니다. 우리를 새롭게 하는 것은 이미 오신 성령이지 앞으로 올 성령이 아닙니다.

교회의 혼란 가운데 하나가 믿는 사람들이 성령을 못 받았다고 생각하고 성령을 받으라고 하는 것입니다. 그것은 신학적으로 잘못된 것입니다. 그래서 잘못된 억지를 쓰다가 이상한 영을 받게 되는 경우가 종종 생기는 것입니다.

우리의 기도는 "성령이여 나로 하여금 충만하게 하소서"라는 것이어야 합니다. 이 말은 성령께서 나를 완전히 주관해 달라는 말인 것입

니다. 내 안에 계신 성령으로 하여금 내 삶의 어느 부분만을 주관하게
하시는 것이 문제이기 때문에, 자기의 모든 것을 하나님의 성령께서
주관하게 해 달라는 기도를 하는 것이 신학적으로도 옳고 성경적으로
도 옳은 기도입니다. 성령이 우리 안에 계시다는 사실을 늘 인지하시
기 바랍니다.

예언의 내용

3-9절 사이에는 예언의 내용이 들어 있습니다. 발람은 눈이 완전히
열려서 환상을 보았고 영의 귀가 열려서 하나님의 말씀을 듣고 그 앞
에 엎드렸습니다.

3-4절을 보십시오.

> "그가 노래를 지어 가로되 브올의 아들 발람이 말하며 눈을 감았던
> 자가 말하며 하나님의 말씀을 듣는 자, 전능자의 이상을 보는 자,
> 엎드려서 눈을 뜬 자가 말하기를."

영의 눈을 뜨고 나서야 비로소 하나님께서 주시는 환상을 보고 진리
를 말할 수 있게 된 것입니다.

여기서 우리가 알 수 있는 것은 우리들의 영의 눈도 어두워질 수 있
다는 것입니다. 때로는 우리의 죄와 근심과 염려와 불신 때문에 영의
눈이 어두워질 수 있습니다. 이러한 가능성은 누구에게나 있는 것입
니다. 그래서 늘 우리의 영이 어두워지지 않도록 기도하고 깨어 있어
야 합니다.

에베소서에서는 우리의 싸우는 것은 혈과 육이 아니라고 말하고 있

지 않습니까?(엡 6:12) 모든 것을 영적인 눈으로 보고 영적으로 해석을 해야지 인간적인 눈으로 보고 판단하려 해서는 안 됩니다. 육적인 눈으로 사물을 보면 일이 복잡해지고 어렵게 되는 것입니다. 사람이나 사건을 파악할 때는 그 자체를 보지 말고 그 뒤에 있는 악한 영의 세력을 보아야 한다는 말입니다. 그래야 그 사람을 미워하지 않게 되고 오히려 그 사람을 불쌍하게 보고, 그 사람을 돌보려고 하는 마음을 갖고, 문제를 바르게 해결하려는 마음을 갖게 되는 것입니다.

영이 어두워지기 시작하면 모든 일들이 다 육적으로 보이게 됩니다. 빨리 마음을 바꾸고 하나님의 영에 의지해서 사건과 사람을 보려고 하지 않으면 영적인 메시지를 들을 수 없습니다. 그러지 않으면 상대방에 대해서는 물론이고 나 자신에 대해서도 절망하게 되고 희망을 찾을 수 없는 상태로 떨어지게 됩니다.

영혼의 눈이 밝아지면 자기를 괴롭히는 모든 것을 달리 볼 수 있게 됩니다. 같은 절망적인 상황에서도 희망을 볼 수 있게 되는 것입니다.

발람의 눈을 어둡게 했던 것들이 우리의 눈을 어둡게 하는 것들이 됩니다. 발람의 눈을 어둡게 한 것은 명예였습니다.

도서출판 햇불에서 펴낸 「인물로 본 기독교회사」, 「그리스도의 대사들」의 저자요, 트리니티복음주의신학대학원의 교회사 교수인 존 우드브리지 목사님이 한국을 방문하셨을 때 이런 이야기를 들었습니다. 그분이 유명한 목사님들을 만나서 이야기를 나누다 보면 그 사람들의 이마에 '나' 라는 글씨가 크게 씌어져 있는 것을 볼 수 있다고 합니다. 모든 것을 이루고 성취한 것이 자신의 힘이었다고 생각한다는 것입니다. 그래서 "내가 이러저러했다"는 이야기를 자주 한다고 합니다.

그런데 빌리 그래함 목사님은 다르다고 합니다. 그분은 자신이 하나님의 도구라는 것을 인정하고 "나"라는 것이 없는 겸손한 사람이라는 것을 금방 알 수 있다고 했습니다. 그래서 하나님께서 왜 그분을 하나님의 큰 도구로 사용하셨는지 알 수 있게 되었다고 했습니다.

사실 명예를 가진 사람일수록 교만의 죄를 범하기 쉽습니다. 모든 것을 자신이 하면 되고, 잘된 일마다 사람들의 칭송이 따르기 때문에 그 일을 이루신 분이 자신이 아니라 하나님이라는 사실을 잊기 쉬워지는 것입니다. 그래서 능력이 있는 사람일수록 무절제함에 빠지지 않도록 조심해야 하고 영의 눈이 어두워지지 않도록 늘 깨어 있어야 하는 것입니다.

영의 눈이 밝아진 사람들은 같은 사건을 가지고도 얼마든지 경건하게 해석할 수 있게 됩니다. 인생은 어떻게 해석을 하느냐에 따라 달라지는 것입니다.

마침내 영의 눈이 밝아진 발람은 이스라엘 백성들이 운집해 있는 모습을 보고 "야곱아 너의 장막이 어찌 그리 아름다운지!"라고 경탄합니다. 자기가 저주를 해야 할 적들을 아름다운 무리들로 해석하게 된 것입니다.

사실 자체는 해석이 없습니다. 사실은 사실로만 존재하는 것이고 그것을 해석하는 것은 인간의 생각에 달린 것입니다. 사건은 그저 하나의 사실에 지나지 않는 것이지만 그것을 바라보고 해석하는 사람에 따라서 전혀 다른 정반대의 해석이 가능한 것입니다. 하나의 사건을 두고도 다른 해석들이 얼마든지 가능한 것입니다. 해석은 사물 자체가 하는 것이 아니라 그것을 바라보는 사람이 하는 것이기 때문입니다.

해석을 잘하면 모든 일이 자신에게 유익되고 감사한 것이 될 수 있습니다. 같은 음악이 어떤 사람에게는 시끄러운 음악이 되고 어떤 사람에게는 신나는 음악이 되는 것입니다. 똑같이 사람들이 모여 있어도 어떤 사람이 보기에는 개미떼처럼 보기 싫은 집단이 되기도 하고 어떤 사람의 눈에는 힘있는 군대처럼 아름답게 보이기도 합니다. 그래서 자신이 저주를 하려고 했던 이스라엘 백성들을 보고도 아름답다는 해석을 내리게도 되는 것입니다.

아름다움과 추함은 사물 자체에 달린 것이 아니라 보는 사람의 눈에 달려 있습니다. 본 것을 어떻게 해석하느냐에 따라 의미는 달라지는 것입니다. 영혼의 눈이 어떠한 상태인가에 따라서 같은 것이 아름답게도 보이고 추하게도 보인다는 말입니다.

예수님을 잘 믿는 사람들을 보면 어떤 일을 보아도 그것을 은혜스럽고 감사하게 해석을 합니다. 객관적으로 보면 힘들고 어려운 상황인데 그것을 아주 멋있고 의미있게 해석해 냅니다. 좋은 훈련입니다. 예수를 믿으면서 자신의 영혼을 맑게 유지하는 것 이상 중요한 것이 없습니다. 그래야만 하나님을 제대로 믿을 수 있습니다. 모든 일을 아름답게 보고 해석하는 사람들을 다른 사람들이 좋아하지 않을 수 없습니다. 그것이 바로 하나님께 영광을 돌리는 일이 되는 것입니다.

그런데 대부분의 사람들은 인생에 대해서 밝고 아름답게 해석하는 훈련이 제대로 되어 있지 않은 것 같습니다. 인생을 어둡고 힘들게 보아서 회의에 빠지고 절망하기 때문에 자신의 삶도 아무런 의미가 없고 기쁨도 없는 것으로 만들어 버립니다. 그것은 인생이 불행한 것이기 때문이 아니라 인생을 불행한 것으로 해석했기 때문에 나타난 현상입니다.

어떤 일을 당해도 자신에게 의미있게 해석하고 기대감과 희망을 가지고 살면 그 사람은 누구나 부러워하는 아름다운 삶이 되는 것입니다.

제가 가르치고 있던 미국 신학교에 한국 학생 한 명이 왔습니다. 그래서 제가 "어떻게 신학을 공부할 생각을 했어요?"라고 물었습니다. 그랬더니 어떤 부흥회에서 강사 목사님이 그 학생 앞에 오더니 "하나님께서 너를 쓰시려고 한다"고 말씀하셨다고 합니다. 그런데 덧붙이기를, "하나님께서 너를 쓰시되 절대로 크게 쓰시지는 않을 것이다"라고 했다는 것입니다.

그 학생은 그 말을 듣고 신학교에 오기는 했지만 자신은 하나님의 큰 도구로 쓰임을 받지는 못할 것이라는 생각에 빠져 있었습니다. 이것이 얼마나 불행한 일입니까? 신학을 공부하면서도 자신의 가능성에 대해서 이미 상당 부분은 포기를 한 상태에서 출발을 하는 것입니다.

저는 그 말을 듣고 화가 났습니다. 그렇게 말한 목사님이 도대체 누구냐고 묻고 싶은 것을 제가 알면 제 자신이 시험에 들까봐 간신히 참았습니다.

저는 그 젊은 학생에게 앞으로 특별한 일이 없는 한 아직 50년 이상의 삶이 남아있다는 사실을 일깨워 주었습니다. 그 동안 하나님께서

원하기만 하시면 그 학생을 통해서 무엇이든지 하실 수 있다는 것을 말하기 위해서였습니다.

청년에게 그런 말을 해서 시험에 들게 하고 희망을 꺾는 것은 목사로서 할 일이 아닙니다. 그런 사람은 예언의 은사를 받은 것이 아니고 점쟁이나 마찬가지입니다. 그것은 한 젊은이를 망치는 것이고 영의 세계를 어지럽히는 것입니다. 하나님의 사람들의 입에서는 축복의 말이 나와야 합니다. 어떻게 단물과 쓴물이 한 입에서 나올 수 있겠습니까?(약 3:12)

발람의 입에서 나온 아름다운 장막이라는 말은 이스라엘 사람들이 정말 그렇게 아름답다는 말이 아니라, 하나님께서 그들을 아름답게 보신다는 말입니다.

우리를 보시는 하나님의 눈도 마찬가지입니다. 하나님이 예수 그리스도를 통해서 우리를 보시기 때문에 그분이 보시기에 아름다운 자녀들이 된 것입니다. 예수 그리스도를 통하지 않고는 그의 자녀가 될 수 없기 때문에 우리가 하나님의 아름다운 자녀라는 말을 들을 수 있게 된 것입니다. 그리스도를 빼면 추한 인간의 모습밖에는 가질 수 없는 우리들이지만 예수 그리스도를 덧입었으므로, 우리가 하나님의 눈에 아름다운 사람들이 된 것입니다.

발람은 하나님의 영을 받아서 계속해서 이스라엘에 대해 노래를 부릅니다. 5-6절을 제 나름대로 번역을 해 보면 다음과 같이 됩니다.

계곡과 같이 뻗었구나

강가의 정원 같구나
주께서 심으신 침향목 같구나
냇가의 백향목 같구나

이렇게 아름다움에 대한 찬사를 늘어놓은 다음에는 이어서 장차 나
타날 강력한 왕과 왕국에 대한 예언을 하는 장면이 나옵니다. 가깝게
는 다윗 왕국, 멀게는 메시아의 왕국입니다.
8-9절을 보십시오.

"하나님이 그를 애굽에서 인도하여 내셨으니 그 힘이 들소와 같도
다 그 적국을 삼키고 그들의 뼈를 꺾으며 화살로 쏘아 꿰뚫으리로
다 꿇어 앉고 누움이 수사자와 같고 암사자와도 같으니 일으킬 자
누구이랴 너를 축복하는 자마다 복을 받을 것이요 너를 저주하는
자마다 저주를 받을지로다."

이스라엘을 어떻게 다루느냐에 따라서 축복과 저주가 판가름나게
되는 것입니다. 하나님께서는 자기 백성의 행복과 불행에 직접 관여
하신다는 말을 하고 있는 것입니다. 말씀을 하나님께서 자기 자녀들
에게 주시는 약속으로 받고 믿으면 이것이 바로 우리의 축복이 되는
것입니다.
저 역시 이 말씀을 저에게 주시는 말씀으로 믿고 있습니다. 그래서
저의 인생이 하나님 앞에서 복된 인생이라고 생각합니다.

사람을 규정하는 것은 그 사람의 생각입니다. 팔 다리를 잃어도 그

사람이 없어지는 것이 아닙니다. 사람을 규정하는 것은 그 사람의 속 사람이기 때문입니다.

그 사람의 생각이 바로 그 사람입니다. 그래서 생각이 제멋대로인 사람은 인생이 제멋대로 가는 것입니다. 마음과 생각이 그 사람을 멸망으로 이끌기도 하고 천국으로 이끌기도 합니다.

하나님의 사람을 축복하는 사람은 축복을 받게 되어 있습니다. 하나님의 자녀를 축복하는 사람을 하나님께서 축복하시겠다고 약속하셨기 때문입니다(창 12:3). 그것은 그 사람 때문이 아니라 하나님의 약속 때문입니다. 사람이 어떻게 하느냐에 따라서 축복 또는 저주가 판가름나는 것입니다.

축복은 축복을, 저주는 저주를 부릅니다. 그래서 사도 바울도 말하기를 너를 해치는 자에게 악으로 갚지 말고 선으로 갚으라고 한 것입니다.

발락의 분노

10-11절에는 이런 발람의 말을 듣고 발락이 화를 내는 장면이 나옵니다.

"발락이 발람에게 노하여 손뼉을 치며 발람에게 말하되 내가 그대를 부른 것은 내 원수를 저주하라 함이어늘 그대가 이같이 세 번 그들을 축복하였도다"

이스라엘을 저주하라고 많은 비용을 들여 불러왔더니 저주는커녕 축복을 하고 있으니 얼마나 화가 났겠습니까? 그는 하나님의 축복은 일방적인 것이기 때문에 아무도 막을 수 없다는 것을 몰랐던 것입니다. 발락은 발람이 자기의 생각대로 이스라엘을 저주하면 그에게 아주 큰 보상을 할 생각이었지만, 세 번의 시도가 실패로 돌아가자 마침내 포기하고 맙니다.

발람은 발락의 이런 태도를 보고 비록 궁궐에 가득한 금과 은을 나에게 준다고 해도 좋은 일이든 나쁜 일이든 간에 주의 명령을 어기고 나의 마음대로 할 수는 없다고 분명하게 밝힙니다. 자신은 다만 주께서 말씀하게 하시는 것만을 말할 수 있다는 것입니다.

저는 발람의 이런 모습을 보면서 '그가 비록 이방 종교인이지만 어떤 면에서는 나보다도 나은 점이 있구나' 라고 생각했습니다. 인간의 명예나 보상을 보고 살 수는 없는 것입니다. 설령 명예도 보상도 없다고 해도 우리가 해야 하는 일이 하나님의 뜻인지를 확인하고 따르는 것이 중요할 뿐입니다.

하나님의 사람에게는 하나님의 말씀만이 바로 사는 길입니다. 그 이상도 그 이하도 아닙니다. 성령의 인도하심을 분별하여 순종할 따름인 것입니다.

네 번째 예언

발람은 마지막으로 네 번째 예언을 합니다. 그것은 모압과 이웃 나라들의 종말을 예언하는 것입니다. 그리고 자신을 묘사하기를, 영의 눈이 밝아지고 영의 귀가 열려서 하나님을 알게 된 사람이요, 하나님의 환상을 보고 엎드러진 사람이라고 합니다. 그리고 모압, 에돔, 세일에 대한 예언으로 이어집니다.

먼저 15-16절을 보십시오.

> "노래를 지어 가로되 브올의 아들 발람이 말하며 눈을 감았던 자가 말하며 하나님의 말씀을 듣는 자가 말하며 지극히 높으신 자의 지식을 아는 자, 전능자의 이상을 보는 자, 엎드려서 눈을 뜬 자가 말하기를."

먼저 발람은 하나님의 호칭으로 세 가지를 언급하였습니다. '하나님'과 '지극히 높으신 자' 그리고 '전능자' 라는 단어를 써서 이스라엘의 하나님을 표현합니다. 사실 이런 호칭들은 고대 근동에 널리 알려진 것이었기 때문에 이스라엘의 하나님에게만 국한된 것은 아니었습니다.

그러나 발람이 표현한 신은 바로 이스라엘의 하나님 한 분이었습니다. 그는 이방인이었지만 여호와 하나님 앞에 엎드린 자세로 하나님의 예비하심에 대한 영적인 눈을 뜨게 되었습니다.

이제 예언의 시작인 17-19절을 보십시오.

> "내가 그를 보아도 이 때의 일이 아니며 내가 그를 바라보아도 가까운 일이 아니로다 한 별이 야곱에게서 나오며 한 홀이 이스라엘에게서 일어나서 모압을 이편에서 저편까지 쳐서 파하고 또 소동

하는 자식들을 다 멸하리로다 그 원수 에돔은 그들의 산업이 되며 그 원수 세일도 그들의 산업이 되고 그 동시에 이스라엘은 용감히 행동하리로다 주권자가 야곱에게서 나서 남은 자들을 그 성읍에서 멸절하리로다."

이것을 제 나름대로 번역하면 다음과 같습니다.

"나는 그분이 보인다. 그러나 당장 나타날 분은 아니다. 나는 그분을 바라본다. 그러나 가까이 보는 것은 아니다. 한 별이 야곱에서 나올 것이요, 한 홀이 유다에서 일어나리라. 그가 모압의 이마를 칠 것이요, 소동하는 모든 자손들을 멸하시리라. 에돔은 그의 소유가 될 것이요, 세일도 그의 소유가 될 것이다. 이스라엘은 용맹을 떨치리라. 야곱의 그분이 통치할 것이요, 성읍의 남은 자들을 멸하리라."

이 예언에 나오는 별과 홀은 시적인 댓구를 맞춘 것으로서 두 단어가 다 왕권을 의미합니다. 이것은 사적지에서 출토된 예언적 문서들에 의해서 확인된 것입니다. 발람이 이스라엘을 통치할 통치자가 유다에서 나오리라고 예언하고 있다는 것을 알 수 있습니다.

발람은 또 계속해서 예언하기를 그 왕이 모압의 이편에서 저편까지 쳐서 파하고 사람들을 멸할 것이라고 말합니다. 그리고 소동하는 자식들을 멸한다는 말은 이스라엘이 모압 평지에 진을 쳤을 때에 두려움과 공포에 떠는 모압의 장정들을 다 멸하게 된다는 것을 넌지시 암시하고 있습니다.

18-19절을 보십시오.

"그 원수 에돔은 그들의 산업이 되며 그 원수 세일도 그들의 산업이 되고 그 동시에 이스라엘은 용감히 행동하리로다 주권자가 야곱에게서 나서 남은 자들을 그 성읍에서 멸절하리로다 하고."

하나님의 예언은 에돔 역시 이스라엘에게 정복당할 처지에 놓여 있다고 말합니다. 세일은 에돔의 다른 명칭입니다. "에돔은 그들의 산업이 되리라"는 것은 그들이 이스라엘에게 먹히게 되며 이스라엘이 경영하게 된다는 말입니다.

발람은 또 한 주권자가 이스라엘에서 나와 남은 자들을 그 성읍에서 멸할 것이라고 합니다. 이러한 예언들은 이미 이루어진 것도 있지만 예수 그리스도의 심판 때로 남겨진 것도 있습니다.

20-22절의 아말렉과 가인 족에 대한 예언도 다시 해석을 하면 다음과 같습니다.

"아말렉은 으뜸 가는 나라였으나 망할 때에는 꼴찌에 선 나라가 되리라. 가인 족이 지금은 거처가 튼튼하고 그들의 보금자리가 바위 위에 있으나 가인은 불타 버리고 얼마 동안이나 앗시리아의 포로로 있을지 모른다. 하나님께서 이렇게 하실 때 누가 살아 남을 수 있으랴. 깃딤 해안에서 함대가 와서 앗시리아를 괴롭히고 에벨도 괴롭힐 것이나 그도 역시 망하고 만다."

발람은 23-25절에 이어 계속해서 말하기를, 하나님께서 이 예언들을 반드시 행할 것이므로 아무도 막을 자가 없다고 합니다. 하나님께서 한 번 하시고자 하면 그 누구의 힘으로도 그 뜻을 돌릴 수 없다는 말입니다. 그리고 하나님께서 그렇게 멸하시는 날에는 그 심판의 손에서 살아날 자가 아무도 없다고 단언합니다.

하나님의 진노의 손길을 피할 수 있는 사람은 없습니다. 사람은 하나님께서 지으시고 그 인생을 계획하신 피조물이므로, 그 피조물이 창조자이신 하나님의 뜻을 거스를 수 없는 것은 당연한 이치입니다. 따라서 누구도 하나님의 손길에서 벗어날 수 없는 것입니다.

결국 발람은 예언을 마치고 자기의 고향으로 돌아갔습니다. 그는 하나님의 뜻을 거슬러 이스라엘을 저주할 수 없었습니다. 하나님께서 그 백성을 역경 가운데서도 지키시기 때문입니다.

우리가 세상을 살 때에도 광야에서의 이스라엘 백성처럼 넘고 극복해야 할 여러 가지 시험과 고난이 있습니다. 그러나 그럴 때에라도 우리는 **마지막 승리가 우리의 것**이라는 확신을 가지고 살아가야 합니다. 하나님이 우리를 붙들고 계시기 때문입니다. 아무리 넘어지고 우격다짐을 당해도 마지막에는 승리가 내 것이라는 것을 굳게 믿어야 합니다. 이것이 영적으로 성숙하게 훈련된 사람들의 생각입니다.

나약하고 불안정한 인간인 이상 하나님의 백성이라 할지라도 고난이 오면 순간적으로 흔들릴 수는 있습니다. 그러나 그 다음 순간에는 하나님께서 주신 승리의 약속을 붙잡고 다시 일어서야 합니다. 과정이 아무리 힘이 들어도 최종의 승리는 우리의 것으로 이미 보장해 놓으신 하나님의 약속을 믿어야 합니다.

승리의 확신, 하나님의 인도의 확신, 하나님의 임재의 확신 이런 것들이 늘 우리 마음 가운데 있어야 하는 것입니다.

"여호와는 나의 빛이요 나의 구원이시니 내가 누구를 두려워하리요
여호와는 내 생명의 능력이시니 내가 누구를 무서워하리요"라는 시편
27:1의 말씀이 바로 민수기 24장의 내용이자 결론입니다.

이스라엘이 싯딤에 머물러 있더니 그 백성
이 모압 여자들과 음행하기를 시작하니라
그 여자들이 그 신들에게 제사할 때에 백성
을 청하매 백성이 먹고 그들의 신들에게 절
하므로 이스라엘이 바알브올에게 부속된지
라 여호와께서 이스라엘에게 진노하시니라
여호와께서 모세에게 이르시되 백성의 두령
들을 잡아 태양을 향하여 여호와 앞에 목매
어 달라 그리하면 여호와의 진노가 이스라
엘을 떠나리라

마음속의 적을 경계하라

7장 (민 25:1-18)

마음속의 적을 경계하라

발람에게 부탁한 네 번의 저주가 다 축복으로 끝나자 발락도 화가 났습니다. 발락은 이스라엘을 저주하려는 시도를 중단하고 맙니다. 그런데 일단 저주는 실패로 돌아갔지만 발락은 발람의 사주에 따라 이스라엘 백성들을 도덕적으로 타락하게 만드는 사건을 꾀하게 됩니다. 그리고 그 타락의 결과에 따라 하나님께서 이스라엘 백성들에게 노를 발하고 징계의 채찍을 내리치게 됩니다.

그런데 민수기 25장에 나타나는 이 사건의 원인을 제공한 것이 무엇이었는지에 대해서는 31:16에 나타납니다.

> "보라 이들이 발람의 꾀를 쫓아 이스라엘 자손으로 브올의 사건에 여호와 앞에 범죄케 하여 여호와의 회중에 염병이 일어나게 하였느니라."

말로 저주하는 것으로는 이스라엘을 해할 수 없다는 것을 안 발람은 발락에게 이스라엘 백성들을 망하게 할 수 있는 방법은 윤리적으로 타락시키는 것이라고 알려 줍니다.

일단 진중에서 축제를 연 다음에 이스라엘 사람들을 초청해서 음식과 술을 먹이고 기분을 들뜨게 만든 다음, 분위기가 점점 무르익을 때에 여자들을 동원해서 이스라엘 남자들을 유혹하게 했던 것입니다. 처음에는 그저 긴장을 풀고 먹고 즐기게만 한 다음에 몸과 마음이 해이해져 있을 때에 이성이 둔감해진 그들을 유혹하는 방법을 썼던 것입니다.

외적인 저주로는 도저히 이스라엘 백성들을 패배시키는 것이 불가능하다는 것을 알았기 때문에 나온 방법입니다.

눈에 보이게 오는 적은 충분히 방어하고 막아낼 수 있지만 눈에 보이지 않는 마음속의 적이 마음이 둔감해진 틈을 타서 들어올 때, 그것을 막아낼 수 있는 사람들은 많지 않습니다. 방심하고 있는 틈을 자연스럽게 비집고 들어와서 집요하게 공격을 하기 때문입니다. 인간의 내면에 잠자고 있는 죄성을 발동시키기 때문입니다.

발람은 그것을 잘 알고 있었습니다.

보이는 적을 방어하는 것보다 우리 속에 있는 적들과의 싸움이 훨씬 더 어렵고 거센 것입니다.

과거 일제시대에 그랬던 것처럼 우리에게 신사참배를 강요하거나, 하나님을 부인하고 살 것인가 아니면 하나님을 믿는다는 것만으로 죽음의 길을 갈 것인가를 선택하라고 하는 것은 오히려 쉬운 싸움일 수 있습니다. 한 번 결단을 하고 나면 죽음을 두려워하지 않게 되는 것이 신앙인입니다.

　그러나 그런 유혹을 다 이기고 승리한 사람들도 내면에서 오는 범죄의 유혹을 물리치는 것은 쉬운 일이 아닙니다. 적을 분명히 파악할 수 있으면 이쪽에서도 각오를 하고 담대하게 대적할 수 있지만 마음속의 적은 더 철저히 경계해야 합니다. 본능에서 오는 적일 때는 더욱 그렇습니다.

　저도 북한에서 학교를 다니면서 기독교인이라는 이유로 숱한 핍박을 당했습니다. 48-50년까지 3년 동안은 학교에서 매주 맞는 것이 일이었습니다. 어떤 날은 너무 많이 맞아서 학교에서 집으로 돌아가기가 힘들 정도였습니다. 그러나 그 어린 나이에도 대적해야 할 상대가 분명했기 때문에 견뎌낼 수 있었습니다. 내 신앙을 제대로 지키는 것이 마땅히 해야 할 일이라고 생각했기 때문에 이를 악물고 힘은 들었지만 아픔을 참아낼 수 있었던 것입니다.

　그런데 그 때는 그렇게 철저하고 날카로웠던 신앙이 남한에 내려와서 아무도 핍박하는 사람들이 없어지자 점점 무뎌지고 있음을 느낄 수 있었습니다.

　이처럼 아무 일이 없을 때에, 여건이 좋을 때에 자기 신앙을 지키는 것이 더 힘든 일입니다. 자기 속에 있는 적을 다스리는 일이 밖으로부터 오는 적을 다스리는 것보다 훨씬 더 힘든 일인 것입니다. 밖으로부터 명백한 적의을 갖고 공격해 오는 적을 맞이하면 싸워야겠다는 힘과 오기가 생기기 마련이고 결전을 치를 각오를 합니다. 그리고 일단 싸움에 들어가면 죽기를 각오하고 전력을 다해 싸움을 하게 되어 있습니다.

그러나 **가장 어려운 투쟁은 바로 자기 자신과의 투쟁입니다.** 누구나 자기 자신에게 이기면 성숙한 사람입니다.

가장 큰 죄를 발견하게 되는 때에도 내가 내 속에 있는 죄를 살필 때입니다. 내 속을 들여다보면 이렇게 죄와 갈등이 많은 사람을 어떻게 하나님의 자녀라고 할 수 있겠는가 하는 회의가 들 때가 있습니다. 우리 속에 작은 영적 승리가 있어도 그것은 언제나 하나님의 승리입니다. 자신을 내세울 수 없습니다. 그저 우리는 하나님의 긍휼과 자비를 기대할 수밖에 없는 상태가 되는 것입니다. 하나님의 은혜가 아니면 우리가 어떻게 얼굴을 들고 살 수 있겠습니까?

바알브올의 음행 사건

발람을 통해서 이스라엘을 저주하는 데 실패한 발락은 이스라엘의 남자들을 음란한 잔치에 초대해서 타락하게 만들었습니다.

1-3절을 보십시오.

> "이스라엘이 싯딤에 머물러 있더니 그 백성이 모압 여자들과 음행하기를 시작하니라 그 여자들이 그 신들에게 제사할 때에 백성을 청하매 백성이 먹고 그들의 신들에게 절하므로 이스라엘이 바알브올에게 부속된지라 여호와께서 이스라엘에게 진노하시니라."

음란한 잔치가 벌어진 장소는 싯딤이라는 요단강 동편에 있는 평야 도시였습니다. 이곳에 발락은 이스라엘의 남자들만 초청했습니다. 이

제사를 주관하는 사람은 모압의 여사제들이었습니다. 그런데 이스라엘과는 달리 가나안에서는 농경신인 바알을 숭배하고 있었습니다. 이 바알신에게 제사드리는 예식에는 제사 후에 여사제들과 음란한 성관계를 갖는 것이 포함되어 있었습니다. 여사제들과의 이런 성적인 관계를 통해 가나안 사람들은 바알신이 많은 비를 내리고 풍요를 가져다준다고 믿고 있었습니다. 그런데 발람은 이 음란한 제사에 이스라엘 남자들을 초청한다면 그들이 타락하고 말 것이란 것을 발락에게 알려 준 것입니다.

그 결과 발람과 발락의 예상대로 이스라엘 남자들은 우상숭배와 음행에 빠졌고 하나님의 분노를 사게 되었습니다(시 106:28).

모압은 영악하게도 칼 한 번도 휘두르지 않고 이스라엘이 스스로 망하는 길을 가도록 유도한 것입니다. 모압의 축제를 주관했던 사람들은 모압의 여사제들이었습니다. 물론 처음에 이스라엘 남자들이 모압의 축제에 초청을 받았을 때에는 그런 음란한 일이 있을 것이라고는 생각하지 못하도록 했을 것입니다. 제사를 주관하는 여사제들을 통해서 남자들을 자극시키고 흥분시켜서 광란적인 축제의 끝에는 아무런 의식도 없이 음행을 하도록 자연스럽게 유도한 것입니다.

이방 종교의 축제의식은 사람들을 점점 흥분시켜서 광란의 도가니로 몰아넣고 나중에는 그룹으로 성행위를 벌이는 것이었습니다. 지금도 어떤 이단 종파는 성적인 것이 개입되고 그룹적인 성행위를 의식의 하나로 행하는 곳이 있습니다.

예로부터 인간이 타락을 하게 되면 대개 두 가지의 형태를 띠게 됨니다. 하나는 우상숭배이고 두 번째는 성적인 타락입니다.

우상숭배는 하나님보다 다른 것을 더욱 숭배하는 것이고, 성적 타락은 자기 배우자 이외의 사람들과도 서슴없이 이성적인 교제를 하거나 성적 관계를 맺는 것입니다. 이 두 가지를 경계해야 합니다.

저는 예수님께서 간음한 여인에게 다시는 가서 그 일을 하지 말라고 한 다음에 다른 아무런 말씀도 하지 않으시고 돌려보내신 것이 참으로 이상하게 느껴질 때가 있었습니다.

만약에 저였다면 그 여인에게 이것저것을 많이 물었을 것입니다. 어쩌다가 그런 일을 하게 되었는지부터 시작해서 앞으로 어떻게 살 것인가에 대한 확답도 듣고 싶었을 것입니다. 그리고 한참 설교도 하고 성경공부도 좀 하고 기도로 마무리를 잘한 다음에 보냈을 것입니다.

그런데 예수님은 아주 간단하게 그 여인을 용서하시고 돌려보내셨습니다. 사람에게 있어서 성적인 죄를 범하는 것은 적당한 유혹이 있으면 쉬운 일입니다. 그것을 아신 예수님은 쉽게 용서하셨습니다.

이방인들의 제사는 실컷 먹고 마신 다음에 술에 취한 채로 뛰고 광란에 사로잡히는 것입니다. 원시종교의 의식들을 보면 지금도 그런 식으로 제사를 드리고 축제를 벌이는 것을 볼 수 있습니다. 이성이 감정을 통제하는 기능을 잃어버리면 어떤 행위라도 하게 되는 것이 바로 사람입니다.

그래서 성령의 9가지 열매 중 하나가 바로 절제입니다. 자기 자신을 통제할 능력을 잃으면 해를 끼치게 됩니다. 말하는 것이나 행동하는 것 모두 성령의 통제에 의해서 사는 사람이 바로 성령에 사로잡혀서 사는 사람입니다.

그 반면에 종교 예식 속에 자신의 감정을 다 노출시켜서 감정의 지배를 받는 사람은 어떤 영에 의해서 움직이는 것인지 분간하기가 쉽지 않습니다.

제가 미국에 있을 때에 한 교회에서 자기 감정을 이기지 못해서 교회 안을 뛰면서 돌아다니다가 쓰러지곤 하는 사람들을 보았습니다. 사람들은 그 사람이 '성령이 충만한 사람'이라고 했습니다만 제가 보기에는 '감정이 충만한 사람'이라고밖에 말할 수 없었습니다.

'성령이 충만한 사람'이라는 말은 성령님의 통제를 받는 사람에게 붙이는 말입니다. 자기 감정을 이기지 못해서 날뛰는 것과 성령이 충만한 상태를 혼동해서는 안 됩니다.

엘리야와 바알의 제사장들이 힘겨루기를 할 때에도 바알의 제사장들은 그 자리에서 날뛰고 야단법석을 했지만 승리한 것은 혼자서 간절히 기도한 엘리야였습니다. 살아계신 하나님께서 역사하실 때에는 인간이 그렇게 광란할 필요가 없습니다. 사람이 아니라 위대하신 하나님께서 역사하시기 때문입니다.

이스라엘 사람들이 범죄하게 된 것도 자기 자신을 스스로 통제하는 힘을 상실했기 때문이었습니다.

한국 교회가 교인들로 하여금 술을 마시지 않도록 한 것은 참으로 잘한 일이었다고 생각합니다. 술은 일단 마시고 나면 자제력을 잃어버리게 되어 있습니다. 자제력을 잃으면 자신이 누구인지 망각하게 되고 하나님까지 망각하게 되는 것입니다.

주모자를 목매달라

하나님의 백성이 하나님을 잊고, 하나님의 말씀에 불순종하게 되면
그에 대한 벌은 무서운 것입니다. 하나님께서는 모세를 불러 바알브
올 사건에 참가한 주모자들을 전부 대낮에 교수형에 처하게 합니다.
그리고 범죄한 남자들은 모두 사형에 처하라고 했습니다.
4-5절을 보십시오.

> "여호와께서 모세에게 이르시되 백성의 두령들을 잡아 태양을 향
> 하여 여호와 앞에 목매어 달라 그리하면 여호와의 진노가 이스라
> 엘에게서 떠나리라 모세가 이스라엘 사사들에게 이르되 너희는 각
> 기 관할하는 자 중에 바알브올에게 부속한 사람들을 죽이라 하니
> 라."

'부속되었다'는 말은 '강하게 결합되고 고정되었다'는 뜻으로 '멍
에를 메었다'라고 해석할 수 있습니다.
이들을 죽이라고 명령하신 것으로 보아 그 죄가 얼마나 심각한지를
알 수 있습니다. 그들의 육적인 죄는 또한 그들의 영적인 타락에 직접
적인 영향을 끼치고 있었기 때문입니다.

비느하스의 능동적 행동

그런데 이런 사건의 전환점이 되는 사건이 일어납니다.
6-9절을 보십시오.

> "이스라엘 자손의 온 회중이 회막문에서 울 때에 이스라엘 자손 한
> 사람이 모세와 온 회중의 목전에 미디안의 한 여인을 데리고 그 형
> 제에게로 온지라 제사장 아론의 손자 엘르아살의 아들 비느하스가
> 보고 회중의 가운데서 일어나 손에 창을 들고 그 이스라엘 남자를
> 따라 그의 막에 들어가서 이스라엘 남자와 그 여인의 배를 꿰뚫어
> 서 두 사람을 죽이니 염병이 이스라엘 자손에게서 그쳤더라 그 염
> 병으로 죽은 자가 이만 사천 명이었더라."

범죄에 가담한 자를 죽이는 것으로 하나님의 심판이 끝난 것은 아니
었습니다. 전염병이 백성 중에 퍼져 많은 사람들이 죽어가자 통곡 소
리가 끊이지 않았습니다. 이 사건으로 하루에 사망한 자가 24,000명
이었습니다(고전 10:8).

그런데 아론의 손자 엘르아살의 아들 비느하스가 모압의 여자와 함
께 장막으로 들어가는 이스라엘 남자를 목격했습니다. 그 여자를 따
라 장막으로 들어간 비느하스는 그 두 사람을 한 창으로 찔러서 죽여
버렸습니다.

비느하스가 일으킨 사건 이후 이스라엘에게서 전염병이 멈추었습
니다. 죄의 값은 사망으로 인해 치러질 수 있음을 의미합니다. 비느하
스와 같은 의로운 한 사람 때문에 이스라엘 전체에 내렸던 하나님의

심판이 중단된 것입니다.

하나님은 이런 사람을 찾으십니다. **하나님 마음에 합한 하나님의 사람을 하나님은 찾으십니다.**

여기서 전염병이라고 되어 있는 병은 아마도 가나안의 문란한 성생활에서 오는 성병일 수도 있습니다.

그 아비 노아의 하체를 보았다가 노아의 저주를 받은 함의 아들인 가나안은 성적으로 호기심이 많고 나쁜 장난기가 가득한 청소년이었던 것 같습니다. 그래서 그 이름이 붙은 지역의 사람들이 성적으로 가장 타락한 지역의 대명사가 되었던 것입니다. 역사적으로도 가나안은 엄청난 성적인 문란을 특징으로 하고 있습니다.

비느하스가 받은 축복

비느하스는 자기 진중으로 여자를 데리고 들어가는 이스라엘의 남자와 모압의 여자를 찔러 죽이는데, 이것은 언뜻 보면 아주 잔인한 행동처럼 보입니다. 그러나 그의 행동은 하나님이 보시기에 바른 행동이었습니다.

11절을 보십시오.

"제사장 아론의 손자 엘르아살의 아들 비느하스가 나의 질투심으로 질투하여 이스라엘 자손 중에서 나의 노를 돌이켜서 나의 질투심으로 그들을 진멸하지 않게 하였도다."

비느하스가 그들을 죽일 때에 하나님께 기도해서 응답받거나 하나님의 지시에 의해서 죽인 것은 아닙니다. 범죄를 보는 순간 즉각적인 반응으로 창을 들고 그들을 찔러 죽인 것입니다. 그런데 그의 행동은 하나님이 보시기에 옳은 것이었습니다. 비느하스는 하나님의 뜻을 직감적으로 분별할 수 있는 사람이었습니다.

비느하스는 하나님께서 원하는 것이 무엇인지 아는 사람이었고, 하나님의 감정을 느낄 수 있는 사람이었으며, 어떤 일이 하나님을 기쁘게 하는 것인지 아는 사람이었습니다. 그는 하나님을 사랑하는 마음으로 철저하게 훈련되어 있는 사람이었던 것입니다.

이런 비느하스의 모습이 바로 우리가 지향해야 할 모습입니다. 우리가 그분의 자녀들이라면 그분의 마음과 생각과 원하는 바를 잘 알아야 하는 것입니다. 그래서 하나님께 일일이 물어보고 행동하지 않아도 직감적으로 하나님이 원하시는 행동을 할 수 있는 사람이 되어야 합니다.

저는 이 사건을 읽으면서 비느하스의 반응에 대해서 상당한 도전을 받았습니다.

농구 선수가 되기 위해서는 피나는 훈련을 해야 합니다. 그리고 그 게임에 적용되는 모든 규칙을 잘 준수해야 합니다. 볼을 가지고 몇 발자국 이상 움직여서는 안 된다는 규칙을 비롯해서 수많은 규칙들을 몸에 배도록 훈련하지만, 실전에 들어가면 몇 분이 지나지 않아서 호각 소리가 들립니다.

그런데 만일 농구 경기에 들어간 농구 선수가 농구경기의 규칙을 잘 모르고 자기가 공을 잡은 다음에 어떤 행동을 해야 하는지도 몰라 일

일이 규칙이 적힌 책을 그때 들여다 보고 운동을 한다면 어떻게 그 경기를 진행시킬 수 있겠습니까? 순간적으로 어떤 행동을 해야 하는가를 판단하지 못하면 경기에서 이길 수 없습니다.

훈련이 된 사람은 어떤 상황에 처하더라도 자신이 해야 할 바를 본능적으로 압니다. 그런 사람만이 경기에서 승리할 수 있습니다.

우리는 모두 영적인 전쟁을 하는 사람들입니다. 그런 사람들이 어떻게 훈련되지 않은 채로 전쟁에 나갈 수 있겠습니까? 어떤 긴박한 사건이 생겨도 습관적으로 정확한 대처를 할 수 있도록 훈련이 되어야 합니다.

영적 전쟁에서의 전술을 써놓은 것은 하나님의 말씀인 성경입니다. 그러므로 다른 어떤 지침서가 필요한 것이 아닙니다. 하나님의 말씀을 알면 될 일을, 하나님의 말씀을 모르기 때문에 싸움에 실패하는 일들이 너무나 많습니다.

많은 사람들과 함께 일하고 때로는 상담을 하면서 저는 전쟁에 나선 사람들이 무기 없이 싸움을 하고 있다는 안타까움을 느낍니다. 설사 무기를 가지고 있다 해도 무기를 쓸 줄 모르는 사람이 많습니다. 교회에 오래 다녔다는 사람들도, 심지어 교회의 많은 일들을 결정하고 해결해야 할 사람들까지도 그들의 무기인 하나님의 말씀을 잘 알지 못하고 있는 경우가 많이 있습니다.

잘못된 지식을 전수받지 않으려면 자신이 진리의 말씀으로 철저하게 무장되어 있어야 합니다. 하나님께서 무엇을 원하시는지, 무엇이 하나님을 기쁘게 하는 것인지를 알고 행동해야 합니다. 그래야 이성과 영성과 감성마저도 하나님으로 철저하게 훈련된 사람이 될 수 있는 것입니다.

그래서 그 사람이 움직이는 방법이 하나님께서 원하시는 방법이 될 수 있어야 합니다. 비느하스가 받은 축복을 받는 사람이 되려면 우리도 비느하스처럼 하나님의 마음을 정확히 이해하고 행동하는 사람이 되어야 하는 것입니다.

하나님은 비느하스의 행동을 칭찬하셨고 그에게 영원한 제사장의 직분을 보장하셨습니다. 하나님은 공동체 속에서 발생하는 선악간의 모든 일에 대해 엄중한 공의의 심판과 상급으로 반응하십니다.

> "여호와께서 모세에게 일러 가라사대 제사장 아론의 손자 엘르아살의 아들 비느하스가 나의 질투심으로 질투하여 이스라엘 자손 중에서 나의 노를 돌이켜서 나의 질투심으로 그들을 진멸하지 않게 하였도다 그러므로 말하라 내가 그에게 나의 평화의 언약을 주리니 그와 그 후손에게 영원한 제사장 직분의 언약이라 그가 그 하나님을 위하여 질투하여 이스라엘 자손을 속죄하였음이니라"(민 25:10-13).

비느하스는 우상숭배를 용납하지 않았고, 이스라엘 자손의 죄에서 백성을 구했으며, 하나님의 마음을 즉각적으로 알아 그에 따라 행동했다고 칭찬하시며 축복하셨습니다(시 106:31).

우리도 말씀과 경험을 통하여 하나님의 마음을 정확하게 구별하는 훈련이 필요합니다. 그래서 본능적으로 하나님께서 기뻐하실 수 있게 살아야 하는 것입니다.

로마서 12:2에 "너희는 이 세대를 본받지 말고 오직 마음을 새롭게 함으로 변화를 받아 하나님의 선하시고 기뻐하시고 온전한 뜻이 무엇인지 분별하도록 하라"고 말씀하시지 않습니까? 우리는 그 말씀을 따라 사는 사람이 되어야 합니다.

성숙한 사람은 함부로 말하거나 행동하지 않습니다. 자기 기분에 따라 움직이지 않으며 몸가짐에 흐트러짐이 없습니다. 늘 일관성 있고 조심성 있게 움직입니다. 본 것을 보지 않은 사람처럼 행동하고 들었어도 듣지 않은 사람처럼 행동하는 자제력을 가진 사람입니다. 한 마디로, 말하거나 행동하는 데에 충동이 없는 사람인 것입니다. 우리는 자기의 영이 말해 주는 것을 따라 침착하게 행동해야 합니다.

제가 경험한 바에 의하면 영적으로 판단하기에는 절대로 안될 일 같은데 많은 사람들이 그렇게 해야 한다고 해서 그 의견을 따르다 보면 제대로 되는 일이 없습니다. 하나님의 영이 시키는 대로 일을 하는 것이 좀 더디더라도 안전하게 일하는 방법입니다.

그런데 여기서 한 가지 알아 두어야 할 것은, 고린도전서 10:8에서 바울은 "저희 중에 어떤 이들이 간음하다가 하루에 이만 삼천 명이 죽었나니 우리는 저희와 같이 간음하지 말자"라고 말하면서 하나님의 진노하심으로 죽은 사람들의 숫자를 2만 3천이라고 합니다. 민수기의 숫자보다 천 명이 줄어든 것입니다.

여기서의 오차는 여러 가지로 생각해 볼 수 있겠지만 바울이 하루라는 낱말을 쓴 것을 볼 때에 나머지 천 명이 다른 날에 죽었으리라고 볼 수도 있고, 2만 4천 명 중에는 지도자들이 포함되어 있는데 2만 3천 명에는 그들이 포함되어 있지 않았을 것이라는 해석도 있습니다.

그렇지만 그 어느 쪽이든 이 숫자의 오차가 그렇게 중요한 것은 아닙니다. 우리가 기억해야 할 중요한 것은 숫자가 아니라 하나님의 명령을 어기고 죄를 지을 때에는 반드시 하나님의 무서운 심판이 많은 사람에게 따르며 그것을 피할 방법이 없다는 것입니다.

하나님의 징벌은 이토록 무섭습니다. 아무리 사랑하는 백성이고 그 백성들을 위해서 다른 대적들로부터 철저하게 보호하시고 인도하신다 하더라도 그런 만큼 그 백성들이 하나님의 법에 어긋나는 잘못을 저지를 때에는 엄한 벌로 다스리시고 그 죄악된 길에서 다시 돌이키도록 하시는 분이라는 것을 기억해야 할 것입니다.

이스라엘의 원수 미디안

민수기 25장에는 미디안 죄인의 이름이 기록되어 있습니다. 15절을 보십시오.

"죽임을 당한 미디안 여인의 이름은 고스비니 수르의 딸이라 수르는 미디안 백성 한 종족의 두령이었더라."

이 죄인들의 이름을 자세히 기록한 것은 이 사건의 조사가 얼마나 신중하고 철저하게 이루어졌는지를 말해줍니다. 또 다른 이유로는 그

두 사람의 종족의 인구가 나중에 감소하게 된 부분을 설명하기 위해서
였을 것입니다. 이들처럼 나쁜 이름을 남기고 죽어서는 안 됩니다.

미디안인들은 발람의 제안으로 이스라엘을 속여 범죄케 했습니다.
16-18절을 보십시오.

> "여호와께서 모세에게 일러 가라사대 미디안 인들을 박해하며 그
> 들을 치라 이는 그들이 궤계로 너희를 박해하되 브올의 일과 미디
> 안 족장의 딸 곧 브올의 일로 염병이 일어난 날에 죽임을 당한 그
> 들의 자매 고스비의 사건으로 너희를 유혹하였음이니라."

이스라엘 민족으로 하여금 영적으로 그리고 육적으로 타락하게 만
들어서 하나님의 심판이 이르도록 했던 그 민족에 대해서도 하나님의
징벌이 있었습니다. 하나님의 백성들을 넘어지게 하는 것은 하나님으
로부터의 징벌을 자처하는 행위가 되는 것입니다. 이같은 징벌의 명
령은 이방인들이 저지른 자체의 죄 때문이기보다 그 죄의 파괴적인 영
향력으로부터 이스라엘을 지키시려는 하나님의 의도에 의한 것입니
다.

외적인 원수가 이스라엘을 망하게 하는 데는 실패했으나 내적인 적
이 이스라엘을 망하게 하는 데는 성공했습니다. 발락은 이스라엘을
저주하는 데는 실패했으나 발람의 의견을 따라 이스라엘 사람들의 음
란한 욕망을 통하여 그들을 타락하게 했고 우상숭배에 가담하게 했습
니다. 그 결과 하나님의 징계의 채찍이 나타났습니다.

　그러나 의로운 사람 비느하스가 일어남으로 말미암아 하나님의 심판이 그쳤습니다. 한 사람의 죄악이 커다란 재앙을 불러오듯 한 사람의 의로움이 하나님의 긍휼을 받게 했습니다.

　외적인 적보다는 내적인 적이 무서운 법입니다. 내적인 적을 조심하십시오. 축복에서(24장) 범죄로 가는 길(25장)은 그리 멀지 않습니다.

후계자를 세우라

모세가 여호와께 여짜와 가로되 여호와, 모든 육체의 생
명의 하나님이시여 원컨대 한 사람을 이 회중 위에 세워
서 그로 그들 앞에 출입하며 그들을 인도하여 출입하게
하사 여호와의 회중으로 목자 없는 양과 같이 되지 않게
하옵소서 여호와께서 모세에게 이르시되 눈의 아들 여
호수아는 신에 감동된 자니 너는 데려다가 그에게 안수
하고 그를 제사장 엘르아살과 온 회중 앞에 세우고 그들
의 목전에서 그에게 위탁하여 네 존귀를 그에게 돌려 이
스라엘 자손의 온 회중으로 그에게 복종하게 하라 그는
제사장 엘르아살 앞에 설 것이요 엘르아살은 그를 위하
여 우림의 판결법으로 여호와 앞에 물을 것이며 그와 온
이스라엘 자손 곧 온 회중은 엘르아살의 말을 좇아 나가
며 들어올 것이니라 모세가 여호와께서 자기에게 명하
신 대로 하여 여호수아를 데려다가 제사장 엘르아살과
온 회중 앞에 세우고 그에게 안수하여 위탁하되 여호와
께서 자기에게 명하신 대로 하였더라

8장 (민 26 : 1-27 : 23)

후계자를 세우라

두 번째 인구조사

인구조사 지시

광야를 여행하는 동안 하나님이 말씀하신 대로 출애굽 1세대는 거의 다 죽음을 맞이했습니다. 나머지 남아있던 구세대들조차도 25장의 전염병으로 대부분 죽었습니다.

이제 광야의 여행도 끝나고 본격적인 가나안 정복을 준비하면서 하나님은 모세에게 이스라엘 백성들의 인구조사를 명령하셨습니다. 이것은 하나님께서 명하신 두 번째 인구조사였습니다.

26:1-4절을 보십시오.

"염병 후에 여호와께서 모세와 제사장 아론의 아들 엘르아살에게 일러 가라사대 이스라엘 자손의 온 회중의 총수를 그 조상의 집을 따라 조사하되 이스라엘 중에 무릇 이십세 이상으로 능히 싸움에 나갈 만한 자를 계수하라 하시니 모세와 제사장 엘르아살이 여리고 맞은편 요단 가 모압 평지에서 그들에게 고하여 가로되 여호와 께서 애굽 땅에서 나온 모세와 이스라엘 자손에게 명하신 대로 너 희는 이십 세 이상 된 자를 계수하라 하니라."

애굽에서 처음에 탈출했던 1세대가 완전히 죽었고 이제 곧 가나안 정복의 시대가 시작되기 때문에 하나님께서는 모압 평지 요단강 동편 에 도착해 있는 20세 이상의 군대에 들어갈 수 있는 남자 수를 세라고 모세에게 지시했습니다. 애굽에서 나온 일 세대는 잘못을 용서 받기 는 했지만 그 용서가 그 죄의 결과를 제거하지는 못했기 때문에 결국 여호수아와 갈렙을 제외하고는 아무도 살아남을 수 없었습니다.

인구조사의 내역

인구조사의 내역은 5-51절 사이에 상세하게 나와 있습니다.

이것을 간단하게 요약해 봅시다. 각 지파별의 인구 수는 이렇게 나 타났습니다.

르우벤 자손: 43,730명(5-11절), 시므온 자손: 22,200명(12-14절), 갓 자손: 40,500명(15-18절), 유다 자손: 76,500명(19-22절), 잇사갈 자손: 64,300명(23-25절), 스블론 자손: 60,500명(26-28절), 므낫세 자손: 52,700명(29-34절), 에브라임 자손: 32,500명(35-37절), 베냐민 자손: 45,600명(48-50절), 단 자손: 64,400명(42-43절), 아셀 자손: 53,400명(44-47절), 납달리 자손: 45,400명(48-50절)입니다.

인구의 총 합계는 601,730명(51절)이었습니다. 1차 인구조사 때의 인구는 603,550명이었습니다. 이를 통해 40년 동안의 인구는 오히려 줄어 들었음을 알 수 있습니다.

이 인구조사를 통해서 알 수 있는 몇 가지 점들이 있습니다.

유다 족속의 수가 가장 많다는 것입니다. 하나님께서 유다 족속을 가장 강한 족속으로 만들어 주셨던 것입니다. 이스라엘 민족이 행진을 할 때도 유다를 앞장 세웠고 그 지파는 왕족이 되었습니다.

그 다음이 잇사갈 지파였고 세 번째가 단 지파였습니다. 그런데 단 지파는 갈수록 힘을 못쓰는 지파로 추락합니다. 요한계시록에 보면 단 지파는 아예 빠져 있습니다. 그들은 자신들이 정복해야 할 땅을 완전히 정복하지 못했고 나중에 산 위로 쫓겨갔고 그 후에는 북쪽으로 이주했다가 결국 역사에서 사라지는 족속이 된 것입니다. 그런 것을 보면 수가 많다고 선두가 되는 것은 반드시 아니라는 것을 알 수 있습니다.

인구를 조사하면서 유일하게 설명을 붙이고 있는 지파가 있는데 바로 르우벤 지파입니다.

26:9-11을 보십시오.

"엘리압의 아들은 느무엘과 다단과 아비람이라 이 다단과 아비람은 회중 가운데서 부름을 받은 자러니 고라의 무리에 들어가서 모세와 아론을 거스려 여호와께 패역할 때에 땅이 그 입을 열어서 그 무리와 고라를 삼키매 그들이 죽었고 당시에 불이 이백오십 명을 삼켜 징계가 되게 하였으나 그러나 고라의 아들들은 죽지 아니하였더라."

이 구절은 고라의 멸망에 대해서 상기시켜 줍니다. 그것은 고라에게서 아주 중요한 교훈을 발견할 수 있기 때문입니다. 역사적 이야기가 많이 있는데 그 중에서 성경에 선택되어 기록되었다는 것은 그 사건에 뜻이 있기 때문입니다.

고라의 이야기는 이미 앞에서 자세하게 보았으므로 여기서는 마지막 표현만 주의해서 보겠습니다. 9절의 마지막 "고라의 무리에 들어가서 모세와 아론을 거스려"라는 표현입니다.

다단과 아비람이 반대한 것은 모세와 아론이었는데 그것을 "여호와께 패역"했다고 말씀하셨습니다. 하나님의 종에게 반대하는 것은 곧 하나님을 반대하는 것이라는 말입니다. 이것을 통해 하나님의 종이 가진 권위를 알 수 있습니다.

하나님이 세운 종에게 부족한 점이 있을 때에는 하나님께서 알아서 다스리십니다. 그분이 기름부어 세운 종이기 때문에 모든 책임이 하나님께 있습니다. 그래서 조심하지 않으면 월권 행위를 하게 됩니다.

문제를 해결해야 할 분은 하나님이십니다.

누구나 하나님께서 자기에게 주신 책임이 과연 무엇인가를 알아야 합니다. 젊을 때는 자기 부모조차 자신의 마음에 들지 않는다고 불평하는 경우가 있습니다. 그러나 반드시 기억해야 할 것은 하나님께서 나를 그 부모에게 맡겼다는 것입니다. 그래서 부모와 자식과의 관계는 존경과 사랑으로 유지되어야 합니다.

사제지간의 관계도 마찬가지입니다. 교수는 교수로서 학생은 학생으로서의 자리를 지킬 때에 바른 사제 관계가 유지됩니다. 어떤 자리

에 있는 사람이든 하나님이 그 사람을 그 자리에 세워 놓으셨다는 사
실을 항상 기억하고 행동해야 합니다.

하나님께서 우리에게 맡기신 일을 충실히 하는 것이 우리의 의무입
니다.
자신이 져야 할 짐은 제대로 지지 않으면서 남이 진 짐에 대해서 관
여하는 것은 잘못된 태도입니다. 자기의 위치를 지키는 것이 가장 잘
사는 방법입니다. 자기가 맡은 일, 자기의 가정, 자기의 교회에서 맡은
일만이라도 잘한다면 다른 사람의 사역은 걱정할 필요가 없는 것입니
다. 자신의 일은 제대로 하지도 못하면서 공연히 남의 일에만 간섭하
는 사람들이 문제를 어렵게 만들 때가 종종 있습니다.
고라가 바로 그런 사람들 중에 하나였다고 성경은 지적하고 있습니
다.

인구 비례에 의한 토지 분배

52-56절은 인구 비례로 토지를 분배하는 과정이 나옵니다.

> "여호와께서 모세에게 일러 가라사대 이 명수대로 땅을 나눠주어
> 기업을 삼게 하라 수가 많은 자에게는 기업을 많이 줄 것이요 수가
> 적은 자에게는 기업을 적게 줄 것이니 그들의 계수함을 입은 수대
> 로 각기 기업을 주되 오직 그 땅을 제비뽑아 나누어 그들의 조상
> 지파의 이름을 따라 얻게 할지니라 그 다소를 물론하고 그 기업을
> 제비뽑아 나눌지니라."

하나님의 분배방법은 각 지파의 수에 따라 필요한 만큼 토지를 분배하는 것입니다. 그리고 분배를 위한 형식은 제비뽑기였는데 이것은 영토의 크기를 나누기 위한 것이 아니라 차지한 땅의 위치를 나누기 위한 것일 뿐이었습니다. 일단 가나안 땅에 들어가게 되고 나면 그 다음에는 어떤 지파가 어디에 장막을 치고 기업을 얻을 것인가 하는 것을 결정하는 방법이 제비뽑기였습니다.

하나님은 제비를 뽑아 공정성을 기하도록 하셨습니다.

레위 자손의 가계

레위인들에게는 토지의 유업은 없고, 각 지파에서 내는 십일조를 모아서 분배했습니다. 하나님의 장막에서 일하면서 국민의 십일조를 받아주는 일로 여호와께 헌신하고 봉사하는 지파의 특성 때문이었습니다. 따라서 그들은 다른 지파와 함께 인구조사에서 계수되지 않았습니다.

57-62절에는 레위인의 가계가 기록되어 있습니다. 여기서 특별히 모세에게 중요한 가계는 고핫의 후손인 아므람의 가계입니다.

58-59절을 보십시오.

"레위 종족들은 이러하니 립니 가족과 헤브론 가족과 말리 가족과 무시 가족과 고라 가족이라 고핫은 아므람을 낳았으며 아므람의 처의 이름은 요게벳이니 레위의 딸이요 애굽에서 레위에게서 난 자라 그가 아므람에게서 아론과 모세와 그 누이 미리암을 낳았고."

모세와 아론은 하나님의 제사장 혈통인 레위 족속의 계보에 속해 있

습니다. 아론의 아들 나답과 아비후는 하나님 앞에서 범죄하여 죽임
을 당하였고 셋째와 넷째 아들인 엘르아살과 이다말은 아론과 함께 제
사장으로 봉직되었습니다. 경건치 못한 자는 제사장의 가문이라도 형
벌을 받습니다.

그런데 레위 지파의 자손을 계수하는 데는 한 달된 남자아이부터 포
함이 되었습니다. 한 달 이상된 레위 지파의 모든 남자 수는 23,000명
이었습니다.

> "레위인의 일개월 이상으로 계수함을 입은 모든 남자가 이만 삼천
> 명이었더라 그들은 이스라엘 자손 중 계수에 들지 아니하였으니
> 이는 이스라엘 자손 중에서 그들에게 준 기업이 없음이었더라"(민
> 26:62).

살아남은 자들

첫 번째 인구조사를 했을 때에 살아있었던 사람들 중 두 번째 인구
조사를 했을 때도 남아 있었던 사람은 여호수아와 갈렙뿐이었습니다.
믿음의 사람들만 살아 남은 것입니다.

65절을 보십시오.

> "이는 여호와께서 그들에게 대하여 말씀하시기를 그들이 반드시
> 광야에서 죽으리라 하셨음이라 이러므로 여분네의 아들 갈렙과 눈
> 의 아들 여호수아 외에는 한 사람도 남지 아니하였더라"

이 두 번째 인구조사의 목적은 첫째, 병역 대상자를 파악하기 위한 것이었고 두 번째는 토지를 유업으로 나누기 위한 것이었습니다. 첫 세대는 범죄함으로 광야에서 거의 사망하고 말았습니다. 죄는 약속의 땅을 얻지 못하게 하는 방해물입니다.

하나님의 언약은 지켜졌지만 그것을 본 사람들은 범죄한 세대가 아니라 그 다음 세대였던 것입니다.

모세의 후계자 여호수아

슬로브핫의 딸들

민수기 27장은 딸들의 유산 분배에 관한 내용과 모세의 후계자인 여호수아를 세우는 일에 대한 이야기입니다.

하나님께서는 유산에 관해서 딸들의 권리와 아들들의 권리를 똑같이 인정해 주셨습니다. 하나님은 아들과 딸을 차별해서 대하시는 분이 아니셨던 것입니다.

1-4절을 보십시오.

> "요셉의 아들 므낫세 가족에 므낫세의 현손 마길의 증손 길르앗의 손자 헤벨의 아들 슬로브핫의 딸들이 나아왔으니 그 딸들의 이름은 말라와 노아와 호글라와 밀가와 디르사라 그들이 회막문에서 모세와 제사장 엘르아살과 족장들과 온 회중 앞에 서서 가로되 우리 아버지가 광야에서 죽었으나 여호와를 거스려 모인 고라의 무리에 들지 아니하고 자기 죄에 죽었고 아들이 없나이다 어찌하여

아들이 없다고 우리 아버지의 이름이 그 가족 중에서 삭제되리이
까 우리 아버지의 형제 중에서 우리에게 기업을 주소서 하매."

이스라엘 지파들이 유산분배를 한참 하고 있을 때에 슬로브핫의 딸
들이 모세에게 나아와서 자신들에게도 아들과 똑같이 유산을 분배해
줄 것을 요구했습니다. 아버지가 아들이 없이 광야에서 죽었기 때문
이었습니다.

아들은 없지만 딸들도 유산이 필요했습니다. 그래서 그들은 하나님
의 공평 원리에 준해 요구했습니다

그러자 이 요청을 받은 모세는 자기 마음대로 결정하지 않고 하나님
께 이 일에 대해 문의했습니다. 하나님께서는 아들이 없을 경우 딸들
에게도 꼭같이 유산을 주라고 말씀하셨습니다.

5-7절을 보십시오.

"모세가 그 사연을 여호와께 품하니라 여호와께서 모세에게 일러
가라사대 슬로브핫 딸들의 말이 옳으니 너는 반드시 그들의 아비
의 형제 중에서 그들에게 기업을 주어 얻게 하되 그 아비의 기업으
로 그들에게 돌릴지니라."

저는 개인적으로 딸만 셋이기 때문에 이 본문의 말씀을 감사하며 읽
었습니다.

이것은 모세의 신실함을 알 수 있는 부분입니다. 자신의 생각에 따
라서 어떤 일을 결정하는 것이 아니라 일단 하나님께 물어보고 결정을

하는 것입니다.

자신이 다른 사람들보다 많은 능력을 가졌다고 생각하는 사람들은 종종 어떤 일이든지 자기 생각대로 하려고 합니다. 그래서 오히려 타고난 능력이 많은 사람들일수록 위험천만한 경우가 많이 있습니다.

스펄전 목사님께서 신학교를 운영하셨는데 어떤 젊은이가 찾아와서 주님을 위해서 일하고 싶다고 말했습니다. 그러면서 자신이 어려서부터 얼마나 머리가 좋고 똑똑했는지를 늘어놓았습니다.

그러자 스펄전 목사님은 그 학생에게 "당신은 그 능력을 가지고 다른 일을 하는 것이 더 좋겠습니다"라고 대답했습니다. 자신에게 그렇게 많은 능력이 있다는 것을 스스로 알고 있고 그렇게 자신감을 가진 사람은 모든 일을 하나님께 순종해야 하는 목사가 되기에는 부적합하다는 것이 그 이유였습니다.

그러고 나서 한 달 후에 스펄전 목사님은 그 사람이 은행강도를 하다가 붙잡혔다는 기사를 보았다고 합니다.

많은 재능이 있을수록, 인간적으로 똑똑할수록, 다른 사람들의 칭찬을 받을수록 그 사람은 조심해야 합니다. 구태여 하나님께 묻지 않아도 자기 힘으로 모든 일을 다 할 수 있다고 믿는 사람이야말로 실족할 여지가 많은 사람입니다. 그런 사람은 위험한 길을 가고 있는 것입니다.

모세는 하나님의 능력을 받은 사람이었음에도 불구하고 자기의 지혜를 믿고 결정을 한 것이 아니라, 하나님께 물어서 해답을 구했습니다. 하나님께서 대답을 주시기 전까지는 어떤 행동도 하지 않은 것입니다. 그래야만 하나님께서 우리의 하는 일을 통해서 당신의 일을 이룰 수 있습니다.

하나님께서는 모세의 물음에 답을 주시면서, 구체적인 유산 상속의 방법까지도 알려주셨습니다.

8-11절을 보십시오.

> "너는 이스라엘 자손에게 고하여 이르기를 사람이 죽고 아들이 없거든 그 기업을 그 딸에게 돌릴 것이요 딸도 없거든 그 기업을 그 형제에게 줄 것이요 형제도 없거든 그 기업을 그 아비의 형제에게 줄 것이요 그 아비의 형제도 없거든 그 기업을 가장 가까운 친족에게 주어 얻게 할지니라 하고 나 여호와가 너 모세에게 명한 대로 이스라엘 자손에게 판결의 율례가 되게 할지니라."

모세의 말을 들으신 하나님께서 유산 상속 순서를 지시해 주십니다. 아들이 있으면 아들이 그 유산을 받고, 아들이 없으면 딸에게, 딸이 없으면 그 형제에게, 형제도 없으면 자기 삼촌에게, 그리고 삼촌마저 없으면 가장 가까운 친족에게 그 유산을 상속하라고 하셨습니다.

이러한 상속법은 대대로 이스라엘의 상속 율례가 되었는데 이것은 유산이 대대로 같은 부족에게 전달되어 땅이 부족의 경계를 넘어 상속되지 않도록 하기 위한 조치였습니다.

룻의 땅을 보아스가 찾아준 것도 바로 이런 원리에 의한 것이었습니다. 룻의 땅을 되찾아 주겠다고 나선 사람들 중에 가장 가까운 친척이 보아스였던 것입니다.

이것은 물질적인 유산에만 해당되는 것이 아닙니다. 우리가 받은 영적인 유산에도 그 원리는 적용되어야 합니다. 자신이 받은 신앙의 유산도 반드시 자신이 받은 대로 자손들에게 물려주어야 하는 것입니다.

자기가 받은 신앙의 유산을 상실해서는 안 됩니다. 자식들에게 반드시 물려주어야 합니다. 그 선택권을 당사자들에게 주어 선택하게 한다는 생각은 민주적인 태도로 보이지만 사실은 그렇지 않습니다. 영적인 것은 아이들이 알아서 하도록 내버려 둔다고 해결되는 일이 아닙니다. 본인에게 판단의 능력이 없을 때에는 일단 억지로라도 옳은 방향으로 끌고 가야 하는 것입니다. 그런 면에 있어서는 부모가 강력한 지도력을 발휘해야 합니다.

어렸을 때부터 자기 마음대로 하고 자라도록 내버려 두면 나중에 성인이 되어서는 걷잡을 수 없는 상태가 되고 맙니다. 그리고 자녀 교육은 어머니에게만 맡겨 두어서는 안 됩니다. 아버지가 가장이면 가장이 자녀의 교육에 적극성을 띠어야 합니다. 그래서 자기 힘으로 선과 악을 분별할 수 있고 영적인 바른 결정을 할 수 있다고 판단될 때까지 엄한 가정교육과 신앙교육이 필요합니다.

미국의 크리스천 가정들은 이 훈련을 잘합니다. 교회에 갈 때에 항상 함께 가서 부모의 사이에 앉히고, 아이에게 할 말이 있으면 작은 소리로 이야기합니다. 그리고 공공 장소에서 지켜야 할 예절에 대해서도 철저하게 교육을 합니다. 이것은 우리들이 그들에게 배워야 할 점입니다.

모세의 후계자 여호수아

하나님께서는 모세가 가나안 땅에 들어가도록 허락하지 않으셨습니다. 그 이유가 14절에 나옵니다.

> "이는 신 광야에서 회중이 분쟁할제 너희가 내 명을 거역하고 그 물가에서 나의 거룩함을 그들의 목전에 나타내지 아니하였음이니라 이 물은 신 광야 가데스의 므리바 물이니라."

하나님의 종이면서 하나님의 명령에 순종하지 않는다면 그 사람은, 하나님의 종이라 할 수 없습니다. 더구나 많은 사람들이 지켜보는 가운데 하나님을 무시하는 행동이나 말을 하는 것은 하나님의 종의 행동이라고 할 수 없습니다.

하나님의 백성이 하나님을 업신여기는 것과 하나님의 종이 하나님을 업신여기는 것에는 상당한 차이가 있습니다. 하나님의 종의 언행 하나하나는 일반 백성들의 그것과는 비교할 수 없는 파장을 일으키게 됩니다.

그래서 하나님께서 이들에게 내리시는 벌은 무서운 것입니다. 40년 동안 그 백성을 가나안 땅으로 인도하기 위하여 수고한 사람이 바로 모세이지만 정작 본인이 가나안 땅에 들어갈 수 없었던 것은 바로 이 때문입니다.

하나님의 사람은 하나님의 전적인 통제를 받아야 합니다. 그런데 모세는 급한 성격을 가진 사람이라서 청년 시절 자기 분을 이기지 못하고 애굽 사람을 쳐서 죽였습니다.

그 본래의 성질이 끝까지 죽지 않아서 결국은 하나님의 영광을 가리는 일까지 하게 되었던 것입니다. 말로 바위에서 물을 내어 하나님의 능력을 드러내라고 했는데 화를 내면서 자기의 지팡이로 쳐서 마치 자기에게 어떤 능력이 있는 것처럼 했기 때문에 하나님의 정죄를 면할 수 없었던 것입니다.

하나님의 종이 하나님께 불순종하는 것은 그만큼 심각한 문제인 것입니다. 하나님의 영광을 가로채면 반드시 그 죄값을 치르게 되어 있습니다.

신명기 3:23-25을 보면, 모세는 하나님께 가나안 땅을 밟을 수 있게 해달라고 간청했습니다. 그러나 하나님의 대답은 아주 냉정했습니다. 하나님께서는 "그만해도 족하다"고 하시고 다시는 그 이야기를 꺼내지도 못하게 하셨습니다.

하나님께서는 자신의 영광을 다른 사람과 조금도 나누지 않는 분이십니다. 하나님의 영광을 가로채거나 가리우는 죄는 처벌을 받습니다. 그리고 하나님을 영화롭게 하지 않은 것을 하나님을 믿지 않은 것과 같은 의미로 사용하십니다.

하나님께는 믿음은 순종이고 순종은 믿음입니다.

자신이 가나안에 들어가지 못하고 죽는다는 것을 안 모세는 하나님께 자신의 후계자를 요청합니다. 자신이 선정을 해도 충분히 좋은 사람을 선택할 수 있었겠지만 유산 상속의 문제에서도 그랬듯이 하나님께 여쭈어보고 그 말씀대로 결정을 하려고 했던 것입니다.

15-17절을 보십시오.

"모세가 여호와께 여짜와 가로되 여호와, 모든 육체의 생명의 하나

님이시여 원컨대 한 사람을 회중 위에 세워서 그로 그들 앞에 출입
하며 그들을 인도하여 출입하게 하사 여호와의 회중으로 목자 없
는 양과 같이 되지 않게 하옵소서."

모세가 보기에도 후계자로 적임자는 여호수아였을 것입니다. 그는
처음부터 모세의 보좌관이었고 그와 함께 전쟁에 나갔던 젊은 장교였
습니다. 가나안 땅을 정탐할 때도 믿음 충만으로 눈이 반짝거렸고, 산
위에 올라가 기도할 때도 자신을 보좌해 준 사람이 바로 여호수아였습
니다. 모세가 장막에 나갈 때에도 함께 가서 기도할 뿐만 아니라 모세
보다 더 오랫동안 뒤에 남아 기도하곤 했습니다. 또 40년 동안 모세와
함께 사열해 누구보다 모세와 아스라엘을 잘 아는 사람이었습니다.
그러니 여호수아를 자신의 후계자로 점 찍을 것은 당연하였습니다.
　그러나 일단은 하나님의 명령을 듣는 것이 순서였습니다. 자신의 단
한 번 실수가 얼마나 엄청난 결과를 초래했는지 잘 알고 있었기 때문
입니다.

　하나님의 사람인 목회자는 점점 자신의 영역이 없어지는 존재입니
다. 무엇이든 자기의 마음대로 하기보다는 하나님의 뜻에 따라야 하
기 때문에 자기의 특징이나 개성이 없어집니다. 그래서 인간적으로
생각하면 억울하게 느껴지기도 합니다. 사람은 나이가 들수록 자기의
사상과 주장이 분명해야 하고 확고한 생각을 가지고 있어야 존경을 받
을 수 있는데, 목회자는 오히려 정반대의 길을 걸어야 하기 때문입니
다.
　사람들 사이에서 이름만 대면 '그는 이런 사상이 있는 사람' 이라는

것이 금방 떠올라야 하는데 그렇게 될 수 없다면 얼마나 속이 상하겠습니까? 시간이 가고 연륜이 깊어질수록 자기가 없어져야만 진정한 하나님의 사람이 되는 이 길은 일반 사람들이 추구하는 것과는 정반대의 길입니다.

순간순간마다 기어야 할지 뛰어야 할지, 엎드려야 할지 일어나야 할지를 일일이 하나님께 여쭤보고 그 말씀대로 결정을 해야 하니 얼마나 어렵습니까? 자기 성격도 있고 자기가 아는 지식도 있고 자기가 좋아하는 것도 있기 마련인데 그런 것들과는 관계없이 하나님의 지시대로만 살아야 한다는 것이 얼마나 어려운 일이겠습니까?
그러나 목회자들에게 맡겨진 일이 한 평생 하나님께서 원하시는 바를 위해 최선을 다하다가 가는 것이기 때문에 어쩔 수 없습니다. 이것이 하나님이 세우신 하나님 종의 삶인 것입니다.

모세의 물음에 하나님께서는 눈의 아들 여호수아를 데려다가 후계자로 삼으라고 대답하셨습니다.
18-20절을 보십시오.

"여호와께서 모세에게 이르시되 눈의 아들 여호수아는 신에 감동된 자니 너는 데려다가 그에게 안수하고 그를 제사장 엘르아살과 온 회중 앞에 세우고 그들의 목전에서 그에게 위탁하여 네 존귀를 그에게 돌려 이스라엘 자손의 온 회중으로 그에게 복종하게 하라."

하나님의 응답은 즉각적이었습니다. 하나님께서 말씀하시기를 여호수아는 성령이 충만한 사람이라고 하셨습니다. 여호수아는 하나님의 신에 감동되어 이미 여러 번에 걸쳐 자신의 역량을 드러낸 바 있었습니다.

23절에 보면 제사장 엘르아살과 백성들 앞에서 모세가 그의 머리 위에 손을 얹고 자신의 권위를 물려주며 후계자로 삼는 장면이 나옵니다. 이 모든 것이 철저하게 하나님에 의해서 결정되고 진행되었습니다.

후계자를 세우는 일에 있어서 모세는 자기 마음대로 결정하지 않았습니다. 하나님의 지시를 기다려 하나님의 뜻대로, 하나님께서 지시하신 방법으로 예식을 진행했습니다. 그렇게 함으로써 여호수아가 모세처럼 존경을 받을 자격이 있음과 모세의 존귀함을 그대로 이어받게 되었음을 이스라엘 온 회중 앞에서 공표하는 것입니다.

모세가 여호수아를 안수하여 위임한 후에는 앞으로의 둘의 관계를 상징화하기 위해서 제사장 엘르아살 앞에 서야 했습니다. 그것은 엘르아살은 우림을 통해서 하나님의 뜻을 나타내면 여호수아는 하나님의 말씀에 순종한다는 관계를 나타내기 위함이었습니다(민 27:21).

그래서 모세는 하나님의 지시하심을 따라 이 모든 의식을 거행했던 것입니다.

여호와께서 모세에게 일러 가라사
대 이스라엘 자손에게 명하여 그들
에게 이르라 나의 예물, 나의 식물되
는 화제, 나의 향기로운 것은 너희가
그 정한 시기에 삼가 내게 드릴지니
라 또 그들에게 이르라 너희가 여호
와께 드릴 화제는 이러하니 일년 되
고 흠 없는 수양을 매일 둘씩 상번제
로 드리되

이렇게 예배하라

9장 (민 28:1-29:40)

이렇게 예배하라

저는 성경공부를 할 때나 설교 준비할 때에 나름대로 접근하는 방법이 있습니다. 그 방법은 텍스트를 상세하게 읽고 그 속에 들어있는 보편적인 교훈이나 진리를 찾아내는 것입니다. 보편적 진리란 언제 어디서 누구에게나 통하는 진리를 말합니다. 과거 사실에 대한 기록이지만 현재에도 얼마든지 적용할 수 있는 것이 보편적인 진리입니다.

민수기 28-29장에는 정기적으로 드리는 제사법에 대해 자세히 기록되어 있습니다. 여기에 기록되어 있는 것은 이스라엘 민족의 제사 방식이지만 이것을 통해서도 하나님께서 세우신 보편적인 진리를 발견할 수 있습니다.

출애굽기 29장과 레위기 23장에 나와 있는 내용을 다시 한 번 설명하는 것은 가나안을 정복하는 새 세대에게 반복할 필요가 있다고 느꼈기 때문입니다.

그러나 칠칠절만은 이 장에서 새로이 시행하게 되는 절기입니다.

이스라엘이 드리는 제사에는 매일 드리는 제사가 있고 일주일에 한 번 드리는 제사가 있고, 매달, 매년 드리는 제사가 정해져 있습니다.

하나님께 드리는 제사는 인간이 드리고 싶을 때에 드리는 것이 아닙니다. 사람이 원하든 원하지 않든 하나님께서는 매일, 매주, 매달, 매년 하나님을 생각하면서 제사를 드리도록 절기를 정해 놓으셨습니다.

인간은 죄성이 있기 때문에 알아서 하나님을 섬기라고 한다고 해서 알아서 하나님을 섬길 수 있는 능력이 없습니다. 우리가 다 성인이고 집사고 장로들인데 그 정도면 다 알아서 하도록 맡겨 두어야지 어떻게 매시간마다 정해 놓은 대로 하느냐고 할지도 모릅니다. 그러나 아무리 성인이고 장로라고 하더라도 인간의 마음 가운데 있는 죄악이 완전히 소멸되지는 않기 때문에 일정하게 정해 두지 않으면 제대로 통제가 될 수가 없습니다.

때로는 이런 것이 습관적이고 율법적이라는 생각이 들어서 무의미해져 거부감이 들 수도 있습니다. 그러나 명심할 것이 있습니다. 이러한 제도는 하나님께서 인간의 속성을 다 아시기 때문에 만들어 놓은 것이라는 사실입니다. 이런 제도가 없으면 그나마 하나님을 생각할 시간이 아주 없을 수도 있습니다. 인간의 자유의사에 맡겨 놓으면 아예 이 제도 자체가 없어질 가능성도 있습니다. 인간의 자유의지대로 놓아 두면 자연히 파멸의 길로 가게 되어 있습니다. 세상의 악한 세력이 너무 강하기 때문에 가만 두면 자멸의 길로 갈 수밖에 없는 것입니다.

강제적인 규정으로 해 놓지 않으면 어떻게 해서든지 그 규정을 벗어나려는 죄성을 가진 것이 인간입니다. 인간의 속성이 바로 이런 것입니다.

신학생들도 마찬가지입니다. 학교에서 새벽기도를 의무화했을 때는 꼬박꼬박 참석하던 사람들이 자율에 맡기니까 점점 줄어들더니 나중에는 참석하는 사람들이 거의 없어지게 되었습니다. 의무화해도 올까말까인데 자율화하면 올 리가 없는 것은 당연하다고 보아야 합니다.

인간의 죄성에는 어른과 아이가 다를 바 없습니다. 다른 것이 있다면 오직 성령이 충만한 사람과 그렇지 않은 사람이 있을 뿐입니다.

정기적 제사

매일 드리는 번제물

하나님께서는 먼저 번제물에 대해 말씀하십니다.

1-4절까지만 봅시다.

> "여호와께서 모세에게 일러 가라사대 이스라엘 자손에게 명하여 그들에게 이르라 나의 예물, 나의 식물 되는 화제 나의 향기로운 것은 너희가 그 정한 시기에 삼가 내게 드릴지니라 또 그들에게 이르라 너희가 여호와께 드릴 화제는 이러하니 일 년 되고 흠 없는 수양을 매일 둘씩 상번제로 드리되 한 어린 양은 아침에 드리고 한

어린 양은 해질 때에 드릴 것이요.”

1-8절까지를 보면 하나님께서는 “나”라는 말을 다섯 번이나 반복합니다. 그만큼 하나님 중심이 되어야 한다는 말입니다. 절기는 절대자하나님께서 정하신 것이고 그 주체도 하나님이십니다. 절기 제사의목적 또한 하나님을 기쁘게 하는 것입니다.
모든 예배 활동과 형식의 중심은 하나님이십니다.

그러므로 예배시간에 성가대에서 독창을 하는 사람들은 조심해야합니다. 독창을 하는 사람들은 대개 음악을 전공한 사람이기 때문에자신의 기량을 마음껏 뽐낼 목적으로 노래를 하기 쉽습니다.
그런 찬송에는 하나님이 잘 나타나지 않습니다. 그저 노래하는 성악가의 목소리만이 나타날 뿐입니다. 노래하는 사람은 자신의 목소리에한껏 도취해서 그 소리를 하나님이 기뻐 받으실 것이라는 교만한 마음을 가질 수 있지만 하나님이 보시기에는 그렇지 않을 수도 있습니다.
하나님은 예배하는 사람의 소리를 들으시는 것이 아니라 경외하는 마음에서 진정으로 우러나는 마음을 듣고 보시는 분이기 때문입니다.

제사에 쓰이는 제물은 하나님께서 만족하실 수 있는 것이라야 합니다(창 8:21; 엡 5:2). 그 제물을 태운 향기로 하나님을 기쁘시게 할 수있어야 합니다. 완전히 태워서 하나님께 바친다는 것은 완전한 헌신을 뜻합니다. 그래서 제물로 바치는 것도 인간이 취사선택할 수는 없습니다.
하나님은 절대자이십니다. 인간에게는 선택의 여지가 없습니다. 모든 기준이 절대자이신 하나님께 있습니다. 그래서 하나님의 마음에 합하는 일을 하면 마음에 기쁨이 생기고 그렇지 못하면 마음 가운데에 죄의식이 생기는 것입니다.

죄의식이 생겼을 때에는 그것을 해결하는 두 가지 방법이 있습니다. 첫째는 죄에 해당하는 형벌을 받으면 되고 두 번째는 용서를 받으면 되는 것입니다. 그러면 실제적으로나 심리적으로 해결을 할 수 있게 됩니다.

그런데 죄에 대한 기준이 절대적이 아니라 상대적일 때에는 죄의식이 있어도 해결할 방법이 없습니다. 가슴은 죄의식으로 가득 차 있는데 사회에서는 상관이 없다고 하는 경우가 있습니다. 그런 때는 죄의식으로 견딜 수 없는 상태가 되어도 해결할 방법이 없습니다. 잘못을 했을 때는 벌을 받거나 용서를 받아야만 마음이 가벼워집니다. 죄를 지었는데도 용서받지 못하는 상황이 반복되면 심리적으로 건강한 삶을 살 수가 없게 됩니다.

미국 미주리주의 한 대학교에 자살을 하려는 여학생이 있었습니다. 이 여학생은 성적으로 문란한 생활을 했습니다. 누구든 자러 가자고 하면 거절하지 않는 사람이었습니다. 그런데 시간이 감에 따라 점점 죄의식이 깊어지자 마침내 자살을 생각하게 되었습니다.

그 여학생은 정신과 의사를 찾아갔는데 의사의 처방은 그런 걸 고민하지 말라는 것이었습니다. 다른 사람보다 성적인 욕망이 많다는 것이 문제가 될 수 없다고 하며 자살을 막으려 했습니다.

최대한 자살을 막으면 된다는 것이 의사의 생각이었습니다. 그러나 그것으로는 그 학생의 죄의식이 본질적으로 해결되지 않습니다. 그녀는 시간이 지날수록 점점 죄의 문제에 시달릴 것이기 때문입니다.

이런 이유 때문에 절대자 하나님이 필요합니다. 하나님께서 용서하신다는 것을 믿을 때 오는 기쁨과 자유는 그 어느것과도 비교할 수 없습니다. 마치 하늘을 나를 것 같은 희열이 생깁니다.

제가 미국에 있을 때 양로원에 가서 일 년 정도 예배를 인도한 적이 있었습니다. 그런데 매주 잘 나오던 백인 할머니 한 분이 어느 날부터인가 나오지 않는 것입니다. 그래서 그 할머니를 찾아 이층 방으로 올라갔더니 그분이 저를 애써 외면하더군요.

그분 옆에 다가가서 왜 그러느냐고 물었습니다. 그런데 그분 말씀이 나를 보면 하나님 생각이 나서 못견디겠다는 것입니다. 그러면서 자신의 이야기를 털어 놓았습니다.

할머니는 젊은 시절 남편과 사별하면서, 자녀를 잘 키우겠다고 약속을 했다는 것입니다. 그런데 교육도 안 받은 여자 혼자 힘으로 네 아이들을 키우기가 너무 힘에 겨워 결국은 몸을 팔 수밖에 없었습니다. 그렇게 자란 아이들이 지금은 아주 훌륭한 사람들이 되어 있다고 합니다. 그런데 문제는 설교 시간에 저를 보면 하나님이 생각나고 마음에 찔림이 생겨 견딜 수가 없다는 것이었습니다.

저는 그 이야기를 듣고 "오늘 제가 할머니를 그 죄사슬에서 벗어나게 해 줄 기쁜 소식을 말해 주겠습니다"라고 했습니다. 그리고 "예수님께서 바로 할머니와 같은 사람을 죄에서 해방시켜 주기 위해서 오셨습니다"라는 복음의 말씀을 전했습니다. "할머니께서 십자가의 보혈의 피를 받아들인다면 지금 당장 그 죄에서 용서받을 수 있습니다", "그렇게 예수님을 영접하기만 한다면 단번에 지옥에서 천국으로 옮겨집니다"라고 말해 주었습니다. 그러고 나서 그분이 예수님을 영접하는 기도를 하자마자 "할머니의 모든 죄는 지금 사함을 받았습니다"라고 확신에 찬 목소리로 말했습니다.

그랬더니 그 할머니가 갑자기 침대 위로 올라가서 펄쩍펄쩍 뛰면서 "날아갈 것 같다. 이제 날아갈 것 같다"라고 기쁨으로 외치는 것이 아닙니까. 그제서야 그분은 죄에서 벗어나게 된 것입니다. 수십 년간 맺혀 있던 죄가 한꺼번에 눈 녹듯이 녹아버린 것입니다. 침대에서 내려온 그분은 저의 손을 꼭 잡고 죽으면 꼭 장례식을 집례해 달라고 간절히 부탁을 했습니다.

그런데 그 다음 주에도 그분은 예배에 참석하지 않았습니다. 그래서 그분 방으로 찾아갔습니다. 그런데 그분이 저를 만나고 나서 삼일 후에 돌아가셨다는 것입니다. 그분은 죽기 직전에 저를 만나서 주님을 영접했던 것입니다. 저에게 장례 집례를 부탁하라는 유언도 하기 전에 돌아가셔서서 아들들이 저에게 알리지 못했던 것입니다.

참으로 다행스러운 일이었습니다. 그분은 절대적 기준에 의한 용서를 받고 안식을 누리는 가운데 죽음을 맞았기 때문입니다. 그 때의 용서함이 없었으면 그분은 무거운 죄책감에 휩싸여 고통스럽게 죽음을 맞이해야 했고 영생을 얻지도 못했을 것입니다. 이처럼 사람은 자신이 안고 있는, 의식하고 있는 죄를 용서받지 못하면 늘 심리적인 불안과 영적인 불안 상태에 놓여 있게 됩니다.

안식일 번제물

9-10절까지는 안식일에 드리는 번제물에 관한 규정입니다.

> "안식일에는 일 년 되고 흠 없는 수양 둘과 고운 가루 에바 십분지 이에 기름 섞은 소제와 그 전제를 드릴 것이니 이는 매 안식일의 번제라 상번제와 그 전제 외에니라."

안식일에는 매일 드리는 번제물에 안식일의 제물을 더해서 흠 없는 어린 숫양을 아침 저녁으로 드렸습니다. 안식일은 다른 날과 구별되는 특별한 날이기 때문에 드리는 예물도 자연히 다를 수밖에 없었습니다.

초하루 번제물

초하루에 드리는 번제물은 매일 제물에 안식일 제물을 더해서 송아지 둘에 숫양 한 마리, 어린 숫양 등을 드렸습니다. 각짐승에는 적절한 소제와 번제가 따라야 했습니다.

유월절 제사

유월절에 대해서는 16-25절에, 칠칠절에 대해서는 26-31절에 나와 있습니다. 여기서 칠칠절은 오순절을 말합니다. 유월절에 대한 규정은 예전부터 있었지만 여기서 다시 상세하게 설명하고 있습니다.

24절을 보십시오.

> "너희는 이 순서대로 칠 일 동안 매일 여호와께 향기로운 화제의

식물을 드리되 상번제와 그 전제 외에 드릴 것이며."

정월 십사 일에 유월절 양은 죽임을 당했고 십오 일부터 칠 일 동안 무교절이 계속되었습니다. 칠 일의 첫날은 안식일이었으며 그 날과 나머지 육 일간은 안식일 제사 외에 월삭과 같은 제사를 드려야 했습니다. 상번제 외에 이런 제사를 일주일 내내 드렸고 마지막 칠 일째 역시 안식일로 간주하여 첫날과 같은 제사를 드려야 했습니다.

이들 제사의 주기는 칠 일이란 개념을 바탕으로 합니다. 이것은 모든 주기가 안식일 개념과 관련되어 있기 때문입니다. 모든 제사에는 하나님의 절기에 그 정하신 법에 따라, 하나님을 위하여 하나님께 우리를 온전히 바치는 헌신이 필요합니다.

신년 제사

유대 사람들의 달력은 일곱째 달을 새해의 시작으로 합니다. 이 첫 달의 제사에 대한 특별한 규정과 그런 새해, 새 달을 어떻게 시작할 것인가에 대해서 쓴 것이 바로 29장입니다.

나팔절 제사

신년 첫날은 성회로 모이고 아무 노동을 하지 않는 휴일로 삼았습니다. 이 날은 나팔을 불어서 그 기쁨을 표현했습니다(1절).

나팔을 불어 그 경쾌하고 강한 소리로 새해가 왔음을 선포하는 것입니다.

  "칠월에 이르러는 그 달 초일일에 성회로 모이고 아무 노동도 하지
  말라 이는 너희가 나팔을 불 날이니라"(민 29:1).

이 나팔절에는 몇 가지 정해진 제물을 바쳐야 했습니다. 우선 번제
물을 드렸습니다. 번제는 짐승을 완전히 소각해서 제물로 드림으로써
하나님 앞에 완전한 헌신을 약속하는 것입니다(2절).

  "너희는 수송아지 하나와 수양 하나와 일 년 되고 흠 없는 수양 일
  곱을 여호와께 향기로운 번제로 드릴 것이며."

나팔절에는 또 곡식을 제물로 드렸습니다(3절).

  "그 소제로는 고운 가루에 기름을 섞어서 쓰되 수송아지에는 에바
  십분지 삼이요 수양에는 에바 십분지 이요."

곡식을 태워서 그 향기로운 냄새가 하나님 앞에 상달되게 합니다.
우리 자신의 삶 역시 하나님 앞에 아주 향기롭게 바치겠다는 결의를
보이는 것입니다.
또 나팔절에는 속죄 제물을 드려 죄를 대속했습니다(5절).

  "또 너희를 속하기 위하여 수염소 하나로 속죄제를 드리되"

하나님 앞에 자신의 죄를 대속하는 속죄 제물을 드렸습니다. 제물을 드림으로써 일 년 동안 저지른 모든 죄에 대한 용서를 구하는 것입니다. 이 속죄에는 자신이 범한 하나하나의 죄에 대한 속죄와, 자신이 가지고 있는 근본적인 죄성에 대해 속죄한다는 두 가지 의미가 담겨져 있습니다.

> "월삭의 번제와 그 소제와 상번제와 그 소제와 그 전제 외에 그 규례를 따라 향기로운 화제로 여호와께 드릴 것이니라"(민 29:6).

그 다음 마지막으로는 음료 제물을 드렸습니다. 이것은 물을 쏟아 붓듯이 자기 자신을 쏟아 붓겠다는 것을 상징합니다.

유대 사람들은 어떤 면에서 이런 제사를 습관적으로 드렸지만 그 습관과 의식 깊은 곳에는 상당한 상징과 의미가 내포되어 있습니다.

우리 나라는 영적인 것만을 강조하다가 의미있고 상징적인 예배 형식을 제대로 발전시키지 못했습니다. 유대 사람들의 예배 형식은 많은 상징이 내포되어 있습니다. 바로 새로운 삶과 죄의 대속과 자기 자신을 바치는 문제를 철저하게 상징화한 것입니다. 지금 우리에게는 이런 점이 부족한 것 같습니다.

제가 목회하는 할렐루야교회 같은 경우에는 송구영신 예배 때에 꼭 한 가지 의식을 치릅니다. 바로 사죄에 대한 선언입니다.

우리 나라에는 벽난로가 없어서 시행에 어려운 점이 있는데 미국 교회에서는 송구영신 예배 때에 지난 한 해 동안 지은 모든 죄를 백지에 써서 벽난로에 넣고 태우는 예식을 합니다. 자신이 지은 죄가 순식간에 타서 사라지는 것을 상징적으로 나타내는 것입니다.

우리 나라에서는 그렇게 할 수는 없지만 송구영신 예배를 드리면서 요한일서 1:9에 의거해 사죄의 선언을 함으로써 그 동안 지은 죄를 사죄하고 도말합니다.

자신의 죄를 사함받았다는 말을 들은 성도들은 해방감과 함께 충만한 기쁨을 느끼게 됩니다. 하나님의 종에게서 하나님을 대신해서 하나님의 말씀에 근거하여 자신의 죄를 공식적으로 사한다는 선포를 들었을 때의 희열과 해방감은 그 어느 것에서도 맛볼 수 없는 기쁨이 됩니다.

5-6절에서도 속죄제를 드림으로써 자신의 죄가 사하여진다는 것을 상징적으로 보여줍니다.

속죄일 제사

칠월 십일인 이 속죄일은 안식일로서 월삭에 관한 모든 요소는 제외하고 신년 절기와 같은 제사를 드려야 했습니다.

7절을 보십시오.

> **"칠 월 십 일에는 너희가 성회로 모일 것이요 마음을 괴롭게 하고 아무 노동도 하지 말 것이며."**

속죄 혹은 대속이라는 단어는 히브리어로 '카베' 입니다. 영어의 '카바' 와 발음이 흡사해서 비슷한 뜻으로 연상하기가 쉽습니다.

십일이 바로 성회에 모여서 제사 드리는 속죄일이었습니다. 이 날도 일상적인 일은 하지 않았고 그 대신 고행을 행하기도 했습니다. 여기서 고행이라고 하는 것은 '마음을 괴롭게 함'을 뜻합니다. 그것은 금식을 하는 것과 같이 자기 자신에게 고통을 주면서 제사에 참예하는 것입니다. 절기가 축제일임에도 불구하고 그렇게 고행하는 것은 과거에 지은 자신의 죄를 속죄받는 날이기 때문입니다.

그리고 나팔절 제사 때와 같이 번제와 속죄제와 곡식제물과 음료제물을 하나님 앞에 드렸습니다.

장막절 제사

유대력 일곱째달 15일에 성회로 모여 7일간 제사를 드렸습니다. 이 때도 일하지 않고 휴일로 삼았습니다. 장막절 첫날은 13마리의 수송아지를 드리고 그 다음 날부터 한 마리씩 줄여서 드리다가 7일째에는 7마리를 드렸습니다. 소를 드리는 방법이 참 특이합니다.

장막절 8일째도 성회로 모였고 이 날 역시 휴일이었습니다.

앞에서 설명한 제사 방법에서 알 수 있는 것은 유대력 7월은 새해 첫 달로서 제사 중에 휴식을 누리는 즐거운 때라는 것입니다. 이스라엘 백성에게 하나님은 새해 첫 한 달 동안 네 번의 휴식의 날을 줍니다. 하지만 이 시간은 그저 쉬라고 주는 시간이 아닙니다.

우리 그리스도인들은 믿음으로 살기 때문에 자신의 노력에 얽매이지 아니하고 주님 안에서 쉼을 얻을 때에 영적인 기쁨을 누릴 수 있습니다. 이 때가 바로 참된 휴식과 헌신의 시간이 되는 것입니다.

하나님께 제사를 드릴 때는 완전하게 형식을 갖추고 의미를 살려서 기쁜 마음으로 제사를 드려야 합니다. 그 제사는 곧 하나님께 자신을 헌신하겠다는 의미입니다. 성회로 모여서 자신들의 죄를 기억하고 대속제물을 드려서 사죄함을 받고, 새로 오는 한 해를 계획하는 의미 있고 중요한 시간인 것입니다.

새해의 첫 달은 이렇게 헌신으로 드려야 하는 중요한 시간입니다.

지금은 우리들이 대속제물로 짐승을 죽이거나 곡식을 태워서 연기를 피우지는 않지만, 성경을 통해서 발견할 수 있는 제사의 원리는 아주 간단합니다. 영원하고 영적인 보편진리를 찾아내면 됩니다. 여기서 보여 주는 제사는 유대 민족 특유의 제사였습니다. 그러나 그 제사들을 잘 들여다보면 그 형식 속에는 영원한 진리에 대한 모형이 들어 있습니다.

우리가 성경을 이천 년 전이나 천사백 년 전에 일어났던 사건을 기록한 것으로만 보아서는 안 됩니다. 그 사건들은 몇 천 년 전에 다른 시간, 다른 장소, 다른 사람들에 의해서 일어났지만 그 당시의 일회적 사건으로 그치는 것이 아니라는 걸 알아야 합니다. 지금의 우리들을 그 사건 속의 사람으로 대체시켜 놓으면 그 때와 똑같은 일이 지금도 계속되고 있다는 것을 알 수 있게 될 것입니다.

성경이 우리에게 모든 해답과 길을 가르쳐 줍니다. 거기에 성경의 위대함이 있으며 성경이 시간에 상관없이 진리를 담은 책이 될 수 있는 것입니다.

우리도 한 해를 새로 맞이할 때마다 늘 새로운 마음으로 새로운 삶을 사는 사람이 되어야겠습니다. 과거의 모든 죄는 깨끗이 사함을 받고 영적으로도 새로운 사람을 입어야 하겠습니다.

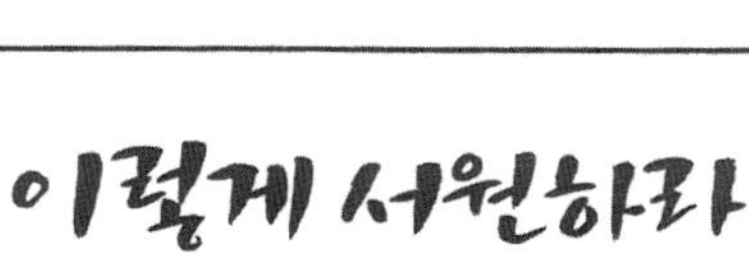

10장 (민 30:1-16)

모세가 이스라엘 자손 지파의 두령들에게 일러 가로되 여호와의 명령이 이러하니라 사람이 여호와께 서원하였거나 마음을 제어하기로 서약하였거든 파약하지 말고 그 입에서 나온 대로 다 행할 것이니라

이렇게 서원하라

여자의 서원 규정

여자들의 서원에 대한 법이 바로 민수기 30장에 있습니다. 여자들의 서원은 그 여자의 신분에 따라 네 종류로 나뉘어집니다. 그리고 이 여자들의 서원 결정은 자신이나 제사장이 하는 것이 아니라 아버지나 남편이 하도록 되어 있었습니다.

이런 것을 보면 하나님께서 가정의 질서와 가정 중심적인 신앙을 중요하게 여기시며, 그것에 대해 말씀하고 계시다는 것을 알 수 있습니다. 서원의 종류 중에 '마음을 괴롭게 하는 서원'은 오늘날의 금식기도처럼 자신을 절제하는 일종의 고행 같은 서원을 말합니다.

자신에 대한 서원의 내용은 사람에 따라 여러 가지가 있을 수 있습니다. 어떤 사람이 일정 기간 동안 초콜릿을 안 먹겠다고 서원하였다고 가정해 봅시다. 이런 서원은 초콜릿을 먹지 않는 사람에게는 별 의미가 없습니다. 그렇지만 초콜릿을 너무 좋아해서 늘 입에 달고 사는 사람에게는 아주 힘든 서원이 되는 것입니다.

우리 자신의 만족이나 쾌락을 위해서 하던 것들을 하지 않겠다고 하는 것이 무엇보다 어려운 서원 중 하나가 될 수 있습니다. 어떤 사람에게는 아침에 성경을 보기 전에 신문을 보는 것이 될 수도 있고, 좋아하는 텔레비전을 보지 않는 것이 될 수도 있습니다. 아침에 성경보다 신문을 먼저 보게 되면 나쁜 기분으로 하루를 시작하게 됩니다. 그런데도 성경보다 신문을 먼저 집어들게 되는 것은 세상 일에 대한 궁금증을 참지 못하거나 굳어진 습관을 고치지 못하기 때문입니다.

이런 오랜 습관은 마음에 소원을 두고 고치지 않는 한 대부분 바뀌지 않습니다.

서원의 종류가 이렇게 많습니다. 여자들의 경우는 자신이 서원을 한다고 해서 끝나는 것이 아닙니다. 그 서원을 최종적으로 결정하는 사람이 따로 있었습니다.

그러나 자기가 한 서원은 반드시 지켜야 했습니다.

"사람이 여호와께 서원하였거나 마음을 제어하기로 서약하였거든 파약하지 말고 그 입에서 나온 대로 다 행할 것이니라"(민 30:2).

이 말씀에서 보면 "사람이"라는 말로 시작되고 있는데 이것은 인간 전체를 가리키는 말로 해석할 수도 있고 남자를 가리키는 말로 해석할 수도 있습니다.

어린 딸의 경우

여자의 서원 규정 중 제일 먼저 나오는 경우는 어린 딸의 서원에 대해서입니다. 이 때는 아버지가 서원을 듣고도 가만히 있어야만 서원이 성립되었습니다.

3-4절을 보십시오.

> "또 여자가 만일 어려서 그 아비 집에 있을 때에 여호와께 서원한 일이나 스스로 제어하려 한 일이 있다 하자 그 아비가 그의 서원이나 그 마음을 제어하려는 서약을 듣고도 그에게 아무 말이 없으면 그 모든 서원을 행할 것이요 그 마음을 제어하려는 서약을 지킬 것이니라."

그러나 어린 딸의 서원을 들은 아버지가 그것을 허락하지 않으면 무효가 되었습니다. 미성년인 딸의 서원에 대해서는 보호자인 아버지의 판단이 중요했습니다.

> "그러나 아비가 그것을 듣는 날에 허락지 아니하면 그 서원과 마음을 제어하려던 서약이 이루지 못할 것이니 그 아비가 허락지 아니하였은즉 여호와께서 사하시리라"(민 30:5).

아들의 경우는 자신이 한 서원을 지키기만 하면 되었지만 어린 여자들은 최소한 아버지의 묵인이라도 있어야 했습니다. 한 번 서원한 것은 마음을 제어하고 반드시 지켜야 하는 것이 일반적 원리입니다. 이것은 사람이 약속을 함부로 해서는 안 된다는 것을 경고합니다.

자신의 말 한 마디가 얼마나 중요한가를 알아야 서원을 할 자격이 있는 것입니다.

다른 단체에서도 마찬가지이지만 교회에서도 말썽을 일으키는 사람들은 대개 말이 많고 말도 함부로 합니다. 아무런 생각도 없이 말부터 앞세우면 꼭 문제가 생기기 마련입니다. 이런 사람이 서원을 하게 되면 하나님께 큰 죄를 범하게 될 위험이 있습니다.

어린 딸이 자신에게 고통이 되거나 괴로움이 되는 서원을 할 때에는 반드시 아버지의 허락이 있어야 했습니다. 아버지와 상의하지 않은 서원은 무효였습니다. 딸의 서원을 듣고도 아무 말 하지 않으면 아버지가 허락한 것으로 인정해 주었습니다. 그러면 그 딸은 아무리 어리다 하더라도 하나님 앞에 서원한 것을 반드시 행동에 옮겨야 했습니다.

아버지가 일단 반대 의사를 표현했으면 아무리 자기가 서원을 했다 해도 아무런 효력이 없었습니다. 그래서 딸보다는 아버지의 판단이 더 중요한 관건이 되었습니다.

가끔 가정에서 아버지의 허락이 없이 어머니와 자식들만 알고서 하는 일들이 있습니다. 아버지가 알면 큰일이 나기 때문에 아버지 모르게 비밀리에 하는 일이 대부분인데, 그런 일은 성경에 비추어 보면 절대로 바람직하지 않습니다.

이러한 것은 하나님을 믿는 가정에서는 절대로 허용할 수 없습니다. 가정의 가장인 아버지의 책임은 아주 막중합니다. 가정의 모든 일을 책임져야 한다고 해도 과언이 아닙니다. 그런 아버지 몰래 다른 식구

들끼리만 어떤 일을 한다는 것은 결코 옳은 일이라고 할 수 없습니다.

현대의 가정에서는 아버지가 뒷전에 있는 경우가 많은데 이것은 아주 잘못된 것입니다. 그리고 남편이나 아내가 모르는 비자금을 가지고 있어도 위험합니다. 물론 나쁜 일에 사용하려고 하지는 않겠지만 배우자가 모르는 돈이 있다는 것 자체가 바람직하지 못합니다.

이것이 하나님께서 예수 믿는 가정에 주신 중요한 원리이고 책임입니다.

서원을 하는 것도 마찬가지입니다. 예를 들어서 어린 딸이 선교사가 되겠다는 서원을 했다고 하더라도, 일단은 아버지와 상의를 하고 허락을 얻어야 합니다. 아버지는 그 딸에 대해서 누구보다 잘 알고 있기 때문에 훨씬 나은 결정을 할 수 있도록 도울 수 있습니다. 아버지가 안 된다고 반대하시면 기독교 가정에서는 일단 안 되는 것으로 생각해야 합니다.

약혼녀에 관한 서원 규정

약혼한 여자의 서원을 약혼자가 듣고 가만 있으면 서원이 성립되었습니다. 장래 남편이 될 약혼자가 여자의 서원을 듣고 최소한 묵인해 주어야만 성립될 수 있었던 것입니다.

6-8절을 보십시오.

"또 혹시 남편을 맞을 때에 서원이나 마음을 제어하려는 서약을 경솔히 그 입에서 발하였다 하자 그 남편이 그것을 듣고 그 듣는 날에 그에게 아무 말이 없으면 그 서원을 행할 것이요 그 마음을 제어하려는 서약을 지킬 것이니라 그러나 그 남편이 그것을 듣는 날에 허락지 아니하면 그 서원과 마음을 제어하려고 경솔히 입술에서 발한 서약이 무효될 것이니 여호와께서 그 여자를 사하시리라."

만약 약혼녀의 서원에 대해 남자가 반대하면 서원은 무효가 되고 서원에 대한 책임을 묻지 않았습니다. 그러나 약혼자가 말리거나 반대하지 않으면 그 약혼한 여자의 서원은 유효합니다. 여자는 일단 약혼을 하면 결정권이 아버지에게서 약혼자에게로 넘어가게 되어 있었던 것입니다.

그러나 이러한 법을 오늘날 교제 중인 남녀 사이에 적용시켜서는 안 됩니다. 일단 교제 중인 두 사람은 대등한 관계로 서로를 대해야 합니다. 단지 데이트를 하고 있을 뿐인데도 남자가 자신에게 일방적으로 순종을 요구한다면 그 사람은 아주 잘못된 사고방식의 소유자입니다.
약혼도 하기 전에 자기가 남편이 된 것처럼 여자에게 요구하는 남자나 마치 이미 그 사람의 아내가 된 것처럼 순종하는 여자를 교회 안에서 종종 보게 되는데 이런 관계는 건강하지 못합니다.

저는 세 명의 딸을 기르고 있기 때문에 이런 문제에 아주 관심이 많고 딸들에게 올바른 관계를 가르쳐 주어야겠다고 늘 생각하고 있습니다. 결혼 전 남녀 교제는 누가 누구에게 종속되지 않는 대등하고 평등한 상태에서 이루어져야 합니다. 그런 가운데서 그 사람의 참 모습을 볼 수 있고 결혼 후에도 서로를 존중하는 관계가 지속될 수 있는 것입니다.

과부나 이혼녀의 경우

9절은 과부나 이혼녀에 관한 규정입니다. 이들은 누구에게도 속해 있지 않기 때문에 자기가 서원을 정하고 그 정한 대로 지키기만 하면 되었습니다. 서약한 그대로 성립이 되는 것입니다. 이혼을 한 여자나 과부는 속해 있는 남자가 없기 때문에 남자들처럼 독립된 사람으로 취급을 받았던 것입니다.

> "과부나 이혼당한 여자의 서원이나 무릇 그 마음을 제어하려는 서약은 지킬 것이니라"(민 30:9).

남편이 있는 아내의 경우

남편 있는 아내의 경우는 남편이 인정하면 그 서원은 성립되었습니다.

10-11절을 보십시오.

> "부녀가 혹시 그 남편의 집에 있어 서원을 하였다든지 마음을 제어하려고 서약을 하였다 하자 그 남편이 그것을 듣고도 아무 말이 없고 금함이 없으면 그 서원은 무릇 행할 것이요 그 마음을 제어하려는 서약은 무릇 지킬 것이니라."

그러나 남편은 아내의 서원을 파기할 수도 있었습니다. 여자는 일단 아버지를 떠나서 남편에게 가게 되면 그 때부터는 남편에게 순종합니

다. 그래서 남편은 아내의 어떤 서원도 파기할 수가 있었습니다. 그러
나 부부사이를 가르는 서원은 허락되지 않습니다.
　12절을 보십시오.

> "그러나 그 남편이 그것을 듣는 날에 무효케 하면 그 서원과 마음
> 을 제어하려던 일에 대하여 입술에서 낸 것을 무엇이든지 이루지
> 못하나니 그 남편이 그것을 무효케 하였은즉 여호와께서 그 부녀
> 를 사하시느니라."

　만일 남편이 듣고도 하루나 며칠 동안 가만히 있으면 그 서원은 성
립된 것이었으며, 며칠이 지난 다음에 파기했을 경우에는 서원에 대
한 책임을 남편이 감당해야 했습니다. 한 가정의 가장으로서 모든 책
임을 져야 하기 때문입니다. 아내의 행동까지도 남편에게 책임을 묻
는 것이 하나님의 방법이었습니다.

서원 파기의 기한
　아내의 서원을 막으려면 미리 막아야지 가만히 두었다가 나중에서
야 파기를 한다는 것은 남편으로서의 직무유기에 해당합니다. 가장으
로서 남편의 책임이 그렇게 막중한 것입니다.
　15절을 보십시오.

> "그러나 그 남편이 들은 지 얼마 후에 그것을 무효케 하면 그가 아
> 내의 죄를 담당할 것이니라."

얼마 전에 한 여성도와 상담을 한 적이 있었습니다. 이야기를 들어 보니까 그분에게는 남편을 가정의 가장으로 그리고 결정권자로 인정하는 마음이 부족했습니다. 그 가정은 맞벌이를 했는데 그러다 보니 아이들에게 문제가 생겼습니다. 그래서 친정 어머니와 언니와 상의를 했더니 즉시 직장을 그만두라고 하더랍니다. 그러면서 어머니의 말씀이 직장을 그만두게 해 달라고 계속 기도해 왔다는 것입니다. 그 말을 들은 부인은 그 길로 남편과 상의도 하지 않고 직장을 그만두고 말았습니다.

그런데 그분의 남편이 직장에서 받는 월급이 넉넉한 것이 아니어서 맞벌이해야 하는 형편이었습니다. 아내가 직장을 그만둔 것을 안 남편은 남편대로 화가 나서 집에 들어오지 않았고 마침내는 가정이 흔들리게 되었습니다.

그래서 아내는 다시 일을 나가는 조건으로 남편에게 아이를 책임지라고 제안했습니다. 엄마가 집에 있는 동안 아이들의 문제가 해결이 되었기 때문에 아이들을 맡겠다고 약속해 주지 않으면 다시 나가서 일할 수 없다고 말했던 것입니다.

저는 그분에게 두 가지 문제가 있다고 생각합니다. 일단 결혼을 한 부인이 친정 어머니가 직장을 그만두라고 했다고 해서 남편과는 상의도 하지 않고 직장을 그만둔다는 것이 비성경적인 것입니다.

예수 믿는 가정은 남자가 여자의 머리가 되는 가정입니다. 남편은 아내의 머리요 남편의 머리는 그리스도요 그리스도의 머리는 하나님이십니다. 이것이 바로 하나님께서 만드신 질서입니다.

가정의 일은 무슨 일이든지 서로 의논을 해야 합니다. 대부분의 문제는 남편과 아무런 의논도 하지 않는 데서 일어납니다. 이분에겐 아직도 친정 어머니가 자기 가정의 가장이었던 것입니다.

"남자와 여자가 그 부모를 떠나서 한몸을 이루는 것"이 기독교 가정의 법칙인데 이분은 그것을 무시하고 질서를 피괴하고 있는 것입니다. 가정을 이룬 사람이 가장의 권위를 무시하면 절대로 평화롭고 원만한 가정을 만들 수 없습니다. 아무리 어머니가 권한다 해도 결혼을 했으면 일단은 남편과 상의를 한 후 결정을 내려야 했습니다. 처음부터 남편과 아내의 질서가 잘 잡혀 있어야 그 가정에서 자라는 아이들도 아버지의 권위를 인정하고 그 질서를 그대로 배우고 실천하게 되는 것입니다.

두 번째 문제는 남편이 아이를 돌보아야 다시 직장에 나가겠다는 조건을 내건 것입니다. 이것은 남편에 대한 도전입니다. 이렇게 혼자서 모든 일을 결정하거나 어떤 일을 할 때 조건을 단다면 원만한 가정을 이루기가 어렵습니다.

그래서 저는 그분에게 가정의 문제를 해결하기 위해서는 6개월 동안 가장의 권위를 세워주는 일을 하라고 말해 주었습니다.

지금까지는 그렇게 하지 못했다 하더라도 이제껏 살아온 것처럼 어렵고 고생스럽게 살지 않으려면 우선 남편의 권위를 인정하고 복종하는 일부터 해야 합니다. 단기간 혹독한 훈련을 해서라도 앞으로의 삶을 잘 사는 것이 좋지, 그것이 하기 싫어서 고집을 부리다가는 평생 그렇게 어렵게 살 수밖에 없습니다. 그래야만 가정에 질서와 평화가 생기고, 그 남편도 직장에 나가서 당당하게 일할 수 있게 됩니다. 이것이 모든 남편과 가정의 문제를 해결하는 근본이 됩니다.

이제까지 살펴본 것처럼 하나님 앞에서 사는 사람들이 함부로 서원하는 것은 위험한 일입니다. 서원을 하기 전에 신중하게 결정해야 하고 서원을 했을 경우에는 반드시 지켜야 합니다. 여자들이 서원을 하는 경우에는 아버지나 남편의 동의가 없으면 서원으로 성립이 되지 않았습니다. 여자가 하는 서원에 대한 마지막 결정권은 아내인 경우에는 남편에게, 미혼인 경우에는 아버지에게 있었습니다.

이것은 한편으로 가정에 대한 남자의 막중한 책임을 말해 줌과 동시에 가정의 일치를 강조하는 원리입니다.

이러한 남자의 책임과 권한은 어릴 때부터 가정과 교회에서 철저하게 가르쳐야 합니다. 그래야만 자신에게 맡겨진 가정을 성경적으로 올바르게 이끌어갈 수 있는 능력을 제대로 기를 수 있게 되고, 하나님을 바로 섬기는 가정을 만들어 갈 수 있습니다.

죄는 반드시 심판받는다

여호와께서 모세에게 일러 가라사
대 이스라엘 자손의 원수를 미디안
에게 갚으라 그 후에 네가 네 조상
에게로 돌아가리라 모세가 백성에
게 일러 가로되 너희 중에서 사람을
택하여 싸움에 나갈 준비를 시키고
미디안을 치러 보내어서 여호와의
원수를 미디안에게 갚되 이스라엘
모든 지파에 대하여 각 지파에서 일
천 인씩을 싸움에 보낼지니라 하매
매지파에서 일천 인씩 이스라엘 천
만 인 중에서 일만 이천 인을 택하
여 무장을 시킨지라

죄는 반드시 심판받는다

31장을 간단하게 요약하면 죄라는 것이 얼마나 무서운가에 대한 예증이라고 할 수 있습니다. 그리고 죄는 반드시 그 대가를 치르게 되어 있다는 것을 극명하게 보여줍니다.

하나님의 백성을 유혹하여 타락하게 만든 결과 수많은 사람들이 죽게 되는 바알브올의 사건이 31장의 주요 내용입니다. 이때 미디안이 받은 형벌은 하나님의 의로운 형벌이었습니다.

미디안의 죄는 크게 두 가지였습니다. 하나는 우상을 숭배하는 영적 간음죄와 또 하나는 육적 간음죄였습니다.

영적인 간음과 육적인 간음은 아주 밀접한 관계가 있습니다. 대개 영적으로 타락한 사람들이 육적으로도 문제를 일으킵니다. 이 두 가지는 밀접하게 붙어 있어서 하나가 흐려지면 다른 하나도 자연스럽게 흐려지게 되어 있는 것입니다.

날마다 주님과의 관계를 개선하지 않으면 우리는 타락의 길로 접어들게 됩니다. **인간의 본능 속에는 자멸의 경향이 있습니다.** 날마다 우리를 주 앞에 바로 세워도 의롭게 살기가 힘든데 그렇지 않고서는 멸망의 길로 달려갈 수밖에 없습니다.

미디안의 멸망

미디안을 멸망시키는 일은 모세에게 주어진 마지막 공식 임무였습니다. 2-5절에 보면 하나님께서 모세에게 그것을 미리 알려 주시는 말씀이 나옵니다.

> "이스라엘 자손의 원수를 미디안에게 갚으라 그 후에 네가 네 조상에게로 돌아가리라 모세가 백성에게 일러 가로되 너희 중에서 사람을 택하여 싸움에 나갈 준비를 시키고 미디안을 치러 보내어서 여호와의 원수를 미디안에게 갚되 이스라엘 모든 지파에 대하여 각 지파에서 일천 인씩을 싸움에 보낼지니라 하매 매지파에서 일천 인씩 이스라엘 천만 인 중에서 일만 이천 인을 택하여 무장을 시킨지라."

하나님께서는 원수를 갚으라고 하셨지만, 이 전쟁은 악에 대한 의로운 심판이었습니다. 여호와께서는 이미 25:17에서 "너희는 미디안을 쳐서 멸망시키라"는 말씀을 하셨습니다.

그런데 그 명령을 모세가 죽기 전에 다시 내리시는 것입니다. 미디안은 이스라엘을 범죄하도록 유혹해 24,000명의 하나님의 백성이 생명을 잃게 만든 민족이었습니다. 말로는 이스라엘 백성을 저주할 수 없다는 것을 안 발람의 계략으로 축제에 초대된 이스라엘 백성들의 감정을 흥분시킨 다음 영적으로 그리고 육적으로 간음하게 했던 사건을 우리는 기억해야 할 것입니다.

3-6절을 보면 병력을 동원하는 것이 나오는데, 지파마다 천 명씩 12,000명의 군인을 보내서 이스라엘 각 지파의 협동심을 보여 주었습니다. 각 지파의 수가 다름에도 불구하고 각각 같은 수의 군사를 동원해서 미디안을 치는 것을 눈여겨 보아야 합니다.

이스라엘 각 지파가 큰 전쟁에 임할 때 같은 수의 군사를 동원하여 전력투구하는 모습을 보여준 좋은 표본이라고 할 수 있습니다.

하나님께서 금하신 악한 죄를 지은 사람을 이스라엘 사람들 모두가 돌로 쳐서 죽였던 것처럼, 죄를 징계하는 데 전 지파가 다 함께 참여하게 함으로써 하나님께 대한 도전이 얼마나 심각한 죄인가를 깨닫게 해 주는 계기가 되었습니다.

그 전쟁에는 대제사장 대신 그의 아들 비느하스를 전쟁에 동행하게 했습니다.

6절을 보십시오.

"모세가 매지파에 일천 인씩 싸움에 보내되 제사장 엘르아살의 아들 비느하스에게 성소의 기구와 신호 나팔을 들려서 그들과 함께 싸움에 보내매."

비느하스는 하나님의 마음을 알고 이스라엘의 멸망을 막은 공로자였습니다. 아무도 엄두를 못내고 있을 때, 범죄하는 이스라엘 사람의 처벌에 과감히 나설 수 있었던 것은 그가 하나님이 어떤 것을 원하시는지 직감적으로 알았던 사람이었기 때문입니다.

하나님을 섬기는 것도 그렇지만 위기 상황에 처했을 때 거의 본능적으로 하나님께 도움을 청하고 부르짖도록 훈련이 되어 있어야 합니다. 어떤 갑작스러운 상황을 당했을 때 하나님을 부를 수 있는 것은 그만큼 하나님과 가까이 있다는 것을 뜻합니다.

창세기 18장에 하나님께서는 아브라함이 자기 자녀와 후손을 철저하게 말씀으로 가르쳐서 하나님의 말씀에 순종하는 사람으로 만들어 놓으리란 것을 알고 있다고 말씀하고 계십니다.

이렇게 하나님께 인정을 받는 사람들을 보면서 세상에 이름이 나지 않더라도, 다른 사람들이 알아주지는 못하더라도 하나님께 인정받는 사람이 되는 것이 얼마나 복된 일인가 생각하게 됩니다.

"이 사람이야말로 언제 어떤 일을 맡겨 놓아도 마음을 놓을 수 있는 사람이다"라고 하나님께서 인정해 주신다면 그 외에 더 바랄 것이 무엇이겠습니까?

끊임없이 훈련하고 노력하지 않으면 그런 사람이 될 수 없습니다. 아무 노력 없이 저절로 되는 일은 없습니다. 이는 또한 하나님의 법칙에 어긋나는 일이기 때문입니다.

미디안의 죄의 대가는 다섯 왕의 죽음과 처녀 32,000명을 제외한 남자들의 전멸이었습니다(7-8, 35; 신 20:16-18). 죄의 대가가 이렇게 엄청났습니다. 죄의 원인을 제공하고 계략을 꾸몄던 장본인 발람도 죽음을 맞게 됩니다. 그리고 미디안에서 승리한 이스라엘 백성들은 전리품과 미디안의 부녀들과 아이들을 데리고 자기 진영으로 돌아왔습니다.

7-11절을 보십시오.

> "그들이 여호와께서 모세에게 명하신 대로 미디안을 쳐서 그 남자를 다 죽였고 그 죽인 자 외에 미디안의 다섯 왕을 죽였으니 미디안의 왕들은 에위와 레겜과 수르와 후르와 레바이며 또 브올의 아들 발람을 칼로 죽였더라 이스라엘 자손이 미디안의 부녀들과 그 아이들을 사로잡고 그 가축과 양떼와 재물을 다 탈취하고 그 거처하는 성읍들과 촌락을 다 불사르고 탈취한 것, 노략한 것, 사람과 집승을 다 취하니라."

개선군의 귀환

이스라엘 백성들은 귀환하면서 여자들을 데리고 옵니다. 이때 모세는 이스라엘 백성들을 유혹해서 간음하게 했던 여인들을 모두 데리고 온 것을 책망합니다.

> "모세와 제사장 엘르아살과 회중의 족장들이 다 진 밖에 나가서 영접하다가 모세가 군대의 장관 곧 싸움에서 돌아온 천부장들과 백부장들에게 노하니라 모세가 그들에게 이르되 너희가 여자들을 다 살려두었느냐 보라 이들이 발람의 꾀를 좇아 이스라엘 자손으로 브올의 사건에 여호와 앞에 범죄케 하여 여호와의 회중에 염병이

일어나게 하였느니라 그러므로 아이들 중에 남자는 다 죽이고 남
자와 동침하여 사내를 안 여자는 다 죽이고 남자와 동침하지 아니
하여 사내를 알지 못하는 여자들은 다 너희를 위하여 살려둘 것이
니라"(민 31:13-18).

그 여인들은 이스라엘 남자들을 유혹해서 이스라엘로 하여금 하나
님 앞에 범죄하게 한 장본인들이었고, 이스라엘 장막 내에 전염병이
돌게 한 장본인들이었습니다. 모세는 남자와 잠자리를 같이 한 적이
없는 처녀를 제외하고는 여자들마저도 다 죽이라고 합니다.
　죄는 이전에 지은 것이라 해도 그에 대한 대가를 치르지 않으면 피
와 죽음을 부르게 됩니다. 죄의 결과는 이렇게 무서운 것입니다.

　그리고 나서 전쟁에 참여했던 사람들은 이레 동안 진 밖에 있으면서
사흘째와 이레째는 시체와 접촉을 한 자의 부정한 옷을 다 벗기고 정
화시키는 작업을 합니다.
　19절을 보십시오.

"너희는 칠 일 동안 진 밖에 주둔하라 무릇 살인자나 죽임을 당한
시체를 만진 자나 제 삼 일과 제 칠 일에 몸을 깨끗케 하고 너희의
포로도 깨끗케 할 것이며."

　금속은 불에 넣었다가 꺼내고 불에 타는 물건은 물에 빨아서 깨끗하
게 한 후에야 진 안으로 들어가게 했습니다.
　23-24절을 보십시오.

"무릇 불에 견딜 만한 물건은 불을 지나게 하라 그리하면 깨끗하려 니와 오히려 정결케 하는 물로 그것을 깨끗케 할 것이며 무릇 불에 견디지 못할 모든 것은 물을 지나게 할 것이니라 너희는 제 칠 일 에 옷을 빨아서 깨끗케 한 후에 진에 들어올지니라."

자기 자신을 깨끗하게 한 사람이라야 다른 문제를 일으키지 않고 정결한 삶을 살 수 있습니다.

교회에서도 문제를 일으키는 장본인은 개인적인 문제가 있는 사람들입니다. 사업이 잘 되지 않거나, 가정이 불화한 상태에 있던지, 혹은 자랄 때에 남에게 멸시를 받았는데 그 상처가 치유되지 않은 사람들이 다른 문제를 일으키는 불씨가 됩니다.

이와 마찬가지로 부정한 상태에서 진중으로 들어오면 진중까지 부정해집니다. 그래서 공동체를 위해서 일하는 사람들은 자기 자신의 문제부터 해결하고 난 후에야 공동의 문제를 해결할 수 있는 자격을 갖게 되는 것입니다.

이러한 문제는 다른 사람이 지적하기 전에 자신이 알아서 해결해야 합니다. 그래야만 자신의 문제를 가지고 다른 사람들에게 폐를 끼치거나 문제를 일으키지 않게 됩니다. 자기 한 사람으로 인하여 공동체에 나쁜 영향을 주지 않도록 서로 돌아보고 조심해야 합니다.

하나님께서 부정한 사람을 진 중에 두지 못하게 하신 것은 그 사람 자신을 위한 것이기도 했지만 그 공동체 전체를 위한 것이기도 했습니다.

만일 교회 성도들 중에 공연히 문제를 일으키는 사람이 있다면 그 사람에게 어떤 개인적인 문제가 있는 것은 아닌지 조심스럽게 알아보아야 합니다. 그리고 그 사람을 이해하고 문제를 해결할 수 있도록 도와 주어서 그분이 정결예식을 마치고 깨끗하게 된 후에 진중으로 들어올 수 있도록 해야 할 것입니다.

제가 미국에서 공부하면서 백화점에서 일을 한 적이 있었습니다. 그때 경험한 바에 의하면 손님 가운데도 두 가지 부류가 있었습니다.

한 부류는 누구하고든지 자주 다투려고만 드는 사람들입니다. 이런 사람들은 하자가 없는 물건에도 공연히 트집을 잡고 언성을 높입니다.

그런데 또 한 부류는 그저 쾌활하게 물건을 사고 아주 다정하게 점원들을 대합니다.

그래서 제가 구체적으로 조사를 해 보았습니다. 그 두 부류의 사람들과 가정이나 직장 생활에 대한 이야기를 나누어 보았습니다. 그 결과 다른 사람을 친절하게 대하고 원만하고 부드럽게 사는 사람들은 가정 생활도 재미있고 즐겁게 하고 있었고 점원들과 자꾸 싸우려고 드는 사람일수록 가정 생활도 불만족스럽게, 짜증스럽게 하고 있었습니다.

이 조사를 통해 가정 생활에서 즐거움과 만족을 느끼지 못하는 사람들은 밖에 나가서 어떤 일을 해도 즐겁게 할 수 없다는 것을 알게 되었습니다. 자신의 마음을 다스리지 못하기 때문에 모든 사람들에게 시비를 걸게 되는 것입니다. 가정 생활이 모든 사회 생활의 기본인 것입니다.

따라서 자신을 정결케 하는 것이야말로 모든 생활을 정결케 하고 다른 사람에게도 덕을 끼치게 되는 일입니다. 그래서 사도 바울이 디모데에게 말하기를 너 자신을 먼저 돌보라고 한 것입니다. 내가 부정해지면 가정이 부정해지고 교회가 부정해지고 직장이 부정해지고 사회가 부정해지는 것입니다.

모든 정결의 문제는 자기 자신으로부터 출발한다는 것을 잊지 마십시오.

전리품의 분배

하나님께서는 모세에게 전쟁에서 얻은 전리품의 반은 전쟁에 참여한 군인들에게, 나머지 반은 회중들의 몫으로 나누라고 명령하셨습니다. 그리고 그 군인들이 받은 것 가운데서 500분의 1은 주님께 드리라고 하셨습니다.

27-30절을 보십시오.

> "그 얻은 물건을 반분하여 그 절반은 싸움에 나갔던 군인들에게 주고 절반은 회중에게 주고 싸움에 나갔던 군인들로는 사람이나 소나 나귀나 양떼의 오백분지 일을 여호와께 드리게 하되 곧 이를 그들의 절반에서 취하여 여호와의 거제로 제사장 엘르아살에게 주고 또 이스라엘 자손의 얻은 절반에서는 사람이나 소나 나귀나 양떼나 각종 짐승을 오십분지 일을 취하여 여호와의 성막을 맡은 레위인에게 주라."

전쟁에서 얻은 전리품을 나누는 데도 순서가 정해져 있었습니다. 제일 먼저는 하나님께 드리고 그 다음 절반은 제사장에게 주고, 나머지 절반 중 50분의 1은 레위인에게 주게 되어 있었습니다. 나누고 분할하는 모든 것에는 반드시 순서가 있습니다. 그리고 그 순서를 따라서 행하는 것이 순리를 따르는 길입니다.

가끔 교회에서 보면 목회자라고 하면 그저 하나님 모시듯이 하는 사람들이 있습니다. 그래서 어떤 때는 부담을 느끼게도 됩니다. 물론 그렇게 목회자를 잘 섬기는 사람들 중엔 하나님을 섬기는 마음도 아주 깊은 사람이 많습니다. 어떻게 보면 귀찮다는 느낌이 들 수도 있지만 진심으로 베풀려는 사람을 위해서는 마음으로부터 감사하며 받아야 합니다. 누군가에게 주고 싶은 마음이 거부당한다면 그 사람의 마음에 얼마나 큰 상처가 되겠습니까? 물론 그런만큼 어떤 것을 주고받는 데에는 지혜가 필요한 것도 사실입니다.

다른 어느 나라에서도 볼 수 없는, 한국 교회에만 있는 좋은 것이 바로 감사헌금입니다. 감사헌금은 전세계에서 한국 교회에만 있는 독특한 것으로 아무리 생각을 해봐도 좋은 제도인 것 같습니다. 꼭 헌금이 늘기 때문에 감사하다는 것이 아닙니다.

자신에게 아주 작은 일이 생겨도 제일 먼저 하나님께 감사해서 헌금을 드릴 수 있다는 것, 그 자체가 얼마나 아름다운 신앙의 표현입니까?

그래서 저는 성도들에게 축복의 말을 할 때 내년에는 감사헌금이 많아지는 해가 되기를 바란다고 말합니다. 감사의 표시를 기도로도 할 수 있지만 자기 자신의 마음을 물질에 담아서 표현할 수 있다는 것이 얼마나 좋은 일입니까? 무엇보다 먼저 하나님과 하나님의 전과 하나님을 섬기는 사람들을 생각한다는 것은 신앙인이라고 자처하는 사람들의 기본적인 태도입니다.

따라서 자기의 몫을 챙기는 것은 언제나 마지막 순서가 되어야 합니다.

싸움에서 이스라엘이 탈취한 것은 양 675,000마리, 소 72,000마리, 나귀 61,000마리, 처녀 32,000명이나 되었습니다. 이것은 모두 주께서 명하신 대로 배분되었습니다. "여호와께서 모세에게 명하심과 같았더라"라는 말은 31절, 41절, 47절에 세 번이나 반복되어 있습니다. 언제나 하라는 대로 하면 축복이 옵니다.

출애굽기 마지막에 장막을 다 짓고 나서도 이 말이 몇 번이나 반복되어 나옵니다. 이 말은 이스라엘 백성들이 하나님이 하라고 명하신 그대로 행하므로써 승리와 성공을 거둘 수 있었다는 것을 말합니다.

48-54절에는 군 지휘관들이 감사의 예물을 드리는 장면이 나옵니다. 이들의 예물은 하나님께서 바치라고 명하신 것이 아니었습니다. 하나님께서 명한 대로 다 드리고 남은 것을 또 드린 것입니다. 이스라엘 군사들 중에 전사자가 단 한 명도 없었다는 것은 하나님께서 기적적으로 그들을 위해 싸워 주셨다는 증명이기 때문에, 그에 대한 감사의 예물로 군인들이 개인 전리품 중에서 금 장식품 16,750세겔을 모아 하나님께 드린 것입니다.

이것이 바로 순수한 감사예물입니다. 하나님께서 바치라고 명령한 것을 바치는 것은 감사의 예물이 아닙니다. 당연히 드려야 할 것을 드리는 것에 불과합니다. 십일조 같은 헌금이 그런 것입니다. 하나님의 것을 드리면서 감사의 예물이라고 바칠 수는 없는 것입니다.

48-50절을 보면 모세가 군대 장관들을 부르기 전에 그들이 모세를 찾아온 것을 알 수 있습니다. 그들은 자신들이 계수한 군사들 중 한 사람도 죽은 사람이 없다고 보고했습니다.

> "군대의 장관들 곧 천부장과 백부장들이 모세에게 나아와서 그에게 고하되 당신의 종들의 영솔한 군인을 계수한즉 우리 중 한 사람도 축나지 아니하였기로 우리 각 사람의 얻은 바 금 패물 곧 발목고리, 손목고리, 인장반지, 귀고리, 팔고리들을 여호와의 예물로 우리의 생명을 위하여 여호와 앞에 속죄하려고 가져왔나이다."

이것은 기적이 아니면 일어날 수 없는 일입니다. 하나님께서 직접 싸우시지 않으셨으면 도저히 불가능한 일입니다. 그런 결과를 얻은 것은 이스라엘 백성들이 의로웠기 때문이 아니었습니다. 이렇게 하나님께서 친히 싸우시는 전쟁은 곧 하나님의 전쟁이기 때문입니다.

하나님의 명령을 분명히 듣고 그 뜻을 따라서 하는 전쟁은 반드시 승리하게 되어 있습니다. 그와 반대로 자기 자신의 힘만 믿고 하는 전쟁은 아무리 하나님의 백성들이 하는 전쟁이라 할지라도 패배할 수밖에 없습니다.

그 대표적인 예가 바로 아이 성의 전쟁입니다. 하나님의 방법대로,

하나님이 시키는 대로 해서 여리고 성을 무너뜨린 이스라엘 백성들은 교만해져서 그 다음 아이 성 전투 때에는 하나님께 물어보지도 않고 자기들끼리 올라가서 싸우다가 참패를 하고 맙니다. 그렇게 패배의 쓴 경험을 하고 나서야 여호수아와 이스라엘 백성들은 돌이켜서 하나님 앞에 기도하고 도움을 구했습니다. 그래서 그 다음 싸움에서는 다시 하나님께서 승리를 안겨 주셨던 것입니다.

우리도 신앙생활을 해 나가면서 어떤 일을 원하거나 결정할 때 그것이 하나님의 선하신 뜻인지 아니면 개인적인 욕심에 의한 것인지 구분해야 합니다. 그것이 중요합니다.

물론 그것을 분별하기란 아주 어렵습니다. 저 자신도 가끔은 바른 판단을 할 수가 없어서 결정을 하기가 어려울 때가 많습니다. 그렇기 때문에 늘 기도하면서 우리 영이 맑게 깨어 있도록 해야 합니다. 시간에 쫓겨서 마음에 의심이 가는데도 결정을 내리게 되면 나중에 꼭 잘못된 부분이 나타나게 되어 있습니다. 자기 마음 가운데 하나님의 평화가 없는 상태에서 어떤 일을 결정하는 것은 아주 위험한 일입니다.

그러나 반대로 묵상과 기도, 계속적인 하나님과의 대화를 통해 하나님의 뜻이라는 결론이 나면 그 때는 어떤 장애가 있어도 밀고 나가야 합니다. 하나님의 전쟁을 할 것인지 사람의 전쟁을 할 것인지는 자신의 신실함으로 결정되어집니다. 하나님의 전쟁에서는 하나님께서 친히 군사로 나서서 싸워주시게 되어 있습니다.

결론적으로 말하면, 죄의 삯은 사망입니다. 죄는 파멸의 근원입니다. 따라서 **죄는 범할 가치가 없는 것입니다.** 순간의 쾌락 때문에 자기 일생을 송두리째 잃는 일을 해서는 안 되겠습니다.

자신이 만일 부정한 상태에 있다면 다시 정결하게 되기까지 사람들과의 교제를 자제하고 먼저 자신의 정결함을 회복해야 합니다. 그리고 삶에 어떤 열매가 있든지 간에 먼저 하나님의 은혜를 생각하고 하나님께 감사를 돌리는 훈련을 해야 합니다.

누가 정해 주어서가 아니라 자진해서 하나님 앞에 감사의 표현을 할 수 있는 사람, 그런 사람이 참된 신앙인입니다.

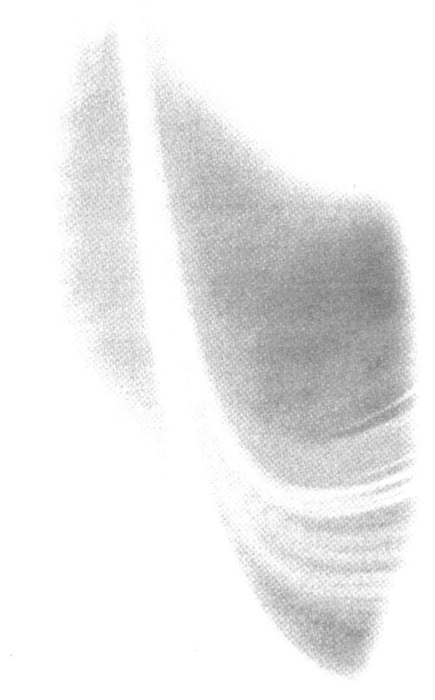

12장 (민 32:1-42)

모세가 갓 자손과 르우벤 자손에게 이르되 너희 형제들은 싸우러 가거늘 너희는 여기 앉았고자 하느냐 너희가 어찌 하여 이스라엘 자손으로 낙심케 하여서 여호와께서 그들 에게 주신 땅으로 건너갈 수 없게 하려느냐 너희 열조도 내가 가데스바네아에서 그 땅을 보라고 보내었을 때에 그리 하였었나니 그들이 에스골 골짜기에 올라가서 그 땅을 보고 이스라엘 자손으로 낙심케 하여서 여호와께서 그들에 게 주신 땅으로 갈 수 없게 하였었느니라 그때에 여호와께 서 진노하사 맹세하여 가라사대 애굽에서 나온 자들의 이 십 세 이상으로는 한 사람도 내가 아브라함과 이삭과 야곱 에게 맹세한 땅을 정녕히 보지 못하리니 이는 그들이 나를 온전히 순종치 아니하였음이니라 다만 그나스 사람 여분 네의 아들 갈렙과 눈의 아들 여호수아는 볼 것은 여호와를 온전히 순종하였음이니라 하시고

끝까지 협력하라

민수기 32장에는 열두 지파 중에서 자기 지파에게 유리한 요구를 하는 르우벤 지파와 갓 지파가 모세로부터 엄한 책망과 질책을 받은 사건이 나옵니다. 이 두 지파는 요단 강 동쪽 땅을 차지한 후 나머지 요단 서편의 땅을 정복하는 데에는 참여하지 않게 해 달라고 요청합니다.

모세가 자기들만 생각하는 이기적인 두 지파를 책망하자, 이들은 가나안 정복에 참여해 끝까지 함께 싸우겠다고 맹세합니다.

각 지파간의 협력과 공동체 정신이 강조되고 있는 장입니다.

르우벤과 갓 지파의 요청

요단강 동편의 땅은 열두 지파가 힘을 합해서 함께 정복한 땅이었습니다. 그러나 르우벤과 갓 지파는 이 땅이 넓고 초원이 좋아서 가축을 기르기에 좋았으므로 이 땅을 가축이 많은 자기들에게 달라고 요청했고, 그 청이 받아들여졌습니다.

1-2절을 보십시오.

> "르우벤 자손과 갓 자손은 심히 많은 가축의 떼가 있었더라 그들이
> 야셀 땅과 길르앗 땅을 본즉 그 곳은 가축에 적당한 곳인지라 갓
> 자손과 르우벤 자손이 와서 모세와 제사장 엘르아살과 회중 족장
> 들에게 말하여 가로되."

이 말씀을 보면 이들이 이기적인 동기에서 땅을 요구하고 있음을 알
수 있습니다. 땅이 넓고 초원이 좋아 가축을 기르기에 가장 적합한 땅
을 자기들에게 달라는 것입니다.

인간적으로 볼 때 르우벤 자손과 갓 자손은 아주 약삭빠르고 현실적
인 계산에 능한 사람들이었습니다. 온 이스라엘이 함께 싸워 얻은 땅
인데도 하나님께서 자기들에게 주신 땅이라는 것입니다. 그들은 목축
하기에 좋은 땅임을 강조하면서 정작 모든 사람이 탐낼만한 좋은 땅이
라는 생각은 하지 못하고 있습니다.

4절을 보십시오.

> "곧 여호와께서 이스라엘 회중 앞에서 쳐서 멸하신 땅은 가축에 적
> 당한 곳이요 당신의 종들에게는 가축이 있나이다."

그리고 일단 좋은 땅을 차지한 이들은 서쪽의 땅을 정복하는 전쟁에
는 참여하지 않겠다고 합니다.

5절을 보십시오.

"또 가로되 우리가 만일 당신에게 은혜를 입었으면 이 땅을 당신의 종들에게 산업으로 주시고 우리로 요단을 건너지 않게 하소서."

자기들은 다른 지파와 힘을 합해서 정복한 땅을 차지하고서, 다른 지파들의 땅 정복에는 빠지겠다는 것입니다. 같은 형제들로서 이해할 수도 없고 있을 수도 없는 말입니다. 그들이 차지한 땅은 하나님께서 주셔서 이스라엘 지파가 함께 정복한 땅이었습니다. 그런데 싸우기는 같이 싸워놓고 그 땅을 얻은 것에 대한 대가는 치르지 않겠다는 생각입니다.

자기 자신들 외에 다른 지파들은 전혀 고려하지 않은 행동이 아닐 수 없습니다. 그리고 그런 악한 마음은 분쟁을 일으키지 않을 수 없었을 것입니다.

모세의 심한 책망

갓 자손과 르우벤 자손의 이런 이기적인 모습은 모세를 분노하게 했습니다. 모세는 그 두 지파를 책망하면서 그들의 행동이 다른 형제들을 낙심시키고 있다고 지적했습니다. 조상들도 그런 행동을 해서 형제들의 사기를 떨어뜨리더니 너희들도 그와 똑같은 전철을 밟으려 하느냐고 하면서 그들의 이기적인 태도는 그들뿐만 아니라 모든 사람들을 망하게 하는 것이라고 호통쳤습니다.

14-15절을 보십시오.

"보라 너희는 너희의 열조를 계대하여 일어난 죄인의 종류로서 이스라엘을 향하신 여호와의 노를 더욱 심하게 하는도다 너희가 만일 돌이켜 여호와를 떠나면 여호와께서 또 이 백성을 광야에 버리시리니 그리하면 너희가 이 모든 백성을 멸망시키리라."

모세는 그들이 조상의 대를 이은 죄인들이라고 말하고 있습니다. 인간의 죄는 조상을 통해서 대대로 잠복해 있다가 기회가 생기기만 하면 언제든지 나타나게 되어 있습니다. 아주 철저하게 도말하여 버리지 않으면 언제나 우리들을 넘어뜨리려고 기회를 엿봅니다. 늘 새로운 죄가 우리를 괴롭히는 것이 아니라 늘 같은 종류의 죄가 떠나지 않고 주변을 맴돌고 있는 것입니다.

사람도 늘 같은 사람이 우리를 괴롭힙니다. 좀 잠잠하게 있는가 싶으면 어느 날 불쑥 나타나서 주변 사람을 힘들게 하고 고통을 줍니다. 그래서 어떤 한 사람 때문에 오랫동안 다니던 직장을 그만두거나 교회를 그만두거나 옮기게 되는 경우가 생기는 것입니다. 결국 한 사람이 완전히 손을 들어야 끝이 나기에 그렇게 극단적인 결과를 낳게 되는 것입니다.

그러나 그 상대가 죄라면 우리가 손을 드는 것이 아니라 죄가 손을 들게 해야 합니다. 죄는 반복해서 나타나는 것이기 때문에 늘 잘되는 일의 길목을 막고 앞으로 전진하지 못하도록 합니다.

이스라엘 사람들이 저지른 죄가 반복해서 그 자손들에게 나타나듯이 우리 한국 사람들에게도 조상의 단점들이 계속해서 이어져 나타납니다.

제가 가르치던 학교에서 한 프로젝트를 가지고 연구를 해본 적이 있습니다. 한국 사람들이 가지고 있는 특징적인 장단점들을 밝혀내 보고 그것에 대한 해결책을 제시해 보는 프로젝트였습니다. 이를 통해 많은 사람들이 연구결과를 얻어 낼 수 있었고 이를 토대로 8주간의 프로그램으로 만들어 보기도 했습니다.

조상 대대로 내려와 민족성의 일부분이 된 것을 하루 아침에 고칠 수는 없습니다. 다만 지금부터라도 훈련을 통해서 고쳐보려는 시도를 하는 것입니다. 지금은 내재된 한국병을 교회 설교나 구역별 성경공부나 다른 프로그램으로 해결해 보자는 단계에 이르렀습니다.

대대로 내려온 잘못은 장기간의 훈련을 통하지 않으면 해결되지 않습니다. 앞으로 기회가 닿아서 이 자료들을 책으로 낼 수 있게 된다면 그 결과를 토대로 전국적으로 교회에서 한국병을 치료하는 운동이 일어날 수 있었으면 좋겠습니다.

수정된 요청 세 가지

모세의 책망을 들은 후 그들은 자신들의 요구를 세 가지로 수정합니다.

16-17절을 보십시오.

"그들이 모세에게 가까이 나아와 가로되 우리가 이곳에 우리 가축을 위하여 우리를 짓고 우리 유아들을 위하여 성읍을 건축하고 이

땅 거민의 연고로 우리 유아들로 그 견고한 성읍에 거하게 한 후에
우리는 무장하고 이스라엘 자손을 그곳으로 인도하기까지 그들의
앞에 행하고."

첫째, 그들은 동쪽 땅을 차지하는 것을 전제로 하고 먼저 가축의 우
리와 성을 쌓게 해 달라고 했습니다.

자기들의 가족과 가축들을 보호하기 위한 조치를 먼저 해 달라는 요
구였습니다. 이렇게 위험한 적들로부터 가족과 재산을 보호하겠다는
그들의 마음을 책망할 수는 없습니다. 이들은 지도자로부터 책망을
받고서 마음을 선하게 돌이키고 함께 전쟁에 나갈 준비를 했습니다.

그렇기 때문에 지도자의 바른 판단과 충고와 책망은 매우 중요합니
다. 무리들이 잘못된 길로 나가는 것을 막고 스스로 돌이켜 올바른 길
로 돌아서게 하는 능력이 지도자들에게 요구되는 것입니다. 사람들의
마음 가운데에 죄가 역사하고 있는 것이 분명할 때에는 단호하고 강한
꾸지람이 반드시 있어야 합니다.

둘째, 그들은 모세의 책망에 요단 서쪽을 정복하는 일을 회피할 생
각은 없다고 말하고, 먼저 성을 쌓고 나서 함께 싸우러 나갔다가 서쪽
땅을 다 정복하면 그때 돌아오겠다고 약속합니다.

18절을 보십시오.

"이스라엘 자손이 각기 기업을 얻기까지 우리 집으로 돌아오지 아
니하겠사오며."

셋째, 동쪽 땅을 차지했으니 서쪽 땅은 받지 않겠다고 합니다.
19절을 보십시오.

> "우리는 요단 이편 곧 동편에서 산업을 얻었사오니 그들과 함께 요
> 단 저편에서는 기업을 얻지 아니하겠나이다."

그들은 자신들에게 무엇이 필요하고 자신들이 원하는 것이 무엇인
지를 알고 있었습니다. 모세의 책망을 받기 전까지는 이기적인 목적
을 가지고 있었지만 모세의 책망으로 인해 자신의 잘못을 곧바로 깨닫
고 형제 공동체로서의 의무에 최선을 다하겠다고 밝힙니다.

언제나 목표가 분명한 사람들이 성취를 할 수 있습니다. 열두 부족
이 함께 정복을 했는데도 그 땅을 먼저 차지한 부족은 자기의 목적이
뚜렷했던 르우벤과 갓 지파였습니다. 그들은 자신에게 주어진 기회를
놓치지 않았던 것입니다.

이 땅에서는 목표지향적인 사람들이 성공을 하고 자신이 의도한 대
로 성취합니다. 삶의 목적이나 방향이 뚜렷한 사람들은 지금 자신이
하려는 것이 무엇이고 어디로 가야 하는지를 알기 때문에 시간을 절약
하게 됩니다. 르우벤 지파와 갓 지파가 자신들이 원하는 땅을 차지할
수 있었던 것도 바로 이 때문입니다.

현실을 살아가는 네 가지 방법

이렇게 현실적인 목표가 분명한 사람들은 현실을 살아가는 몇 가지 방법을 터득하고 있습니다. 그것을 타협의 방법이라고 하는데 거기에는 네 가지 방법이 있습니다.

첫 번째는 나도 이기고, 당신도 이기는 것입니다.
이 방법은 양쪽이 모두 승리할 수 있는 최선의 방법입니다.
두 번째는 나는 이기고, 당신은 지는 것입니다.
이 방법은 아주 이기적이지만 대부분의 사람들이 취하는 태도라고 할 수 있습니다.
세 번째는 나는 지고, 당신은 이기는 것입니다.
아마 의도적으로 이 방법을 택하는 사람은 극히 드물 것입니다. 판단을 잘못하거나 실수를 해서 그런 결과를 가져올 수는 있습니다. 의도적일 경우는 둘 중 어느 한 쪽만이 살아야 할 때 이타심을 발휘해 자신을 포기하는 경우일 것입니다.
그리고 마지막 네 번째가 나도 지도 당신도 지는 방법입니다.
이 방법은 일명 '너 죽고 나 죽자' 는 파괴적이고 최악의 파멸을 가져오는 극단적인 방법으로서 생각의 범주에서 지워버려야 마땅합니다.

르우벤과 갓 지파는 위의 방법들 중 두 번째를 택했다가 모세의 책망을 듣고 첫 번째 방법으로 바꾼 경우입니다.
흔히 사람들은 두 번째 방법을 택해서 편한 길을 가려고 합니다. 그

러나 우리 믿는 사람들은 그런 이기심을 버리고 서로에게 유익이 되는
길을 선택할 줄 알아야 합니다.

모세의 대답

모세는 그들에게 조건대로 하면 요단 동편을 너희 땅으로 허락하겠
다고 합니다.
21-22절을 보십시오.

> "너희가 다 무장하고 여호와 앞에서 요단을 건너가서 여호와께서
> 그 원수를 자기 앞에서 쫓아내시고 그 땅으로 여호와 앞에 복종케
> 하시기까지 싸우면 여호와의 앞에서나 이스라엘의 앞에서나 무죄
> 히 돌아오겠고 이 땅은 여호와 앞에서 너희의 산업이 되리라마는."

모세는 그들이 "여호와께서 그 원수를 자기 앞에서 쫓아내시고 그
땅으로 여호와 앞에 복종케 하시기까지 싸우면" 허락하겠다는 조건을
걸었습니다. 즉 하나님이 명하신 가나안 정복에 최선을 다해 동참해
야 한다는 조건입니다. 모세는 또 그들에게 말하기를, 그 약속을 그대
로 지키지 않으면 하나님께 범죄함이 되기 때문에 죄가 반드시 그들을
찾아낼 것이라고 합니다.
23절을 보십시오.

> "너희가 만일 그같이 아니하면 여호와께 범죄함이니 너희 죄가 정

녕 너희를 찾아낼 줄 알라."

이 표현은 영어로 보면 더 재미있게 나타나 있습니다. 영어성경에는 '죄가 기어코 그들을 찾아내어 가만두지 않을 것'이라고 표현되어 있습니다.

죄는 마치 유도탄과 같아 일단 인간에게서 발사되면 어떻게 해서든지 목표물을 찾아내게 되어 있습니다. 그래서 범죄가 두려운 것입니다. 이것은 진리입니다. 이 진리를 깨닫는 사람만이 하나님 앞에서 바르게 사는 사람이라고 할 수 있습니다. 우리는 말은 물론 생각으로도 범죄하지 말아야 합니다. 우리가 말로 서원하거나 약속하는 것은 하나님께서 이미 들으신 것입니다. 그래서 그것을 어기는 것은 하나님 앞에서 범죄하는 것입니다.

출애굽기에 보면 아론과 미리암이 아무도 모르게 자기 동생인 모세를 비방할 때, 하나님께서 들으시고 그들을 벌하셨습니다.

아무리 작은 소리로 말한 것이라도 하나님께서는 그 말을 들으시고 그 마음을 보십니다. 일단 입에서 나온 말들은 우리 자신이 책임을 져야 합니다. 특히 하나님을 믿는 자녀들일수록 말하는 데에 조심해야 합니다. 목회자인 경우에는 말할 것도 없습니다.

가끔 사람들이 어떤 일에 대해서 제가 분명하게 단언하지 않는 것에 대해 불만스러움을 드러낼 때가 있습니다. 저는 성경을 통해 입증된 아주 확실한 것이 아니면 단언하거나 분명하게 결론을 내리지 않습니다. 이런 저의 태도가 다른 사람이 보기에는 답답할 수도 있지만, 말로 인하여 저지를 수 있는 범죄와 실수를 방지하기 위한 제 나름의 방법입니다. 성급히 결정했다가 후회해 봤자 소용없으니까요.

그래서 "기도해 봅시다", "생각해 봅시다", "좀더 두고 봅시다"라고 말하는 경우가 많습니다. 특히 교회에서 목회자의 말은 결정적인 영향력을 가지기 때문에 더욱 조심하지 않으면 안 됩니다.

요전에 기독교 단체에 있는 어떤 사람이 저를 찾아왔습니다. 어떤 일을 부탁하기에 나중에 당회와 상의해서 연락을 드리겠다고 대답했습니다. 그러자 그 사람이 "목사님의 한 마디면 결정이 되는 것인데 그런 것을 가지고 무슨 당회까지 열려고 하십니까?" 하고 물었습니다. 저는 이제껏 당회와 상의하지 않고 한 일이 한 번도 없었다고 대답했습니다. 그랬더니 그 사람은 다른 교회의 목사님들은 혼자서도 얼마든지 결정하시던데 그렇게 복잡한 절차를 밟을 필요가 있느냐고 하는 것입니다.

그렇지만 저는 어떤 일이든지 항상 당회를 통해서 시행해 왔고 또 그렇게 하는 것이 바람직하다고 생각한다는 제 방식을 양보하지 않았습니다. 책임이 따르는 공동체의 결정을 혼자서 단독으로 하는 것은 결코 바람직하지 않습니다.

개인적으로 하는 말도 반드시 책임을 져야 하는데 공동체의 일은 더 이상 말할 필요가 없는 것입니다.

계속해서 24절을 보십시오.

"너희는 유아들을 위하여 성읍을 건축하고 양을 위하여 우리를 지으라 그리하고 너희 입에서 낸 대로 행하라."

모세는 그들의 땅을 지킬 수 있도록 성을 쌓고 우리를 짓고 그 다음에는 그들의 입으로 말한대로 행하라고 말하고 있습니다. 사도 바울은 디모데를 보고 말과 행실과 사랑과 믿음과 순결에 있어서는 믿는 사람들에게 본이 되라고 권면합니다.

말과 행실을 조심하지 않는 지도자는 다른 사람들보다 더 고생하게 되어 있습니다. 잘못 내뱉은 말은 나중에 꼭 문제를 일으킵니다. 공교롭게도 경우에 맞게 잘한 말은 잘 사라지는데 잘못한 말은 쉽게 사라지지 않고 문제를 일으키곤 합니다. 결국 늘 조심하지 않으면 잘못한 말이 우리를 옭아매게 됩니다.

이러한 모세의 명령에 따라 두 지파는 다시금 그 약속을 확언하며 즉시 순종합니다.

25절을 보십시오.

"갓 자손과 르우벤 자손이 모세에게 대답하여 가로되 우리 주의 명대로 종들이 행할 것이라."

가족들과 가축들은 집에 남겨 둔 채 모두 무장을 하고 전투에 참가하겠다고 합니다. 이것은 각 지파의 협동심과 단결을 보이기 위한 것이기도 합니다. 여기서 무장한다는 말의 어근은 '전쟁 준비를 위하여 무기를 준비하다' 혹은 '구출하다' 라는 뜻입니다.

모세의 최종 결정

모세는 이들의 말을 듣고 여호수아와 제사장에게 결정한 것을 이행
하도록 명령을 하달합니다. 그리고 그들에게 자신들이 한 말을 모두
지키면 동쪽의 땅을 주고 만약 약속을 지키지 않으면 그 땅을 주기로
한 것을 무효화시키고 서쪽 땅을 나누어 주겠다고 공언합니다. 조건
부의 약속을 하는 것입니다.

29-30절입니다.

> "모세가 그들에게 이르되 갓 자손과 르우벤 자손이 만일 각기 무장
> 하고 너희와 함께 요단을 건너가서 여호와 앞에서 싸워서 그 땅이
> 너희 앞에 항복하기에 이르거든 길르앗 땅을 너희에게 산업으로
> 줄 것이니라 그러나 그들이 만일 너희와 함께 무장하고 건너지 아
> 니하거든 가나안 땅에서 너희 중에 산업을 줄 것이니라."

자신이 한 약속을 지키지 않으면 자신에게 주어진 특권을 잃게 되는
것은 당연한 일입니다.

이에 동쪽 땅을 차지한 지파들은 순종할 것을 약속했습니다.

영토의 분배

모세는 갓과 르우벤과 므낫세 반 지파에게 이전에 아모리인의 왕 시
혼과 바산 왕 옥이 차지하고 있던 지역을 할당해주었습니다. 갓 지파

는 길르앗의 여덟 도시를 차지하였습니다(34-36절). 르우벤 지파는 아모리 시혼 왕국에 다섯 도시를 세웁니다.

37-38절입니다.

> "르우벤 자손은 헤스본과 엘르알레와 기랴다임과 느보와 바알므온 들을 건축하고 그 이름을 고쳤고 또 십마를 건축하고 건축한 성읍 들에 새 이름을 주었고."

므낫세 지파는 마길의 자손과 길르앗의 자손으로 구성되었습니다. 북부 지방에 있었던 그 영토는 므낫세 아들의 이름을 따서 하봇야일 (야일의 거주지)이라고 하는 거주지로 이어졌습니다.

41-42절을 보십시오.

> "므낫세의 아들 야일은 가서 그 촌락들을 취하고 하봇야일이라 칭 하였으며 노바는 가서 그낫과 그 향촌을 취하고 자기 이름을 따라 서 노바라 칭하였더라."

갓, 르우벤, 므낫세의 아들 야일은 자신의 유익을 먼저 잘 챙기는 부족들이었습니다. 넓은 요단강 동편 초원지역을 모두 함께 정복한 뒤 그들의 목장으로 해줄 것을 요구했지만 모세의 책망과 제안으로 다른 백성들과 협력하게 됩니다.

그 후에 자신들이 원하는 것을 성취합니다. 즉 갓 사람들은 길르앗 지방 여덟 도시를 차지하고, 르우벤 지파들은 아모리 시혼 왕국에 다 섯 도시를 세우게 되었습니다. 그리고 므낫세는 북쪽의 바산 왕국을

차지했습니다. 비전과 목표가 분명히 있는 까닭에 남보다 먼저 얻을
수 있었습니다.

그런데 이렇게 정복을 할 때에 유의할 것은 그 땅을 완전히 정복해
야 한다는 것입니다. 그렇지 않고 그 땅의 거민들을 남겨 놓으면 반드
시 문제가 생기고 다시 전쟁을 해야 할 상황이 만들어지기도 합니다.
순종을 하려면 완전하게 해야지 불완전한 순종을 하게 되면 언젠가
그것이 문제의 뿌리가 되는 것입니다.
이와 마찬가지로 그 땅의 거민들을 다 쫓아내지 않고 남겨두면 그들
이 나중에는 큰 고통과 괴로움을 주는 걸림돌이 되고 심지어는 그들과
섞여 지내면서 자신들의 순결성을 잃는 사태에까지 이르게 되어 있습
니다.

우리들에게도 약점이 있거나 결점이 있다면 그것을 뿌리까지 완전
히 없애야 합니다. 그렇지 않고 놓아두면 그것이 평생 우리를 괴롭히
게 됩니다. 제거를 할 때에, 칼을 들었을 때에 완전히 정복해야 합니
다. 불완전한 처리는 언제나 문제의 근원을 제공하는 씨가 됩니다. 그
리고 그 씨는 자라서 나무 전체를 쓰러뜨리는 무서운 독소가 되는 것
입니다.
처음에 아픔과 고통이 따르더라도 철저히 완벽하게 처리하는 것이
후일의 평화를 보장하는 길이라는 사실을 명심해야 합니다.

이스라엘 자손이 모세와 아론의 관할하에 그 항오
대로 애굽 땅에서 나오던 때의 노정이 이러하니라
모세가 여호와의 명대로 그 노정을 따라 그 진행
한 것을 기록하였으니 그 진행한 대로 그 노정은
이러하니라 그들이 정월 십오일에 라암셋에서 발
행하였으니 곧 유월절 다음 날이라 이스라엘 자손
이 애굽 모든 사람의 목전에서 큰 권능으로 나왔
으니 애굽인은 여호와께서 그들 중에 치신 그 모
든 장자를 장사하는 때라 여호와께서 그들의 신들
에게도 벌을 주셨더라

13장 (민 33:1-34:29)

역사에서 교훈을 얻으라

사실 33-34장은 웬만하면 그냥 지나가고 싶을 만큼 건조한 내용으로 이루어져 있습니다. 그래서 이 부분은 그냥 건너뛰고 싶다는 생각을 하게 됩니다. 그렇지만 하나님께서 성경에 기록해서 남겨 놓으셨을 때는 반드시 하고 싶은 말씀이나 알리고 싶은 내용이 있기 때문일 거라고 생각하면서 차분하게 본문을 읽다보면 그 안에서 숨어 있는 진리를 발견하게 됩니다. 편식을 하면 안 되듯이 성경을 읽는 것도 편식하듯 읽어서는 안 됩니다. 성경 말씀은 어떤 것이든 우리가 사는 데에 필요한 것이라고 생각하고 전체적으로 음미하고 되새기는 것이 중요합니다.

저의 평생 소원은 성경을 창세기부터 요한계시록까지 자세하게 강해설교 해보는 것입니다. 제가 미국에서는 한 교회에서 11년 동안 목회하면서 그것을 시도해 보았지만 성경의 한쪽 구석만 건드린 정도였습니다.

그래서 지금 교회의 강단에서 다시 제 꿈을 이루어가고 있는 중입니다. 강해설교를 다시 정리하여 책으로 펴내고 있는데, 도서출판 횃불을 통해 지금까지 창세기 강해(총 4권), 출애굽기 강해, 레위기 강해를 펴낸 바 있습니다.

자, 그럼 다시 본문으로 돌아가서 33장의 서론인 33:1-2을 살펴보도록 하겠습니다.

> "이스라엘 자손이 모세와 아론의 관할하에 그 항오대로 애굽 땅에서 나오던 때의 노정이 이러하니라 모세가 여호와의 명대로 그 노정을 따라 그 진행한 것을 기록하였으니 그 진행한 대로 그 노정은 이러하니라."

33장은 40년 동안에 돌아다닌 광야의 장소를 기록해 놓았습니다. 어디에 갔으며 어디 머물렀는지 전부 써 놓았는데 1-2절의 내용을 보면 두 가지로 요약할 수 있습니다.

첫째, 애굽 땅에서 나오던 때부터 요단강 동편에 있는 모압 평야에 이르기까지 40년 동안의 여정을 기록해 놓았습니다.

둘째, 저자가 모세임을 알 수 있습니다. 많은 학자들이 모세오경을 모세가 쓰지 않았다고 주장하고 있습니다만 2절 초두에 보면, '모세가 여호와의 명대로 기록했다' 고 되어 있습니다. 하나님께서 모세에게 기록하라고 명하시면 모세가 그것을 일일이 썼다는 것입니다. 33장의 자세한 내용을 보면 그 노정에 대해 모세가 일일이 기록했다는 것을 알 수 있습니다.

지나간 장소들

3-49절까지는 그야말로 지나온 지명들을 그대로 써 놓은 것이라 하나하나 읽어도 별로 큰 도움이 될 것이 없습니다. 다 읽는다 해도 지명이 지금과 달라서 성경에서 말하는 곳이 어디인지도 알 수 없습니다.

그래서 제가 그 내용에서 관찰할 수 있는 것을 몇 가지로 간단하게 요약해 보았습니다.

여정의 첫 걸음

유월절 다음날인 15일에 라암셋에서 당당하게 출발한 모습이 보이고 있습니다. 그런데 그 떠나는 모습이 그 얼마나 당당한지 승리와 기쁨과 감사로 가득 찬 모습이었습니다. 수천 년 지난 오늘이지만 그 때를 상상해 보면서 3절을 읽어보겠습니다.

> "그들이 정월 십오일에 라암셋에서 발행하였으니 곧 유월절 다음날이라 이스라엘 자손이 애굽 모든 사람의 목전에서 큰 권능으로 나왔으니."

'큰 권능으로 나왔다' 는 말은 다른 번역판에 보면 "손을 저으면서 아주 당당하게 걸어 나왔다"고 되어 있습니다. 그리고 영어로는 'boldly' 라는 단어를 썼습니다. '권능으로 나왔다' 는 말은 '당당하다' 로 표현될 수 있는데, 이 '당당하다' 는 것은 팔을 휘저으면서 떳떳하게 행군해서 나왔다는 것을 말해 줍니다. 당당하고도 자신감 있는 모습으로 애굽사람들이 쳐다보는 가운데 애굽에서부터 걸어 나오는 모습입니다. '권능으로 나왔다' 라고 한국말로 번역해 놓으면 무슨 뜻인지 약간 모호하게 느껴지실 것입니다. 430년 동안의 비참한 노예생활이 끝나고 애굽이라는 지배국에서부터 나올 때 느끼는 희열, 기쁨, 감사, 찬송들이 한데 얼버무려진 모습인 것입니다. 우리들도 죄 속에 있다가 구원자인 예수 그리스도를 만나던 그날, 죄에서부터 해방되어 구원의 기쁨을 누리면서 당당하게 나가는 그 모습을 그려볼 수 있습니다.

얼마 전에 가장의 사망으로 초상이 난 집에 심방을 다녀왔는데, 그곳에서 그 집 미망인의 간증을 듣게 되었습니다. 그분은 목사님의 따님이었는데 41살이 되어서야 예수님을 영접하게 되었다고 했습니다. 그리고 그때서야 죄에서 해방된 기쁨을 맛보게 되었다고 했습니다. 아버지는 그렇게 훌륭한 목사님이셨는데 정작 그분은 40이 넘어서야 주님을 영접하게 되었다는 말입니다.

그런데 그런 이야기를 하면서 눈물을 흘리는 그분 옆에 그분의 딸이 앉아 있었는데 그 딸은 어머니의 이야기를 알아듣지 못하고 있었습니다. 그 딸은 자기 이야기를 하면서 덧붙이기를, 하나님을 만나기 위해서는 적절한 계기가 있어야 한다고 했습니다.

그러나 저는 그 옆에 있는 딸에게 "하나님을 만난다고 하는 것이 꼭 그렇게 너의 어머니처럼 열광적이고 감격적인 사건이 있어야 하는 것은 아니다"라고 했습니다. 조용히 예수님을 영접하는 사람도 있고, 너무 좋아서 그저 웃기만 하는 사람도 있고, 눈물을 흘리면서 감격해 흐느끼며 믿는 사람도 있어 신앙의 모습은 그 사람의 성품에 따라서 얼마든지 다를 수 있다고 말해 주었습니다. 하나님을 믿겠다고 결단하는 순간의 반응은 다양합니다.

이렇게 사람들마다 하나님을 만난 모습에 차이가 있다는 것을 안다면 반응이 극단적으로 나타나는 사람들만 잘 믿는 사람이라고 생각하는 것은 잘못임을 알 수 있습니다.

하나님께서는 겉으로 드러나는 방법을 가지고 그 사람의 믿음을 판단하지 않으십니다. 이스라엘 백성들은 자신들이 취할 수 있는 여러 가지 방법 중에서 당당한 자세로 자신의 믿음을 드러낸 것입니다.

하나님께서 각자에게 주신 성품과 그들의 모습에 따라서 신앙의 표현 방법이 다릅니다. 그래서 한쪽으로 치우치는 것은 다른 성도들에게 시험이 될 수 있는 것입니다.

제가 학생 때 어느 집회에 가서 간증을 들은 적이 있습니다. 간증자는 강도 4범으로서 오랫동안 감옥에 있었던 분이었습니다. 그런데 감옥에서 예수님을 믿게 되었고, 출소해서 부흥사가 되어 간증하러 다니시는 중이었습니다. 그 간증 내용이 얼마나 흥미진진하고 박진감 넘치는지 그 자리에 모인 사람들이 모두 빨려 들어가는 느낌이었습니다.

저는 그 간증을 들으면서 저를 예수 믿는 가정에 태어나게 하신 하나님을 원망했습니다. 어렸을 때부터 신앙적인 가정에서 자랐기 때문에 그 사람처럼 간증거리를 갖지 못하게 된 것이 너무나 안타까웠습니다. 저는 감옥에 간 적도 없고 다른 사람의 물건을 훔치거나 누구를 때리거나 나쁜 짓을 했다가 크게 회개한 그런 간증거리라고는 별로 없는 사람이었던 것입니다. 험하고 거친 인생을 산 그분이 얼마나 부러웠는지 모릅니다.

그러나 그런 생각이 잘못된 것이라는 것을 나중에 깨달았습니다. 하나님께서는 그 사람을 통해서도 역사하시지만 또한 저처럼 신앙적인 가정에서 자라서 다른 길을 걸어보지 못한 사람을 통해서도 역사하시는 분이십니다. 그분이 자신의 잘못을 깨닫게 하시고 그렇게 많은 죄에도 불구하고 구원해 주신 것을 간증하면서 감사한다면, 저와 같은 사람은 일찍부터 하나님을 알게 하셔서 그런 사람들과 같은 힘들고 험한 길을 걷지 않게 해 주신 것에 대해서 감사하면 되는 것입니다.

간증이라고 하는 것이 꼭 극적인 회개가 있어야 하고 예수님을 영접한 후의 삶과 그 이전의 삶이 정반대로 변한 사람의 전유물이 아니라는 것을 알아야 합니다.

저는 옛날에 청소년집회를 자주 인도했었는데 그 때 청소년들에게 말했습니다. "너희들은 앞으로 간증할 때 잘 믿는 어머니와 아버지를 만나 힘들고 험한 길을 걷지 않고 오늘까지 주님 앞에서 건강하게 살 수 있게 해 주신 것을 감사하는 간증을 해라."

마약 먹고, 나쁜 짓하고 감옥에 갔다와서 하는 그것만 간증이 아닙니다. 그래서 저는 청소년들에게 "저는 5살 때 주님을 영접했고 7살 때 주님께 헌신했고 오늘 50세까지 주님을 위해 살 수 있게 해 주신 것 감사합니다"라는 간증이 인기가 있어야 된다고 얘기했습니다.

우리 믿는 사람이 죄의 애굽에서부터 해방 받아 나올 때에 느낌과 태도는 각각 다릅니다. 이스라엘 백성들은 너무도 당당하게 팔을 휘저으면서 행군해서 나왔습니다. 여러분은 어떤 경험을 하셨는지 모르겠습니다만, 여러분 가운데에서도 팔을 휘저으며 당당하게 행군해서 나오신 분들도 있으실 것입니다. 그리고 지금도 당당하게 행군하는 분들이 있습니다.

슬픔에 빠져 있는 애굽인들

이스라엘 사람들이 애굽을 빠져 나올 때에 애굽 사람들은 반대로 장자를 잃은 슬픔 속에 빠져 있었습니다. 4절 말씀을 보겠습니다.

> "애굽인은 여호와께서 그들 중에 치신 그 모든 장자를 장사하는 때라 여호와께서 그들의 신들에게도 벌을 주셨더라."

하나님이 일으키신 동일한 사건인데 한 민족에게는 기쁨과 해방의 사건이 되고 다른 민족에게는 그것이 슬픔과 고통의 사건이 된 것입니다. 똑같은 사건이지만 대상에 따라 결과가 다릅니다.

문설주에 양의 피를 바른 사람들은 너무도 당당하게 해방의 땅을 향해서 나가는데, 문설주에 피 바르는 것을 알지 못했던 사람들은 그날이 곧 장자를 묻는 장례식날이 되었던 것입니다. 그 작은 표시 하나가 이렇게 엄청난 차이를 만들어 놓았던 것입니다. 한 그룹의 사람들에게는 통곡소리, 또 한 그룹에게는 당당한 행진 두 가지 결과를 나타낸 것입니다.

이와 마찬가지로 어린양의 피, 즉 예수 그리스도의 피는 이렇게 두 세계로 갈라놓습니다. 십자가는 삶과 죽음을 가르고 영원한 생명과 영원한 죽음, 천국과 지옥을 갈라놓는다는 것을 여기서 보여줍니다.

애굽의 신들에게 내려진 하나님의 심판

4절 후반부에 하나님은 애굽인의 신들을 심판을 했다고 기록하고 있습니다. 애굽에 내린 하나님의 열 가지 재앙은 애굽의 신들이 무력한 존재라는 것을 보여주는 것이었으며 그들에 대한 공격이었습니다. 그런데 그 공격을 받은 애굽의 신들은 전혀 힘을 쓰지 못하고 하나님 앞에 무릎을 꿇고 말았던 것입니다. 애굽의 신은 꼼짝 못하고 당하는 가짜 신입니다.

언젠가 우리 교회 집사님이 어떤 분을 모시고 온 일이 있었는데 그분은 어떻게든 교회에 나오지 않으려고 했던 분이었습니다. 30년 동안 믿어왔던 종교가 있는데 다른 종교를 믿게 되면 어떤 재앙이 올까 봐서 오지 못하겠다는 것이었습니다. 게다가 그분은 그 종교 집단 안에서 아주 많은 직분을 맡아 왕성하게 활동을 하시던 분이었습니다. 그래서 교회에 나온 지금도 마음이 아주 불안하다는 것이었습니다.

그래서 저는 그분을 안심시켜 드렸습니다. 하나님만이 참된 신이기 때문에 그 외의 다른 신은 절대로 하나님의 백성들을 해할 수 없다는 말씀과 함께 참 하나님을 만나지 못한 것이 두려운 것이지, 하나님을 만난 사람은 아무것도 두려워할 것이 없다는 것을 말씀드렸습니다.

하나님의 영은 두려움을 주는 분이 아니라 자신감을 주시는 분입니다. 하나님 앞에서 다른 신들은 다 무력할 수밖에 없는 것입니다.

기약 없는 구름 기둥의 인도

5-49절 사이의 내용에는 52곳의 이름이 기록되어 있습니다. 이들이 하나님의 인도하심을 따라 52곳의 지역들을 지나갈 때에는 서고 떠나

는 기약이 없었습니다. 이스라엘 백성들이 계획을 해서 서고 떠났던 것이 아니라 하나님께서 구름기둥과 불기둥으로 인도해 주시는 대로 행하고 섰습니다. 어떤 때는 하루만에 떠나는가 하면 어떤 때는 두 달 만에 떠납니다. 때로는 2년만에 떠납니다. 그들은 자기 자신의 계획을 세울 수가 없는 생활을 했습니다.

구름기둥과 불기둥은 언제든지 떠납니다. 사람들의 준비와는 아무 상관이 없습니다. 이 52곳을 지나가는데 예측을 할 수가 없습니다. 구름기둥이 서면 천막을 치고, 구름기둥이 떠나면 금방 천막을 분해해서 제사장들과 레위인들이 한 부분씩 말아 들거나 둘러메고 바로 떠납니다.

주님을 따르는 삶도 마찬가지입니다. 우리의 계획에 따라 떠나지 않습니다. 주님이 원하시는 시간에 주님이 원하는 방법으로 주님이 원하시는 곳으로 떠나게 되어 있습니다. 또 주님이 서라고 하시면 서고 가라고 하시면 갑니다. 어떤 때는 내가 가고 싶지 않을 때에도 떠납니다.

믿는 사람들이 고생하는 이유는 간단합니다. 자기가 떠나고 싶은 때 떠나려고 하는 것 때문입니다. 내가 가고 싶지 않은데 가게 되면 불평이 가슴에 있게 됩니다. 내 원대로 안 되니까 이것이 속상한 것입니다. 화가 나고 짜증이 납니다. 원망하게 됩니다.

이스라엘 백성들은 52곳을 40년 동안 유랑하면서 살아야 했습니다. 우리는 이 땅에서 한 곳에 머물고 사는 사람들이 아닙니다. 순례자일 뿐입니다. 모세와 이스라엘 백성들은 언제든지 주님이 움직이는 대로 여행을 해왔습니다. 우리도 마찬가지입니다. 우리들도 언제나 나 자신의 계획대로 사는 것이 아니라 주님께서 원하시는 계획이 무엇인지 물어봐야 합니다. 주님께 완전히 맡기는 삶에 참된 행복이 있는 것입니다.

기독교 신앙은 쉽고 간단한 것입니다. 내가 억지로 창의력을 발휘할 필요가 없기 때문입니다. 하나님은 창의력이 충분하시기 때문에 그분의 창의력을 따라 그분의 지시대로 따라가면 됩니다.

장소에 대한 기록

52곳 중의 대부분 장소에 대해서는 별다른 기록이 없고 두 곳에 대해서만 중요하게 기록하고 있습니다. 9절에 보면 엘림이라는 곳에 대한 설명이 나옵니다.

> "마라에서 발행하여 엘림에 이르니 엘림에는 샘물 열둘과 종려 칠십 주가 있으므로 거기 진쳤고."

엘림이라는 장소는 12개의 샘과 종려나무 70그루가 있었다고 하는데 아마 그 곳은 오아시스였던 것 같습니다. 마실 물이 있고 그늘이 있는 곳은 사람들이 편히 쉴 수 있습니다. 그래서 이스라엘 백성들은 거기에 진을 쳤습니다. 나머지 장소는 이름만 기록되어 있는데, 거기에 진을 쳤다고만 기록되어 있습니다.

우리 인생의 여정도 대부분은 평범합니다. 33장 말씀처럼 여러 곳을 통과하지만 그저 한 곳에서 다른 곳으로 지나다닐 뿐 별로 특별한 일이 없습니다. 그저 매일매일 돌아가는 쳇바퀴일 때가 많습니다. 어떤 때에는 무얼 했는지 기억도 안 납니다. 어제 일을 기억하기도 쉽지 않습니다. 그렇게 인생은 지나갑니다.

그런데 인생을 살다보면 평생 잊을 수 없는 하나님의 은혜의 샘이 쏟아져 나올 때가 있습니다. 하나님이 주시는 말씀의 샘에는 70그루나 되는 창창한 나무가 있어 쉴 수 있고, 성령의 바람이 불어 시원하게 해줍니다. 은혜 충만한 그 장소에서 얼마나 감격스러운지요. 그런 때가 가끔 있지 않습니까? 그러나 이런 일이 자주 있지는 않습니다. 하나님의 일반 은총은 늘 있는 것이지만 특별 은총이 일상처럼 일어날 수는 없는 것입니다.

저도 어떤 때는 주님께서 매일 내게 특별한 은혜를 주신다면 얼마나 좋을까 하고 생각합니다. 그러다가도 아브라함을 통해 위로를 받습니다. 아브라함이 그의 전 생애를 통해 몇 번 하나님을 만난 줄 아십니까? 여덟 번입니다. 아브라함은 175년간 살았습니다. 175년 동안 8번 만났으면 이십 년에 한 번 꼴입니다. 저도 가만히 과거를 돌이켜 보니까 몇 번 정도 하나님과 극적으로 만난 경험이 있었습니다. 많은 위로를 얻었습니다. 여러분도 마찬가지가 아닙니까?

본문도 마찬가지입니다. 52곳을 다니는데 별로 기록할 것이 없습니다. 그저 엘림과 가데스 바네아가 특별히 생각나는 곳일 뿐입니다. 그 다음에 나타나는 곳이 호르 산입니다. 그곳은 아론이 123세의 나이로 죽은 곳입니다. 그래서 특별히 세심하게 기록을 해 둔 것인지도 모릅니다. 그리고 나머지 그 외의 곳은 특별히 기록되지 않았습니다.

가끔 중요한 사건이 일어나긴 하지만 대부분의 삶은 평범합니다. 그런데 그 밋밋한 인생을 보고 재미없다고 생각할 필요는 없습니다. 대개 평범한 일들이 연결됨으로써 역사가 이루어지고 역사의 큰 줄기를 만들어 나가는 것입니다.

그렇게 살았던 사람이 바로 이삭입니다. 이삭은 위대한 아버지인 아브라함과 위대한 아들인 야곱에 비해 평범한 삶을 살았습니다. 아버지의 이야기는 창세기 열세 장에 걸쳐서 쓰여져 있습니다. 아들의 이야기도 열 장에 걸쳐 기록이 되어 있습니다. 그런데 이삭은 겨우 두 장입니다. 이삭은 온유하며 인생에 있어서 심한 굴곡이 별로 없었습니다. 그래서 자기 자신의 삶에 대해서 조금은 불만족스럽게 생각했을 수도 있고, 우리가 보기에도 그런 생각을 할 수 있을 것입니다.

그러나 역사를 이어가는 대부분의 사람들은 바로 이삭과 같은 사람들이었습니다. 이런 사람들이 없었다면 아마 인류의 역사가 이어지지 못했을 것입니다. 평범하게 살아가는 일들이 역사를 연결하는 고리들이 됩니다. 야곱이 아무리 유명하다 해도 이삭 없이 태어날 수 없습니다. 위대한 사람들은 한 두 명 있을 정도이고 대부분의 사람들은 위대한 사람들을 도와서 하나님의 역사를 일으키는 것입니다.

가나안 땅 분할 지시

50-56절에는 가나안 땅을 분할하는 이야기가 나옵니다. 모압 평야에서 가나안 정복을 시작할 때에 하나님께서 모세에게 지시하신 내용

이 나옵니다. 여섯 가지로 요약을 할 수 있는데 많은 교훈이 들어 있습니다.

51-53절을 보십시오.

> "이스라엘 자손에게 말하여 그들에게 이르라 너희가 요단을 건너 가나안 땅에 들어가거든 그 땅의 거민을 너희 앞에서 다 몰아내고 그 새긴 석상과 부어 만든 우상을 다 파멸하며 산당을 다 훼파하고 그 땅을 취하여 거기 거하라 내가 그 땅을 너희 산업으로 너희에게 주었음이라."

첫째, 그 땅 주민을 완전히 쫓아내라고 말씀하십니다.

우리는 여기서 우리의 영적인 적은 철저히 제거해야 한다는 교훈을 얻을 수 있습니다. 예수를 믿고 난 다음에 내 속에 영적인 연약함, 도덕적인 연약함들이 있으면 주님의 도움으로 철저히 고쳐야 합니다.

둘째, 우상을 다 깨뜨려 버리라고 말씀하셨습니다. 우리 삶에 하나님보다 더 중요하게 여기는 우상은 하나도 남기지 말고 완전히 제거하라는 것입니다.

얼마 전에 어느 분과 상담을 했습니다. 그분은 교회학교 선생이요 청년회에서 임원을 하는 청년이었습니다. 그는 한 달째 우울증(Depression)에 빠져 있는데 어떻게 우울증에서 헤어나와야 할지 모르겠다고 말했습니다. 그분의 이야기를 들어보니까 그런 우울증에 빠질 만한 특별한 이유를 알 수 없었습니다. 그래서 나에게 말하지 않은게 있지 않느냐고 다시 물었더니 그제서야 이런 말을 하였습니다. "제가 하도 미래가 궁금해서 무당한테 점치러 한 번 가 봤습니다."

저는 무당을 찾아가는 것은 마귀한테 대문을 열어주는 것이라고 말했습니다. 알고 싶은 것이 있으면 모든 것을 아시는 주님께 물어보면 됩니다. 하나님을 믿는 사람이 점쟁이에게 물어보는 것은 한심스러운 일입니다. 마귀에게 대문을 열어주니 삶이 피폐해지기 시작한 것입니다.

셋째, 산당을 '다' 훼파하라고 말씀하십니다.

산당은 우상을 모신 곳입니다. 우상뿐만 아니라 신당마저 철저히 제거하라고 말씀하시는 것입니다. 뿌리를 뽑으라는 것입니다.

넷째, 그 땅을 정복하고 그 곳에 정착하라고 말씀하십니다.

그 땅을 정복하고 그 곳에 정착하라는 것은 적과 싸워서 멸절시켜야 된다는 것입니다. 영적인 전쟁에는 휴전이라는 것이 없습니다. 타협이라는 것도 없습니다. 영적인 전쟁은 싸워서 반드시 이겨야만 되는 것입니다.

개인의 적도 마찬가지입니다. 누가 나를 괴롭혀 나의 마음에 쓴마음을 일으키면 그것은 선전포고입니다. 그런데 그 선전포고를 받아들여 내가 상대방을 미워한다면 그 사람이 전쟁에서 이기는 겁니다. 상대방이 나에게 한 것과 마찬가지로 악하게 대하면 상대방이 이긴 겁니다. 만일 그 사람으로 인해서 나에게 미움이 생기게 된다면 그 사람이 이기는 것입니다.

그런 싸움에서 이기려면 선으로 악을 이기는 방법밖에 없습니다(롬 12:21). 마음에 미움을 품고 화를 내고 적을 공격하고 싸우려고 든다면 그 사람은 벌써 패배한 사람이라고 보아야 합니다. 자기의 적을 상대할 때는 그 사람이 다시는 공격할 수 없을 정도로 만들어 놓아야만 합니다. 그리고 그 공격의 무기는 선함과 사랑뿐입니다.

한 분이 저에게 선전포고를 해 왔습니다. 이유는 단지 개인적인 차원의 것이었습니다. 저는 예배시간에 대통령을 위해서 기도해 왔습니다. 그런데 그분은 예배 중에 대통령의 개혁작업을 위해서 기도하는 것이 아주 못마땅했던 것입니다. 그분은 개인적으로 대통령을 아주 싫어하는 사람이었습니다. 그래서 저에게 와서 얼마나 심하게 공격을 하는지 말을 못할 정도였습니다.

저는 그 사람을 반드시 이겨야겠다고 생각했습니다. 그런 사람과 싸우려면 목사의 권위로 그를 책망하는 방법을 취할 수도 있었습니다. 그러나 저는 인내라는 방법을 사용했습니다.

그분은 저에게 자기가 하고 싶은 이야기를 다 했습니다. 때로는 도전적이고 모욕적인 표현도 썼습니다. 저는 아무 대꾸도 하지 않고 기도로 그분과의 대화를 마쳤습니다. 저와 함께 그 자리에서 이 사실을 목격한 한 사람이 있었는데 그분이 돌아가는 길에 "이제 마음이 후련하냐?"고 물었다고 합니다. 그러자 그 사람의 대답이 "그렇게 대들었는데도 끝까지 참고 내 말을 다 듣고 있는 사람은 아마 대한민국에서 김상복 목사 한 사람밖에 없을 것이다"라고 했다는 것입니다. 그 이야기를 제 아내에게 와서 했던 모양입니다. 제 아내가 저에게 아주 수고했다고 하면서 그 이야기를 들려주었습니다.

저는 이것이 분노에 찬 사람을 이기는 방법이라고 생각했습니다.

그렇다고 해서 저에게 아무런 갈등이 없었던 것이 아닙니다. 저는 저대로 속이 상해서 하나님께 기도하고 있는 중이었습니다. 다음에 다시 한 번 그런 일이 있으면 그 때는 참지 않겠다고 생각하고 있었습니다. 그러고 있는데 그 사람이 그렇게 이야기를 했다는 말을 듣고 제 아내가 저에게 잘했다는 말을 하니까, 저도 참 잘했다는 생각이 들었습니다.

저는 그 후에 있었던 심야기도회에서 깊이 회개했습니다. "제가 영적으로 얼마나 모자라고 영적인 지도자로서의 권위가 얼마나 없으면 성도 한 사람이 저를 이렇게 괴롭히는 것입니까" 하면서, "연약한 당신의 종에게 영적인 권위를 주시옵소서" 하고 기도했습니다.

저는 한편으로는 참고 인내해서 나에게 도전하는 사람을 이겼다고 생각하면서도 다른 한편으로는 내가 영적으로 연약해 있었기 때문에 그런 도전을 받는 것이라고 생각했던 것입니다.

그렇게 한참을 기도하고 나니까 가슴 깊은 곳에서 눈물이 솟아났습니다. 하나님께 저를 긍휼히 여겨 주시고 제 안에 있는 그리스도와 성령님의 강하심으로 제가 성도로부터 도전을 받는 일이 없도록 해 달라는 기도가 자연스럽게 나왔습니다.

자기와의 싸움에서도 자기를 쳐서 철저하게 정복하지 않으면 안 되는 것입니다.

로마서 12:20에 보면, 네 원수가 주리거든 먹이고 목마르거든 마시게 하라고 말씀합니다. 그 말에는 자신을 핍박하는 사람에 대해서도 관심을 가지고 알고 있어야 한다는 말이 숨어 있습니다. 저 사람이 배가 고픈지 목이 마른지 다 파악할 정도로 상대방에 대한 정보를 철저하게 수집해서 어떻게 그 사람을 사랑으로 공격해야 할지 전략을 세워야 합니다. 어떤 부분이 그 사람에게 결정적인 약점이 되는지 알아내야 합니다. 배가 고프면 빨리 먹을 것을 갖다 주고 목마르다면 속히 마실 것을 갖다 주어야 합니다. 결국은 원수를 사랑으로 이겨야 된다는 것입니다.

다섯째, 공평하게 땅을 분배하라고 말씀하셨습니다.
그 다음에는 땅을 분배할 때에는 제비뽑아 가족수대로 공평하게 분배하라는 명령을 하셨습니다.
54절을 보십시오.

> "너희의 가족을 따라서 그 땅을 제비뽑아 나눌 것이니 수가 많으면 많은 기업을 주고 적으면 적은 기업을 주되 각기 제비뽑힌 대로 그 소유가 될 것인즉 너희 열조의 지파를 따라 기업을 얻을 것이니라."

이것이 분배를 하는 데 있어서 하나님의 공평과 정의였습니다. 어떤 사람을 특별하게 대우한다던가 힘이 센 사람이나 권력을 가진 사람, 그리고 돈이 많은 사람에게 우선권을 주는 것이 아니라 그 사람이 처한 환경에 따라서 공평하게 분배할 수 있도록 하는 것입니다.
정부가 시행하고 있는 개혁도 마찬가지입니다. 어느 부분까지는 밝히고 척결하는데 그 이상을 넘어가면 정치적으로 타협을 해서 그냥 넘어가는 식으로 해서는 진정한 개혁이라고 할 수 없는 것입니다. 작든

크든 편법을 써서는 안 됩니다. 법이라고 하는 것은 누구에게나 공평하게 적용되어야지 사람에 따라서 다르게 적용하는 것은 문제가 있는 것입니다.

여섯째, 철저히 적을 내쫓으라고 말씀하셨습니다.

끝으로 다시 한 번 더 적을 철저하게 내어쫓으라는 말씀을 하셨습니다.

55절 말씀입니다.

> "너희가 만일 그 땅 거민을 너희 앞에서 몰아내지 아니하면 너희의 남겨 둔 자가 너희의 눈에 가시와 너희의 옆구리에 찌르는 것이 되어 너희 거하는 땅에서 너희를 괴롭게 할 것이요."

만약 그들을 내쫓지 않으면 그들이 당할 고난을 대신 당할 것이요 그들이 너희를 내쫓을 것이라고 경고하시는 것입니다.

영적인 전쟁에 있어서는 적을 반드시 완전히 정복해야만 합니다. 조금이라도 남아 있는 뿌리가 있으면 그것이 자라서 반드시 우리를 괴롭히고 고통받게 할 것이기 때문입니다.

적과 타협하고 공존하면 결국은 오히려 정복당하고 맙니다. 좋지 않은 나의 습관을 내 삶 속 어느 구석에 그냥 두면 그것이 문제가 되어 나를 괴롭게 만들 것입니다. 그래서 철저히 원수를 타파해야 하는 것입니다.

가나안 땅의 경계

서쪽부족의 경계(34:1-12)

34장에서는 하나님께서 땅의 부족별 경계선을 정해주는 이야기가 나옵니다. 하나님의 약속을 상기시키며 가나안 정복에 대한 기대감을 심어주십니다. 아직 가나안 땅을 완전히 정복한 것은 아니지만 이스라엘이 차지하게 될 구체적인 지역의 경계를 가르쳐 주심으로 이스라엘 민족에게 하나님의 약속에 대한 희망과 확신을 심어주시는 것입니다.

"여호와께서 모세에게 일러 가라사대 너는 이스라엘 자손에게 명하여 그들에게 이르라 너희가 가나안 땅에 들어가는 때에 그 땅은 너희의 기업이 되리니 곧 가나안 사방지경이라"(민 34:1-2).

하나님은 이스라엘 백성에게 미래에 대한 희망을 주셨습니다. 이 짧은 말은 대단히 중요합니다. 저는 이 어려운 인생길을 가는 성도들을 위해서 목회자가 할 수 있는 일은 무엇인지 생각해 보았습니다. 그것은 희망을 주는 겁니다. 목회자는 성도들에게 희망을 줄 수 있어야 합니다. 마찬가지로 우리 성도들은 믿지 않는 세상 사람들에게 희망을 줄 수 있어야 합니다.

고린도전서 13장에서는 사랑은 모든 것을 바란다고 말씀하고 있습니다. 사랑은 희망을 줍니다. 사람은 희망을 잃으면 삶의 의욕을 함께

잃습니다. 노력을 하는데도 도무지 앞이 안 보일 때 절망하게 됩니다. 희망이 없는 인생을 살아가는 사람은 아무리 좋은 환경 속에서 살고 있다 하더라도 그 곳이 지옥입니다. 지옥은 희망이 없는 곳입니다. 현실이 아무리 어려워도 앞으로의 삶에 희망이 있다면 그 삶은 즐겁고 아름다울 수 있습니다.

특히 믿는 사람들에게 있어서는 인간적으로 도저히 희망이 보이지 않는 상황에서도 하나님께서 반드시 길을 열어 주실 것을 믿는 마음이 있고 소망이 있기 때문에 평화롭게 살아갈 수 있는 것입니다.

부부간의 어려운 문제를 상담하다 보면 희망이 안 보일 때가 있습니다. 어떤 때에는 당장 가서 이혼하라고 말하고 싶습니다. 인간적으로는 도저히 소망이 안 보입니다. 가끔은 저 자신도 하나님께서 해결해 주실 것이라는 말을 하면서도 확신을 가질 수 없는 경우가 있는데 그럴 때에도 하나님께서는 놀라운 역사를 보이십니다. 그리고 그런 역사를 체험한 사람들은 다시 어떤 상황이 닥친다 해도 희망을 갖게 되어 있습니다. 우리에게는 하나님이 계십니다. 하나님께서는 길을 열어 주십니다. 그래서 어려움에 처한 분들을 붙들고 주께서 길을 보여 주시며 도와달라고 기도합니다. 그러면 절망하고 왔다가도 희망을 가지고 돌아갑니다.

특히 지도자가 믿음으로 희망을 갖게 할 때에는 아주 강한 역사가 일어나게 되어 있습니다. 교회의 목사가 기도하고 확신을 갖게 되면 그 말을 듣는 성도들은 다른 어떤 사람이 하는 말에서보다 더 큰 힘을 얻고 앞날에 대한 희망을 갖게 되는 것입니다.

지도자의 확신에 찬 말 한 마디가 다른 사람의 열 마디 말보다 강한 힘을 갖게 하기도 합니다. 그래서 가끔은 절망한 사람에게 다시 일어설 수 있는 희망과 힘을 줄 수 있다면 확신을 갖지 못한 상태에서라도 희망을 심어 주는 말을 해야 하는 것입니다.

하나님께서는 부족별로 경계를 구획해 주었습니다.

> "너희의 동편 경계는 하살에난에서 그어 스밤에 이르고 그 경계가 또 스밤에서 리블라로 내려가서 아인 동편에 이르고 또 내려가서 긴네렛 동편 해변에 미치고 그 경계가 또 요단으로 내려가서 염해에 미치나니 너희 땅의 사방 경계가 이러하니라"(민 34:10-12).

남쪽 경계선은 에돔의 경계와 맞닿은 신 광야와 사해 남서쪽 65마일 지점인 가데스 바네아에 이르렀습니다. 서쪽 경계선은 지중해(대해)와 그 해안선이었습니다. 북쪽 경계선은 지중해에서 호르 산까지였습니다. 이 호르 산은 아론이 죽었던 산이 아니라 페니키아 성읍의 북쪽에 있던 봉우리입니다. 동쪽 경계선은 하살에난에서 스밤까지, 그리고 긴네렛 바다 동편을 지나 사해 끝에서 멎습니다.

하나님은 아직 정복하지도 않은 가나안 땅을 이스라엘 백성들이 유산을 받을 땅이라는 확신을 주시고 자신감을 주셨습니다. 그 말을 들은 이스라엘 백성들은 듣지 않았을 때와는 전혀 다른 자세를 가지고 싸움에 임하게 되었을 것입니다. 또한 하나님의 말씀에 따라서 그 땅이 이미 자기들의 것이라고 믿고 있었기 때문에 자신감이 있었을 것입니다. 이러한 확신을 가진 상태에서 임하는 전쟁에서는 반드시 승리하게 되어 있습니다.

하나님께서는 정복할 가나안 땅의 확실한 경계선을 그어주셨습니다. 그들이 차지할 땅이 동서남북으로 어느 쪽까지 뻗어 있는지를 구체적으로 말씀해 주시는 것입니다. 희망은 확실한 것이라야 합니다. 막연한 희망은 실제적인 행동을 하도록 힘을 주지는 못하는 것입니다. 꿈은 구체적이라야 합니다.

하나님은 요단강 서편에서 이스라엘이 차지할 땅을 분배할 때 공정하게 각 지파가 얻을 땅을 분배합니다. 여기서 공정함이라고 하는 것은 제비를 뽑는 방법을 말하는데, 그 이유는 뽑는 사람이 공정해서가 아니라 하나님께서 공정하게 뽑히도록 역사하시기 때문에 공정한 방법이 되는 것입니다.

제비를 뽑아서 정하는 것은 누가 어느 만큼의 땅을 가지느냐가 아니라 어느 지파가 어느 쪽의 땅을 차지할 것인가에 대한 것이었습니다.

동쪽 부족의 경계(34:14-15)

12절까지 나온 땅의 경계는 요단강 서쪽에 자리잡을 아홉 지파와 반 지파에게 돌아갈 땅이었습니다. 왜냐하면 르우벤 지파와 갓 지파와 므낫세 반 지파는 요단강 동편에 이미 자신들의 땅을 받았기 때문입니다.

15절을 보십시오.

"이 두 지파와 반 지파가 여리고 맞은편 요단 건너편 해 돋는 편에서 그 기업을 받았느니라."

르우벤, 갓, 므낫세 반 지파가 기업으로 받을 동편 경계는 북쪽은 하살에난에서 시작해 남쪽은 리블라, 긴네렛 바다를 거쳐 사해에 이르는 지역이었습니다.

유업분할위원회 구성

이제 16-29절 사이에는 유업분할위원회를 구성해서 분할하게 한 이야기가 기록되어 있습니다. 유업분할위원회란 표현은 성경에 나와 있는 것은 아닙니다. 주로 유산의 분배에 대한 일을 관장하는 모임에 제가 임의로 그런 이름을 붙여본 것입니다.

> "여호와께서 또 모세에게 일러 가라사대 너희에게 땅을 기업으로 나눌 자의 이름이 이러하니 제사장 엘르아살과 눈의 아들 여호수아니라 너희가 또 기업의 땅을 나누기 위하여 매 지파에 한 족장씩 택하라 그 사람들의 이름은 이러하니 유다 지파에서는 여분네의 아들 갈렙이요…"(민 34:16-29).

공동위원장

이 위원회의 공동위원장은 영적 대표인 제사장 엘르아살과 정치적 대표인 지도자 여호수아였습니다. 이 두 사람은 영적인 축복을 주는 예수님의 모형으로 볼 수 있습니다. 이들을 통해서 유산을 분할 받게 되었습니다. 엘르아살은 영적인 모형이요 여호수아는 리더의 모형입니다.

위원

열두 지파에서 한 족장씩 차례로 택해 그들을 돕도록 했습니다. 그들이 지파의 대표이자 위원회의 위원이 되었습니다. 그 중 유다지파의 대표인 갈렙을 살펴보겠습니다.

믿음의 사람 갈렙

갈렙은 끝까지 중요한 일을 감당한 사람입니다. 갈렙의 위대함은 다음 세 사람의 증언으로 증명될 수 있습니다.

먼저 여호수아 14:8에 나오는 자기 자신의 증언입니다. 갈렙은 스스로 "나는 전심으로 여호와를 나의 하나님으로 따랐다"고 고백하고 있습니다. 우리는 어느 정도 자신에 대해 잘 압니다. 일생을 살면서 내 정성을 다해서 전심으로 주님을 따르려고 했는지 아닌지 우리 자신들이 알 수 있습니다. 그 결과가 잘 되었냐 잘못 되었냐는 제쳐놓고라도 전심으로 주님을 따라 살려고 했느냐는 것은 우리 스스로 알 수 있습니다. 그런데 갈렙 본인이 그렇게 간증을 하고 있는 것입니다. 누구나 이렇게 간증할 수 있습니다.

두 번째는 갈렙의 지도자였던 모세의 증언입니다. 그 역시 여호수아 14:9에서 갈렙은 전심을 다해서 여호와를 따랐다고 말하고 있습니다. 갈렙은 지도자가 인정해 준 사람이었습니다.

그리고 마지막으로 동역자 여호수아의 증언입니다. 그 역시 여호수아 14:14에서 갈렙이 전심으로 이스라엘의 하나님을 따랐다고 증언하고 있습니다.

이 세 사람의 증언이 일치하고 있는 것입니다.

물론 자기 스스로 여호와 하나님을 따랐다고 말할 수 있는 사람들은 간혹 있을 수 있습니다. 그렇지만 그것을 제삼자가 인정하는 것은 그리 쉬운 것이 아닙니다. 가장 가까이 있는 사람들의 인정을 받는 일이 먼 곳에 있는 사람들의 인정을 받는 것보다 훨씬 어려운 일입니다. 그런 의미에서 갈렙은 진정으로 하나님의 뜻에 따라 산 사람이었다는 증거가 있는 사람입니다. 우리도 갈렙과 같은 간증을 남길 수 있는 삶을 살아야 할 것입니다.

하나님이 명한 대로 선택함

유업분할위원회 주관하에 지파 대표들이 분할구역을 선택했는데도 하나님께서 명한 대로 했다는 표현이 있습니다. 절대 주권자 하나님은 인간들 가운데서 당신의 섭리를 이루고 계시는 것입니다. 29절을 보십시오.

> "여호와께서 명하사 가나안 땅에서 이스라엘 자손에게 기업을 나누게 하신 자들이 이러하였더라."

하나님께서 뽑으라고 하셔서 매지파마다 그들의 기업인 땅을 나눌 족장들을 선택하게 되었습니다. 그리고 각 지파의 자손들은 자신들의 손으로 뽑기는 했지만 그것을 뽑게 하시는 이는 하나님이시라는 믿음을 가지고 있었기 때문에 그들을 하나님의 명을 받은 사람들로 생각하고 권위를 인정해 주었습니다.

우리들도 교회에서 지도자들을 선택했을 때는 그들의 권위를 인정하고 순종하려는 자세를 가져야 합니다. 우리의 손으로 뽑은 사람들이기는 하지만 하나님께서 그 사람에게 기회를 주시고 일하도록 하셨다는 것을 인정해야 합니다.

물론 목사님이나 장로님이라 하더라도 사람이기 때문에 부족한 것이 있을 수 있습니다. 그러나 투표를 통해 사람의 손으로 뽑았다 하더라도 그 과정 가운데에는 하나님의 역사하심이 있음을 알아야 합니다.

아브라함, 모세, 다윗… 대부분 성경의 인물들이 성격적으로 또는 신앙적으로 문제를 가진 사람들이었습니다. 그러나 그 모자라고 부족한 사람들을 하나님은 귀하게 사용하셨습니다.

하나님의 역사는 이렇게 부족하고 모자라는 사람의 손을 통해 이루어져 왔습니다. 그리고 그 역사는 아직 중단되지 않았습니다. 그 역사를 이루어 가는 사람은 다름 아니라 여러분이 뽑은 지도자들이요, 바로 여러분 자신입니다.

레위인과 도피성

이스라엘 자손에게 말하여 그들에게 이르라 너희가 요단을 건너 가나안 땅에 들어가거든 너희를 위하여 성읍을 도피성으로 정하여 그릇 살인한 자로 그리로 피하게 하라 이는 너희가 보수할 자에게서 도피하는 성을 삼아 살인자가 회중 앞에 서서 판결을 받기까지 죽지 않게 하기 위함이니라 너희가 줄 성읍 중에 여섯으로 도피성이 되게 하되 세 성읍은 요단 이편에서 주고 세 성읍은 가나안 땅에서 주어 도피성이 되게 하라 이 여섯 성읍은 이스라엘 자손과 타국인과 이스라엘 중에 우거하는 자의 도피성이 되리니 무릇 그릇 살인한 자가 그리로 도피할 수 있으리라

14장 (민 35:1-36:13)

레위인과 도피성

35:1-8은 레위인들에게 거주할 도시를 주라는 하나님의 명령이 기록되어 있고, 35:9-34은 실수로 살인한 자들을 어떻게 보호해 주어야 하는가의 문제와 이들을 보호하기 위한 여섯 개의 도피성에 대한 내용입니다. 그리고 고의적 살인자 처리에 대한 지시가 기록되어 있습니다.

레위 사람들에게 준 성읍

레위기 35:1-8 사이는 레위 사람들에게 주는 성읍들에 대한 내용이 있습니다. 레위 지파는 그들의 기업이 여호와와 성막 봉사였으므로 자기 지파 몫의 땅은 없었습니다. 그러나 레위 지파도 실제적인 생활을 할 수 있도록 하기 위해서는 얼마간의 땅과 재물이 있어야 했습니다.

그래서 그 해결책으로 전국 도처에 레위인이 분배받을 수 있는 성읍을 선정하여 사람들의 삶 속에 들어가 거기서 여호와 하나님과 이스라엘을 섬길 수 있도록 했습니다.

> "이스라엘 자손에게 명하여 그들의 얻은 기업에서 레위인에게 거할 성읍들을 주게 하고 너희는 또 그 성읍 사면의 들을 레위인에게 주어서 성읍으로는 그들의 거처가 되게 하고 들로는 그들의 가축과 물산과 짐승들을 둘 곳이 되게 할 것이라"(2-3절).

하나님께서는 각각의 지파에서 레위인들이 거할 수 있는 성읍을 내놓게 하시고 가축들을 기를 수 있는 목초지까지 가질 수 있도록 준비하셨습니다. 하나님께서는 자신의 종들을 돌보아 주시고 살아갈 수 있도록 돌보아 주시는 분이라는 것을 알 수 있습니다.

제사장과 레위 사람들은 다른 사람들처럼 일을 할 수 있는 능력이 있었지만 생업을 갖지 않았습니다. 그들은 전적으로 하나님을 섬기며 살았습니다. 그래서 하나님께서는 전 생애 동안 하나님만 위해서 일하는 책임을 레위 사람들에게 주시면서 생계에 대한 대책을 마련해 주신 것입니다.

하나님께서는 이스라엘 백성들이 가나안 땅에 들어가서 살게 될 때 지역마다 레위 사람들을 나누어 그들 사이에 도시를 주어 살게 하셨습니다. 그리고 그들도 다소의 목축을 할 수 있도록 도시 주변 목초지를 주어 생계유지에 지장이 없도록 돌보아 주라고 명령하셨습니다. 하나님은 자기의 종들을 돌보아 주십니다. 예나 지금이나 하나님을 전적으로 섬기는 사람들의 삶을 하나님께서 보장하십니다. 일생을 하나님께서 책임져 주십니다. 우리는 하나님을 신뢰하면서 우리에게 주어진 사역에만 충성을 다 할 뿐입니다.

　레위 사람들에게 준 목초지의 범위는 성읍을 중심으로 해서 사방 이 천자입니다. 레위인에게 주는 성은 48개였고 그 중에서 6개는 도피성 으로 지정하셨습니다. 실수로 죄를 지은 사람들이나 어쩔 수 없이 죄 를 짓게 된 사람들이 피신해서 생명을 보존할 수 있도록 만들어 놓은 것입니다.

> "너희가 레위인에게 모두 사십팔 성읍을 주고 그들도 함께 주되"
> (민 35:7).

　성읍의 이름은 기록되어 있지 않고 단지 48개의 성읍을 주라고 말씀 하십니다. 이름이 기록되지 않은 것을 보면 가나안 땅에 들어가기 전 에 받은 지시 같아 보입니다. 문서설(Document Hypothesis, JEDP 학설)에 의하면 민수기는 모세가 쓴 것이 아니고 모세오경이 마지막 으로 완성된 것이 주전 550년이라고 주장합니다. 주전 550년이면 모 세 때보다 거의 천년이나 뒤의 일이기 때문에 민수기는 모세가 쓴 것 이 아니라고 가르치는 신학교들이 한국에도 몇 있습니다. 만약 그렇 게도 늦게 쓰여졌다면 35장에서 도시 이름들이 나올만한데 하나도 안 나타나지 않고 있습니다. 그래서 저는 가나안 땅에 들어가기 전이어 서 도시들의 이름을 아직은 모르니까 도시 이름이 전혀 기록되지 않은 것이 아닌가 생각하는 겁니다.

하나님의 일을 위한 십일조 드림

도시와 목초지를 주실 뿐만 아니라 이스라엘 사람들로 하여금 받은 유산에서 생산되는 수입의 비례로 십분의 일을 구별해서 제사장과 레위 사람들에게 주라는 지시도 하셨습니다.

8절 말씀입니다.

"이스라엘 자손의 산업에서 레위인에게 너희가 성읍을 줄 때에 많이 얻은 자에게서는 많이 취하여 주고 적게 얻은 자에게서는 적게 취하여 줄 것이라 각기 얻은 성읍을 따라서 그 성읍들을 레위인에게 줄지니라."

이스라엘 자손들이 자기 산업에서 레위 지파에게 성읍을 줄 때에는 많이 얻은 자에게는 많이 취하여 주고 적게 얻은 자에게는 적게 취하여 주도록 했습니다.

이것이 하나님의 공평의 원리입니다. 그리고 각 지파에서 십일조를 통해서 제사장과 레위 지파 사람들이 생계를 유지할 수 있도록 하는 제도를 만들었습니다. 이들이 마음껏 사역할 수 있도록 그들의 생계를 보장하신 것입니다. 또 십일조를 통해서 하나님께서 자기 백성들에게 주신 헌금의 원리도 알려주신 것입니다. 이와 같은 원리가 있기 때문에 누구든지 부담을 느끼지 않고 받은 대로 바칠 수 있는 것입니다. 하나님은 하나님의 일을 하는 백성들이 그 일 때문에 생계에 지장을 받지 않도록 해 주십니다. 그러나 원칙은 각 지파에서 내놓는 것이 그 지파에게 부담이 되어서는 안 된다는 것입니다.

교회에서 건축헌금을 이야기할 때나 다른 일들을 위해서 성도들에게 헌금하라고 말할 때도 하나님께서 자기가 받은 만큼 내놓으라고 하니까 걱정할 필요가 없습니다. 받은 비율에 따라 내놓는 것이기 때문에 얼마나 편한지 모릅니다.

헌금은 우리의 의무임과 동시에 특권입니다. 하나님이 주신 것을 하나님을 위해서 쓸 수 있다는 것은 특권이지요. 의무 때문이나 억지로 할 일이 아닙니다. 하나님으로부터 받은 비율에 따라 내니까 많이 받은 사람은 많이 내놓고 조금 받은 사람은 조금 내놓으면 됩니다. 이런 원리를 따라서 모든 일을 진행할 때에 무리가 없습니다. 모두에게 공평하며 모두가 참여할 수 있습니다.

특히 한 가정에서 헌금을 드려야 할 일이 있을 때에는 부부간에 상의를 해야 합니다. 부부 사이에 헌금에 대한 생각이 다를 경우가 많이 있습니다. 대개 보면 부인은 많이 하자고 하는 편이고 남편은 조금 하자고 하는 경우가 많은데 그런 경우에는 반드시 두 사람이 기도를 해보고서 합의하에 결정을 해야 합니다.

사람에 따라 성향의 차이가 있기는 합니다만 여자들의 경우에는 정기적으로 작정을 해서 헌금을 하기를 원하는 사람들이 많이 있고, 남자들의 경우에는 어떤 일이 있을 때에 크게 한 번 하는 것을 좋아합니다.

꼭 그런 것은 아니겠습니다만 이런 일들을 미루어 짐작해 보면 남자들의 믿음이 여자들의 믿음을 따라가지 못하는 것 같습니다. 믿음의 가정에서 아들들을 기를 때 좀더 잘 가르치고 훈련을 시켜야 하겠다는 생각을 하게 되는 원인이 바로 여기에 있습니다. 남자들이 믿음에 강해야 교회도 강해집니다.

하나님의 종들을 돌보게 하심

또 한 가지 1-8절에서 우리가 찾아볼 수 있는 중요한 원리는 레위인들에게 바치는 것이 하나님께서 미리 정해서 떼어준 것이 아니고, 하나님으로부터 받은 것을 레위인들을 위해 다시 바치도록 했다는 것입니다. 하나님께서 어떤 도시는 레위인의 것이니까 손대지 말라고 하실 수도 있었는데 그렇게 하지 않으셨습니다.

토지를 나누어 줄 때 인구의 수에 따라서 작은 지파는 조금 주고 큰 지파는 많이 주었습니다. 일단 그들에게 준 다음에 '너희가 스스로 떼어서 레위 사람들에게 주라'고 하신 것입니다. 즉 그들 스스로 하나님의 사역과 하나님의 종들을 돌보게 하기 위해서 이런 순서를 밟도록 만들어 놓은 것입니다. 하나님은 인간이 스스로 일하게 하십니다.

목회자들 중에는 성도들의 헌금에서 사례비 받는 것을 아주 불편하게 생각하는 분들이 있습니다. 마치 십시일반으로 여러 사람들이 선심을 쓰는 것처럼 조금씩 떼어서 목회자의 급료를 만들어 받는 것처럼 생각하기 때문에 그런 기분을 갖게 되는 것입니다.

그래서 미국 이민교회에서는 목사님들 중에 교회에서 사례비를 받지 않고 자기 자신이 가게를 운영하는 사람들이 더러 있습니다. 어떤 경우에는 교회의 재정이 너무 약하기 때문에 어쩔 수 없이 그렇게 되는 경우도 있을 것입니다. 그렇지만 목사의 월급을 마치 목사가 어떤 말이나 행동을 자유롭게 하지 못하도록 얽어매는 줄로 생각해서 따로 일을 갖는다면, 그것은 아주 잘못된 생각입니다. 불가피한 경우를 문제 삼는 것은 아니나 성도들의 헌금에서 목사의 사례비가 나가는 것을 꺼림칙하게 생각할 필요가 없습니다.

목회자들은 구약의 레위인들이 그랬듯이 하나님께서 정하신 대로 각 성도들이 정한 헌금에서 생활비를 받되, 정당하게 받아야 할 것으로 생각해야 하는 것입니다.
자기가 벌어서 목회를 하면 더 떳떳할 것 같지만 절대로 그렇지 않습니다. 목회를 해야겠다고 마음을 먹은 사람은 다른 모든 일을 제치고 목회에만 매달려야 합니다. 그래야 하나님의 일에 열매를 맺을 수 있게 되고, 그러면 성도들로부터 사례비를 받는 일에도 편한 마음으로 받을 수 있게 되는 것입니다.

하나님의 백성은 하나님의 종들을 돌볼 의무가 있습니다. 하나님이 주신 것을 하나님께 다시 드리라는 것입니다. 그래서 목회자들이 사례비를 받는 것은 마땅한 것입니다. "곡식을 밟아 떠는 소의 입에 망을 씌우지 말라"는 사도 바울의 말씀도 다 그런 뜻입니다. 조금도 이상하게 생각하거나 잘못된 것처럼 생각할 이유가 하나도 없습니다. 그것은 하나님께서 만들어 놓으신 제도이기 때문입니다.

미국 흑인 목사님의 3분의 2 정도는 다른 직업을 가지고 있습니다. 어떤 목사님은 택시운전을 하고 어떤 목사님은 빌딩 청소를 하며 어떤 분들은 교사 생활을 하고 있습니다. 만약 목회자들이 전적으로 목회에만 전심을 다하면 하나님께서 목회자들의 생계를 보장하십니다. 한 가지 목표에 전력하지 못하고 두 마리의 토끼를 좇으려고 하니까 아무런 열매를 맺지 못하는 것입니다. 하나님이 맡기신 일을 충실하게 하면 그 외의 모든 것은 하나님께서 다 알아서 돌보아 주십니다. 교회를 성장시키고 자신도 하나님과 성도들 앞에 떳떳하게 살고 싶다면 전력을 다해서 목회에 매달리는 사람이 되어야 합니다.

레위인들이 이스라엘 사람들 사이에 살면서 그들의 영적인 삶을 돌보는 일을 담당했던 것처럼 하나님의 종들은 하나님의 백성들의 삶 속에 깊이 들어가서 그들의 영적인 상태를 돌보아 주어야 합니다. 목회자들이 사람들에게서 격리되어 있었던 옛날의 수도원 같은 생활을 해서는 안 됩니다. 훈련을 위해서 수도원에 들어 갈 수 있으나 기독교는 세상 안에 들어가 있어야 합니다. 물론 세상에 속해서는 안 됩니다. 이것이 기독교의 원리입니다.

하나님의 백성이 영적으로 왕성하면 문제가 없습니다. 그러나 하나님의 백성들이 타락하면 목회자들이 갈 데가 없습니다. 문제가 됩니다. 기억나십니까? 사사기 18장에서 젊은 레위 제사장 한 명이 사역할 곳이 없어서 전전하다가 미가라는 사람의 집에서 사제역할을 했다는 내용이 있지요. 그것은 벌써 그 나라 그 시대의 영적인 상태를 말해주는 것입니다. 하나님의 백성들이 하나님의 말씀대로 십일조를 제대로 바치고 하나님의 말씀을 따라 하나님을 섬겼으면 레위 사람과 제사장이 사역지 없이 떠돌아다닐 리가 없습니다. 혼자 돌아다니다가 북쪽 지역에까지 흘러와서 옷 한 벌과 먹을 것을 준다고 하니까 미가의 집에 와서 개인 가족의 목회자가 된 것입니다. 그리고 미가의 집에 있는 우상을 숭배하는 일에 협조하게 된 것입니다.

영적으로 약해지는 것이 제일 먼저 드러나는 부분이 바로 헌금입니다. 영적으로 교회에 문제가 생기면 제일 먼저 나타나는 것이 헌금액수가 떨어지는 것입니다. 교회에 조금만 문제가 있으면 헌금이 감소됩니다. 너무도 정확합니다. 헌금은 교회의 영적인 상태를 알려주는 온도계입니다. 교회의 영적인 온도에 따라서 헌금이 올라가고 내려가고 합니다.

최근에도 제가 아는 한 교회에 조금 문제가 있었는데 그 목사님에게서 전화가 왔습니다. "목사님 큰일났습니다. 헌금이 3분의 1로 줄었습니다." 틀림이 없습니다. 그렇지 않아도 그 교회에 문제가 있다는 이야기를 들었는데 바로 저에게 전화를 한 것입니다. 교회에 분쟁이 있거나 은혜가 떨어지면 헌금이 떨어집니다. 그러나 사랑이 있고 은혜가 있으면 헌금이 또다시 올라갑니다. 헌금이 오르락내리락 하면서 우리의 영적인 건강상태를 가늠해 줍니다.

우리들은 이런 현상을 보면서 더 많이 기도하고 회개하며 말씀을 묵상하고 겸손해야겠습니다. 우리는 늘 도전을 받고 있습니다.

도피성을 만드심

이제 9-34절까지의 도피성에 대해 보십시다. 도피성에 대한 이야기는 신명기와 여호수아에도 나타납니다. 그러나 여기서는 민수기 35장의 이야기만 보겠습니다.

도피성의 목적

도피성은 실수로 사람을 죽인 자들을 보호하기 위해서 하나님께서 마련해 준 여섯 개의 도시들입니다. 그러면 하나님께서 왜 도피성을 만들라고 하셨는지 보겠습니다.

15절 말씀입니다.

> "이 여섯 성읍은 이스라엘 자손과 타국인과 이스라엘 중에 우거하는 자의 도피성이 되리니 무릇 그릇 살인한 자가 그리로 도피할 수 있으리라."

도피성의 목적은 실수로 사람을 죽이는 경우 복수하러 따라 오는 사람들을 피하여 재판 받을 때까지 피신할 수 있도록 보호해 주는 데 있습니다. 하나님께서는 인간의 죄와 그 동기를 보십니다. 고의적으로 저지른 죄인지 아닌지를 보시는 것입니다. 그 의도에 따라 하나님께서 인간의 죄를 처리하는 방법이 다릅니다.

이스라엘은 아직 성문법이나 사법제도가 완성된 단계가 아니었습니다. 하나님의 율법에 의해 다스려지는 단계였습니다. 그런데 하나님의 율법은 "이에는 이 눈에는 눈"으로 그 처벌을 요구하고 있었습니다. 따라서 살인을 한 사람은 피해자의 가족이나 일가친척에 의해 그 살인에 대한 보복을 당할 수 있었습니다.

그러다 보니 실수로 살인을 하여 정식 재판절차를 갖는다면 충분히 정상참작을 받을 수 있는 경우에도 피해자의 친족으로부터 피의 보복을 당하는 경우도 생길 수 있었습니다. 그래서 하나님은 이런 경우를 위해서 도피성을 만드신 것입니다.

그러나 고의적인 죄에 대해서는 하나님께서 철저히 책임을 묻습니다. 출애굽기 34:7에 보면 "형벌받을 자는 결단코 면죄하지 않고(I will not clear the guilty)"라는 표현을 썼는데 이는 죄에는 반드시 형벌이 있다는 것과 고의적인 죄인은 가만 두지 않겠다는 것입니다. 의도적으로 범죄함으로 고의적으로 악을 행하는 경우를 말하는 것입니다. 그러나 인간이 악을 행하려는 의도가 있는 것이 아니고 어쩌다 실수해서 잘못을 저지른 죄에 대해서는 하나님께서 보호하시고 그 사람을 돌보아 주신다는 것입니다. 인간적인 한계로 인해 실수로 죄를 짓게 될 때에는 그 사람이 다시 재기할 수 있도록 돌보시는 것입니다. 저는 하나님의 이런 모습에 많은 위로를 얻었습니다.

제가 젊었을 때 목사님들이 거룩하게 살라고 강력하게 설교하시고 늘 회개하라고 강조하시니까 말 한 마디라도 조심하려고 애를 쓰고 행동 하나하나를 조심하고 심지어 생각 하나도 조심하려고 노력을 했습니다. 어쩌다 좋지 않은 꿈을 꾸었을 때도 깨어서 엎드려 '하나님 아버지 나쁜 꿈을 꾸었습니다. 용서해 주옵소서'라는 기도를 하고 다시 잠들기도 했습니다. 그러니 늘 죄의식 속에 살게 됩니다. 아무리 노력을 해도 완전에 미치지 못합니다(롬 3:20). 나 자신은 그러지 않으려고 했는데 말이 잘못 나오거나 나쁜 생각을 하게 되거나 실수를 하는 경우가 종종 생기고 그것은 아무리 피하려고 해도 피해지지 않았습니다.

매일 그렇게 회개의 기도를 하고 다시는 그러지 않겠다고 결심을 하는 일이 반복되니까 그 다음에는 하나님께도 너무 죄송해서 더 이상 기도를 할 수 없을 정도가 되었습니다. 이렇게 되니까 성경에서 말씀하신 항상 기뻐하라는 말씀이 마음에 와 닿지 않았습니다. 교회 생활도 전혀 재미가 없었습니다. 예수를 믿으면 즐겁다는 말씀도 거짓처럼 느껴졌습니다.

그런데 결국 도피성에 대한 말씀에서 저는 해방을 받았습니다. 하나님께서는 인간의 나약함을 아시는 분이기 때문에 실수로 저지른 죄와 모르고 저지른 죄에 대해서는 그 심판하시는 방법이 다르다는 것이었습니다. 그렇다고 죄를 계속 반복해도 된다는 말은 아니지만 하나님을 믿는 사람이 그렇게 죄의식에 사로잡혀서 기쁨을 모르고 사는 것도 성경적인 삶이 아니라는 것을 깨닫게 되었습니다.

도피성의 위치

하나님께서는 여섯 개의 도피성 중 셋은 요단강 동편에, 그리고 나머지 셋은 가나안 땅에 두라고 말씀하십니다. 실수로 살인한 자가 쉽게 도망가서 피할 수 있도록 북부, 중부, 남부지역에 하나씩 골고루 두게 했습니다.

"너희가 줄 성읍 중에 여섯으로 도피성이 되게 하되 세 성읍은 요단 이편에서 주고 세 성읍은 가나안 땅에서 주어 도피성이 되게 하라"(민 35:13-14).

이것은 실수한 자의 생명을 보호하시려는 하나님의 각별한 보호조치였던 것입니다. 그리고 유대인의 전통에 보면 제사장의 임무 가운데 하나가 도피성으로 가는 길목을 잘 닦아 놓아야 하는 것이었습니다. 만일 그 길에 장애물이 있어서 어떤 죄인이 도피성으로 가는 도중 잡히게 되면 그 책임을 제사장에게 물었습니다. 그것은 하나님의 보호하심에 대한 뜻을 잘 이행하기 위해서 만들어 놓은 법입니다.

영적으로 볼 때 **우리의 도피성은 바로 예수 그리스도입니다.** 그분에게 가는 길을 막을 자는 아무도 없습니다. 그저 자기의 죄를 고백하고 예수님께로 달려가기만 하면 됩니다. 그분에게 속히 피하면 하나님께서 감싸주시고 용서하시고 보호하시고 돌보아 주십니다. 범죄한 후에 예수께로 가지 않으면 우는 사자와 같이 우리를 잡으러 다니는 마귀와 세상과 육신에게 잡히게 됩니다. 불신앙과 범죄함으로 고생스러운 광야생활을 하고서야 가나안에 들어가게 되는 것입니다. 그래서 범죄하면 즉각 도피성인 예수께로 피해야 합니다.

그러면 이런 때 목회자들이 할 일이 무엇입니까? 목회자들은 성도들이 죄를 짓고 방황을 할 때에는 언제라도 예수 그리스도라는 도피성으로 가는 길을 안내해 주고, 그 길을 가는 데에 있는 방해물을 치워주어야 합니다. 이것이 성도들과 목회자의 임무입니다.

통계에 의하면, 기독교인들이 제일 좋아하는 설교는 첫째가 구원의 확신이고, 두 번째는 죄사함이라고 합니다. 자신의 죄가 사해졌다는 확신을 받는 것을 좋아하는 것입니다. 제가 설교를 하면서 살펴봐도 그런 것 같습니다. 인간은 죄성을 가졌기 때문에 누구나 범죄하게 되어 있습니다. 그렇지 않은 사람은 없습니다.
사도 요한도 범죄하지 않는다고 말하는 그 사람은 거짓말쟁이요 그 안에 진리가 없다고 말씀하셨습니다. 범죄하지 않는 사람은 거짓말쟁이던가 천국에 가 있는 사람이던가 둘 중의 하나입니다. 이땅에 사는 사람은 죄를 범하며 살 수밖에 없습니다. 그래서 죄사함의 설교를 들을 때마다 감동과 은혜를 받게 되는 것입니다.

제가 쓴 책 「당신은 확실히 믿습니까?」(나침반사)에도 구원의 확신에 대해서 네 번이나 강조를 했습니다. 그리고 사죄의 확신에 대해서도 두 번을 강조했습니다. 왜냐하면 구원의 확신보다 성도들이 희열을 느끼는 것이 별로 없기 때문입니다. 복음이 바로 구원의 소식이 아닙니까? 사죄의 확신이 그만큼 중요한 것입니다.

도피성의 이용자

도피성은 이스라엘 사람이라면 누구나 이용할 수 있었을 뿐만 아니라 그 곳을 여행 중인 나그네나 그 땅에 살고 있는 가나안 사람일지라도 구별 없이 사용할 수 있었습니다.

15절을 보십시오.

> "이 여섯 성읍은 이스라엘 자손과 타국인과 이스라엘 중에 우거하는 자의 도피성이 되리니 무릇 그릇 살인한 자가 그리로 도피할 수 있으리라."

도피성은 누구에게나 열려 있었습니다. **하나님의 은총은 누구에게나 차별 없이 베푸시는 은총입니다.** 살인을 한 죄인이 이스라엘 백성이 아니라고 해서 그냥 죽음의 위협 가운데에 내버려두시는 분이 아니십니다.

하나님은 이땅 모든 사람들의 하나님이시며 이방인들 역시 하나님의 형상을 입고 이땅에 태어난 사람들입니다. 더구나 예수 그리스도로 말미암아 전 민족 전 세계에 하나님의 백성들이 하나님의 백성으로 부름받은 지금은 더욱 하나님의 은혜를 함께 나누어야 할 것입니다.

고의적인 살인범의 경우
그러나 실수로 살인한 경우와 고의적으로 살인한 경우는 분명히 구별되었습니다. 16-21절까지는 고의로 사람을 죽인 것에 대한 구분과 형벌이 나옵니다.
16-17절을 보십시오.

"만일 철 연장으로 사람을 쳐죽이면 이는 고살한 자니 그 고살자를 반드시 죽일 것이요 만일 사람을 죽일 만한 돌을 손에 들고 사람을 쳐죽이면 이는 고살한 자니 그 고살자를 반드시 죽일 것이요."

여기서 '반드시' 라는 말이 중요합니다. 사람이 죽을 수 있는 쇠붙이나 나무로 때려서 고의적으로 사람을 죽이려 했을 때에는 그 사람을 용서하지 말고 반드시 죽이게 되어 있었습니다. 같은 결과라고 해도 실수와 고의는 이렇게 판이하게 다른 판결을 받았던 것입니다. 본문에 보면 '고살(故殺)한다' 는 표현이 나옵니다. 고살(故殺)이란 것은 고의적으로 죽인다는 말입니다.

"만일 사람을 죽일 만한 나무 연장을 손에 들고 사람을 쳐죽이면 이는 고살한 자니 그 고살자를 반드시 죽일 것이니라"(민 35:18).

같은 재질로 만든 것이라도 그것이 사람을 죽일 만한 것이어야 고의적인 살인으로 인정했습니다. 무기를 보면 그 의도를 알 수 있습니다. 어떤 돌이나 몽둥이를 사용했는지, 어떤 쇠붙이를 들었는지에 따라 그것이 심각한 살인무기가 되기도 합니다.

순간적으로 화가 폭발해서 아무 것이나 들고 던진 그것에 맞을 수는 있습니다. 그러나 다치기는 해도 잘 죽지는 않을 것입니다. 그래서 사람이 다른 사람을 때릴 때 어떤 연장을 들었는가가 중요합니다. 쇠몽둥이나 큰 돌을 들고 싸우려고 드는 사람을 실수한 사람이라고 할 수는 없는 것입니다. 그것은 살인의 의도가 있었던 것으로 보아야 했습니다.

하나님은 살인의 고의성과 과실의 기준을 그 손에 들고 있는 연장으로 보셨던 것입니다. 이 두 가지는 아주 밀접한 관계를 가진 것이었습니다. 그리고 하나님께서는 고의적인 살인자를 반드시 죽이라고 말씀하고 계십니다.

고의적인 살인은 하나님의 형상을 닮은 사람을 죽인 것이기 때문에 도저히 용서할 수 없는 죄입니다. 이것은 무기 징역 정도로 해결할 일이 아닙니다.

한국교계에서도 사형언도 폐지운동이 있습니다. 최근 유엔(UN)에서 사형제도 폐지를 주장했습니다. 그러나 저는 개인적으로 사형을 폐지하는 것에 반대합니다. 하나님의 공의의 원리에도 고의로 살인을 한 사람은 반드시 죽이게 되어 있습니다. 물론 그 고의성을 확인하는 방법에는 여러 가지가 있어서 모든 정황을 미루어서 고의라는 확신이 들 때에만 사형 판결을 내리도록 되어 있었습니다.

사형 폐지론을 주장하는 사람들의 논리 가운데는 그 사람을 죽이면 구원을 받을 기회가 없어진다는 주장이 있습니다. 그러나 그것은 그렇지 않습니다. 구원받을 기회는 얼마든지 있습니다. 사형이 확정되어서 집행되기까지는 얼마든지 충분한 시간이 주어지고, 그 동안 교도소에서 선교하는 목사님들이 그들이 구원에 이를 수 있도록 모든 노력을 다합니다. 그렇기 때문에 그 사람이 예수님을 영접하려면 영접할 수 있는 기회는 얼마든지 있습니다.

따라서 생명을 살려 놓는 것만이 옳은 것이 아닙니다. 구원의 문제를 해결할 수 있도록 최선을 다하되 악의로 생명을 빼앗는 사람에게서는 생명의 대가를 반드시 치르게 해야 하는 것입니다.

어떤 사람들은 사형이 모세의 율법에서 나온 것이기 때문에 그것은 유대인의 법이라고 말하기도 합니다. 그러나 이것도 잘못된 생각입니다. '살인하지 말라'는 말은 모세의 십계명에 나타나기 훨씬 전부터 있었습니다. 창세기 9장에서 나타나지요. 창세기 9:6에서 "남의 피를 흘리는 자의 피는 반드시 흘려야 한다"고 말하고 있습니다. 이것은 모세오경이 완성되기 전부터 있던 이야기입니다. 저는 이것을 모세 이전의 윤리(Pre-Mosaic Ethics)라고 부릅니다.

저는 모세 이전에 하나님께서 주신 율법을 연구해 본 적이 있습니다. 자유주의 학자들은 모세의 법을 무시하고 모세의 법은 유대 사람들의 것이기 때문에 기독교와는 상관이 없다고 주장합니다. 기독교는 예수님의 산상수훈을 따라야지 모세의 유대법을 따르면 안 된다고 말합니다. 그래서 모세 전에 알려져 있던 율법(The Pre-Mosaic Ethics)에 어떤 것들이 있었나 조사해 보았더니 십계명의 내용이 전부 포함되어 있었습니다. 창세기 1장부터 출애굽기 20장까지의 구절을 전부 분석을 해 보니까 십계명은 하나님께서 하나의 공식문서로 정리를 해 놓으신 것일 뿐이었고 그 법이 그 때 처음 나온 것은 아니었습니다. 하나님의 법은 그 이전에 이미 다 나와 있었습니다.

살인에 대한 것도 마찬가지입니다. 살인, 더욱이 고의적인 살인은 하나님께서 대단히 심각하게 다루셨습니다. 사형제도를 폐지하자고 주장하는 사람들은 생명은 귀한 것이므로 사형시켜서는 안 된다고 말합니다. 그리고 살인이라는 것이 이미 악인데 그것을 다스리는 방법으로 같은 악이라고 할 수 있는 사형을 사용하는 것이 옳으냐고 합니다. 예수께서는 악으로 악을 갚지 말고 선으로 악을 갚으라고 하셨다고 말하는 것입니다.

그러나 엄밀히 말해서 악과 선은 인간이 결정하는 것이 아닙니다. 악과 선은 하나님께서 결정하는 것입니다. 고의적으로 사람을 죽이지 못하도록 하셨는데 살인을 했으면 그것은 악입니다. 그런데 고의적으로 사람을 죽인 사람을 사형에 처한다고 해서 그것이 악이 될 수는 없습니다. 하나님의 명령에 의해서 한 일이기 때문입니다.

사형폐지를 주장하는 사람들은 악과 선을 인본주의적 관점에서 결정하기 때문에 그런 논리를 펴는 것입니다. 모든 것의 기준은 하나님이며 하나님이 결정하는 것입니다. 하나님께서 만일 가나안 백성을 다 죽이라고 해서 이스라엘 백성들이 다 죽이면 그것이 바로 선입니다. 인정에 이끌려서 죽이지 않으면 그것은 오히려 악이 되고 맙니다. 선과 악은 철저하게 하나님이 결정하시는 것입니다. 사람이 결정하는 선악은 절대성이 없는 것입니다. 사람의 생각이나 이성이 절대성을 가질 수 없기 때문입니다.

또 사형폐지주의자들은 악으로 악을 갚지 말고 선으로 악을 갚아야 된다고 말합니다. 예수님은 원수를 사랑하고 핍박하는 자를 위해서 기도하라고 하셨는데 어떻게 사형이 선한 방법이 될 수 있느냐고 말합니다. 사형을 언도하는 것은 예수님의 가르침에 어긋난다고 말합니다. 그러나 그것도 성경을 제대로 이해하지 못한데서 온 것입니다.

예수님은 인간의 개인적인 윤리를 두고 말씀하신 것입니다. 이분들은 국가의 법적 제도와 신앙인의 개인적 윤리를 혼동하고 있는 것입니다. 유대 사람들도 혼동을 했습니다. "눈은 눈으로 이는 이로 갚으라"는 말을 개인적으로 자신들이 복수를 하는 것으로 오해했습니다. 그러나 이 말은 유대인들의 사법제도를 가리키는 것입니다. 개인의 윤리와 정부의 법제도를 혼동하면 안 됩니다. 국가의 법을 집행할 때는 분명하게 공정한 구별이 있어야 합니다. 예수님은 유대 사람들이 국가의 법령으로 세워진 것을 그대로 개인의 관계에 적용하는 것을 보고 그런 말씀을 하신 것입니다

국가의 법은 이는 이로 눈은 눈으로 갚아라 하는 것이지만 개인적으로는 그렇게 하지 말고 악을 선으로 갚으라고 말씀하신 것입니다. 그러나 국가의 법에는 반드시 정의과 공의가 있어야 합니다. 공적인 국

가법에 있어서는 생명은 생명으로 갚아주는 법이 있어야 공의라고 할
수 있습니다.

　그런데 법이 제 구실을 못한 이유는 그 법이 공정하지 못하게 집행
되었기 때문입니다. 약한 사람들만 옭아매고 힘이 있는 사람들은 얼
마든지 빠져나갈 수 있는 거미줄 같은 법이었기 때문에 법이 불신의
도구가 된 것입니다. 돈이 있고 권력이 있는 사람들은 어떤 잘못을 해
도 다 빠져나가고 아무 힘도 없는 사람들만 당해왔기 때문에 법이 형
평성을 잃은 것입니다.
　그리고 나라의 일을 맡았기 때문에 더욱 법을 잘 지켜야 할 사람들
이 더 법에 저촉되는 일들을 많이 합니다. 자식들을 유학 보내고는 나
라에서 정한 돈보다 더 많은 돈을 보내고 지나치게 호화로운 생활을
누리게 해서 교포들의 눈살을 찌푸리게 하는 것도 고관들의 자식들입
니다.
　그러니 어떻게 국민들이 법을 신뢰하고 권위를 인정하겠습니까? 법
을 지키고 사는 사람들만 힘들게 살아가는 사회에서는 정직한 사람들
이 바보가 되고 한을 쌓고 살게 되어 있습니다.
　이제는 이런 일이 없어져야 합니다. 누구든지 그가 알고도 고의적으
로 죄를 지었다면 마땅히 그에 상응하는 벌을 받아야 합니다. 법의 집
행이 공의로운 사회라야 진정으로 정의롭고 평화로운 사회라고 할 수
있는 것입니다.

　"눈에는 눈으로 이에는 이로"라는 국가적인 정의는 있어야 합니다.
단, 개인적으로는 해를 입은 사람이 자기를 해친 사람을 용서해 주어

그리스도의 사랑을 실천해야 합니다. 이렇게 법에 대한 공의성과 개인적인 용서와 사랑을 잘 실천하신 분이 바로 손양원 목사님입니다.

그분은 자기 아들을 죽인 살인자를 용서하고 자기의 양아들로 삼았습니다. 그러나 국가는 살인을 한 사람을 그렇게 간단하게 용서할 수 없었기 때문에 그 살인자에게 사형을 언도했습니다.

'눈은 눈으로 이는 이로 목숨은 목숨으로', 국가는 정의롭게 판단한 것입니다. 그런데 만약 판사가 이를 이로 갚아서는 안 된다고 생각하여 살인을 한 젊은이를 용서해주고 무죄를 판결했다면 어떻게 되겠습니까? 만일 그랬다면 국가적으로 보통 문제가 아니었을 것입니다. 악을 선으로 갚으라고 했다고 해서 그것을 국가의 사법제도에 적용을 했다면 얼마나 큰 혼란이 있겠습니까?

그러나 국가는 그 사람에게 사형선고를 내림으로 정의를 세웠고, 손 목사님은 그 젊은이를 그리스도의 사랑으로 용서하고 그를 아들로 삼았습니다. 이것이 바로 성경의 가르침을 따른 아름다운 예입니다. 국가의 사법제도와 개인의 윤리제도를 혼동하지 않았습니다.

그런데 처음부터 국가에게 이를 이로 갚는 것은 안되니까 그렇게 하지 말라고 한다거나, 자기의 두 아들을 죽인 그 젊은이에게 예수님께서 산상수훈에서 말씀하신 오른뺨을 치면 왼뺨도 돌려대라고 가르치신 대로 나까지 죽이라고 한다면 어떻게 되겠습니까?

성경에 쓰여진 대로 믿어야 합니다. 죽일 사람을 찾자는 것이 아닙니다. 계획적으로 악하게 사람을 죽였을 때에는 하나님의 원리대로 실행해야 한다는 것입니다. 살인자 개인이 미워서가 아니라 공의를 위해서, 살인을 당한 사람과 가족과 사회를 위해서 성경대로 해야 한다는 것입니다.

미국에서도 한동안 사형제도는 있지만 집행을 하지 않은 적이 있었습니다. 사형반대자들이 국회에 가서 너무 강하게 주장을 하니까 결국은 사형집행이 없어졌던 것입니다. 그 이후 20년이 지나니까 이로 인해 적지 않은 문제가 나타났습니다. 살인자들은 혜택을 받고 억울하게 죽은 사람들만 불쌍한 사람들이 되어 버리고 말았습니다. 국민들은 분노하기 시작했습니다. 살인자들이 늘어가는 것을 보다못해 확실한 경우에는 다시 사형집행을 시작했습니다. 주마다 다시 법을 고쳤습니다. 물론 사람을 죽이는 것이 목적은 아닙니다. 그러나 사회는 공의로워야 한다는 것입니다. 공의로운 사회, 바로 그것이 성경적 가르침의 중심입니다.

사형제도에 있어서 어떤 경우 무죄한 사람이 사형을 당할 수도 있습니다. 또 부자들과 권력자들은 다 빠져나가고 가난하고 힘없는 죄인들만 사형으로 죽는 경우도 없지 않습니다. 그런 경우 사형제도를 폐지할 것이 아니고 잘못된 제도를 고쳐 빠져나갈 구멍을 막아 누구에게나 공정한 사법처리가 되도록 해야 합니다.

고의적인 살인의 구체적인 사례

만일 어떤 사람이 고의로 살인을 했는데 그 피를 보수하는 사람이 살인한 사람을 도피성으로 피신하기 전에 만난다면 그를 죽이는 것이 허용되었습니다. 여기서 피를 보수하는 자란 말은 피해자의 가족으로 복수를 할 만한 관계에 있는 사람을 말하는 것입니다. 눈은 눈으로 갚을 수 있다는 것입니다.

19-21절입니다.

> "피를 보수하는 자가 그 고살자를 친히 죽일 것이니 그를 만나거든
> 죽일 것이요 만일 미워하는 까닭에 밀쳐 죽이거나 기회를 엿보아
> 무엇을 던져 죽이거나 원한으로 인하여 손으로 쳐죽이면 그 친 자
> 를 반드시 죽일 것이니 이는 고살하였음이라 피를 보수하는 자가
> 그 고살자를 만나거든 죽일 것이니라."

하나님께서는 고의로 살인을 한 것이 명백한 경우에는 그 사람의 목
숨을 피해자의 가족에게 맡기셨습니다. 고의적으로 살인을 한 자에게
변명의 여지가 없고 정상을 참작할 이유가 없기 때문입니다.

만일 고의적인 살인을 그대로 방조하거나 선처를 베풀어준다면 그
사회는 살인과 복수가 끊이지 않는 불안하고 공포스러운 사회가 될 것
이 너무나 자명합니다. 하나님께서는 그런 범죄 사회로 치닫는 것을
막으시는 한편 억울하게 인명이 살상 당하는 일이 없도록 하기 위해서
살인 사건의 진상을 철저하게 규명하게 하셨습니다. 그렇기 때문에
재판의 과정을 거쳐야 합니다.

과실치사일 경우

22-23절 사이에는 과실치사 사건이 드러나 있습니다.

> "원한 없이 우연히 사람을 밀치거나 기회를 엿봄이 없이 무엇을 던
> 지거나 보지 못하고 사람을 죽일만한 돌을 던져서 죽였다 하자 이

는 원한도 없고 죽이려 한 것도 아닌즉."

과실치사란 실수로 사람을 죽이는 경우를 말합니다. 상대에 대한 원한이 없고 해치려고 의도한 적도 없는데 우연히 사람을 죽였을 경우입니다. 예를 들면, 산에서 잘못 굴린 돌이 내려 가다가 어느 사람을 치어 그 사람이 죽었을 때입니다. 그런 경우 살의가 전혀 없습니다. 그건 확실히 실수입니다. 전혀 해칠 의사가 없었으며 가해자와 피해자가 서로 원수사이가 아닐 때에 과실치사입니다. 하나님은 사형제도를 만드시면서도 상당히 많은 경우들을 놓고 사람을 함부로 죽이지 못하도록 안전장치를 만들어 놓으셨습니다. 아무나 죽일 수 없었습니다.

지금으로부터 100년 전만 해도 영국에서는 270종류의 사형 및 교수형이 있었습니다. 말 한 마리를 훔쳐도 교수형을 시켰습니다. 또 권력자의 비위를 거슬려도 그대로 죽였습니다. 성경은 이런 경우들을 두고 사형시키라고 말한 것이 아닙니다. 성경에서 말씀하고 있는 것은 완전히 고의성이 있고 악의에 대한 증인들이 있고 여러 가지 안전장치를 통해서 확인되었을 때에 한해서 사형에 처하라는 것입니다. 공정하고 확실한 경우를 말하고 있는 것입니다.

재판을 통해서 판결하심

24-25절을 보면 사형을 선고할 때에는 그 살인이 어떠한 경위로 발생한 것인지를 밝히고 반드시 규례에 따라 회중들의 재판을 받아야만 했습니다.

"회중이 친 자와 피를 보수하는 자 간에 이 규례대로 판결하여 피

를 보수하는 자의 손에서 살인자를 건져내어 그가 피하였던 도피
성으로 돌려보낼 것이요 그는 거룩한 기름부음을 받은 대제사장의
죽기까지 거기 거할 것이니라."

하나님께서는 재판을 통해서 확실하게 판결을 하라고 하셨습니다.
이는 사람을 함부로 죽일 수 없다는 뜻입니다. 정당한 법의 절차를 밟
아 재판을 해서 혐의가 입증될 때에만 사형에 처하게 되어 있었습니
다. 회중은 가해자와 피해자의 가족간에 판단을 하도록 했습니다. 피
해자는 죽었으니까 그 피해자의 가족이 책임을 지고 재판을 하라는 것
입니다. 그 당시는 제사장들이 하나님을 대신해서 재판을 했습니다.
재판관들을 보고 구약 성경은 '엘로힘' 이라고 부릅니다. '엘로힘' 이
란 단어를 재판관에게 쓴 것입니다. 예수님께서 말씀하시기를 너희가
너희 인간 재판관들을 '엘로힘' 이라고 부르면서 내가 나 자신을 두고
'베네 엘로힘' (하나님의 아들)이라고 했다고 뭐가 잘못되었는가 말씀
하신 적도 있습니다.

살인의 경위를 조사해서 과실치사로 밝혀지면 살인자는 도피성으
로 돌아가도록 허락을 받을 수 있었습니다. 그리고 담당 대제사장이
생존하는 동안은 도피성에 살게 했으며 대제사장이 죽은 후에는 다시
집에 돌아갈 수 있었습니다. 이것은 잘못으로 사람을 죽이기는 했으
나 그 대가는 지불해야 한다는 것을 말해줍니다. 또 가해자를 집에서
살게 하면 피해자의 가족이 죽일테니까 도피성 안에서 사는 것이 가해
자의 생명을 보호하는 길이기도 했습니다. 그리고 레위기에 보면 희
년이 되면 놔주라고 기록되어 있습니다. 도피성에 갔는데 희년이 되

었으면 그 때는 집으로 돌아갈 수 있었습니다.

28절을 보겠습니다.

> "이는 살인자가 대제사장의 죽기까지 그 도피성에 유하였을 것임
> 이라 대제사장의 죽은 후에는 그 살인자가 자기의 산업의 땅으로
> 돌아갈 수 있느니라."

대제사장의 죽음은 그 살인자의 죄가 동시에 사면되는 것으로 인정
되었습니다. 왜냐하면 대제사장의 죽음 자체는 어린양의 죽음과 같이
속죄의 의미가 있었기 때문입니다. 신약에 와서는 대제사장이신 예수
그리스도의 죽으심으로 과거와 현재와 미래의 모든 죄가 속죄되었습
니다. 구약에서도 대제사장의 죽음은 과거의 죄를 속죄하는 능력이
있었던 것입니다.

그래서 죄를 지었을 당시의 대제사장이 죽고 나면 그 살인자는 사면
이 되었고 도피성에서 벗어나서도 목숨을 유지할 수 있었습니다.

살인자가 성읍 밖으로 나간 경우

그런데 만일 살인자가 때가 되기 전에 성읍 밖으로 나갔다면 복수하
는 자는 그를 죽일지라도 처벌을 당하지 않았습니다.

26-27절을 보겠습니다.

> "그러나 살인자가 어느 때든지 그 피하였던 도피성 지경 밖에 나갔
> 다 하자 피를 보수하는 자가 도피성 지경 밖에서 그 살인자를 만나
> 죽일지라도 위하여 피 흘린 죄가 없나니."

일단 살인을 저지른 사람은 도피성 외의 장소에서는 출입이 자유롭지 못하고, 그 사람의 목숨은 복수하는 자의 손에 있었다고 보아야 합니다. 그러니까 하나님의 규례 안에, 즉 반드시 도피성 안에 들어와 있어야 보고를 받고 살 수 있다는 말입니다.

이것을 지금 우리에게 적용을 한다면 그리스도 안에 있어야만 살 수 있다는 것입니다. 이 원리는 영원히 적용되어야만 합니다.

살인죄 입증

어떤 경우에든 살인죄가 입증되려면 사건에 대한 증인이 반드시 필요했습니다. 그것도 한 사람이 아니라 반드시 두 사람 이상이 있어야 했습니다. 그래서 모든 정황과 물적인 증거와 증명을 해 줄 수 있는 증인까지 있어야지 그 사람에게 사형을 집행할 수 있었던 것입니다.

30절을 보겠습니다.

> "무릇 사람을 죽인 자 곧 고살자를 증인들의 말을 따라서 죽일 것이나 한 증인의 증거만 따라서 죽이지 말 것이요."

하나님께서는 철저하고도 공정하게 재판의 과정을 통해서 판결을 하도록 하셨습니다. 고의적으로 사람을 죽였을 때 증인을 세워서 재판을 해야 합니다. 그렇지 않다면 빨리 도피성으로 도망을 보내서 목숨을 유지하게 하라는 것입니다. 하나님은 이만큼 공정합니다. 하나님이 공의로우신 분이라는 사실을 잘 보여주고 있습니다. 고의성이 입증되기 전에는 아무나 사형에 처할 수 없습니다. 하나님께서는 안

전 장치를 만들어 놓았습니다. 보복행위를 하려 할 때에는 피해자의 피를 보복할 자가 가해자를 죽일 수 있으나 개인적으로 죽여서는 안 되고 국가가 재판을 해서 범법자를 사형에 처하게 되어 있다는 것입니다.

살인자의 처리방법

20-21절에는 살인의 고의성을 판단할 수 있는 예를 들어 놓았습니다. 세 가지로 말씀하고 있습니다.

첫째, 미워해서 죽였을 때입니다. 평소에 그 사람을 증오하는 마음이 있었던 사람이 늘 그 사람을 죽이겠다고 공언을 하고 다니거나 자기가 그 사람에게 품었던 미움을 드러내고 다녔던 사람이 그에 해당합니다.

둘째, 피살자를 증오하던 사람이 살인 가능한 도구로 상대를 쳐서 죽였을 때입니다. 예를 들어 사람을 죽일 수 있는 몽둥이, 쇠붙이와 같은 것으로 쳐죽였을 경우입니다. 권총을 들고 가서 쏘거나, 예리한 칼로 찔러 죽이거나, 면도칼로 손목의 동맥을 끊었다고 했을 때는 아주 분명합니다.

셋째, 계획적으로 사람을 죽였을 경우입니다. 또 원한이 있어서 상대를 쳐죽였을 때는 그 사람의 죄가 확증되면 반드시 사형에 처하라는 것입니다.

그리고 아무리 실수를 해서 사람을 죽이게 된 경우라 하더라도 그 사람이 지불해야 할 대가는 있었습니다. 피해자가 죽었으므로 그 가족들이 감수해야 하는 손해를 가해자가 보상해 주는 것입니다. 그렇지만 대가를 지불하는 것으로 도피성에 가지 않아도 되는 것은 아니었습니다. 살인은 살인이기 때문에 그 사람이 성안에서 사람들과 함께 살 수는 없었던 것입니다.

물론 고의로 사람을 죽였을 경우에는 물질로 대가를 지불하는 것으로 해결할 수가 없었습니다. 그 때의 생명은 반드시 생명으로 갚아야 하기 때문입니다.

그리고 하나님께서는 "이는 너희 대대로 거하는 곳에서 판단하는 율례라"고 말씀하심으로 이 법을 대대로 이어지게 하셨습니다. 이 법은 재판할 때 대대로 기준이 되는 것입니다.

땅을 더럽히지 말라

"너희는 거하는 땅을 더럽히지 말라 피는 땅을 더럽히나니 피흘림을 받은 땅은 이를 흘리게 한 자의 피가 아니면 속할 수 없느니라" (민 35:33).

하나님께서는 피 흘리는 것을 좋아하지 않으셨고 피가 그 땅을 더럽힌다고 하셨습니다. 그래서 피를 고의적으로 흘렸을 때 그 땅을 깨끗이 하는 방법은 피를 흘리게 한 자가 피를 흘려야 된다는 것입니다. 피는 피로 갚아야 한다는 말입니다. 그렇지 않고 다른 방법으로 갚을 수 없었습니다. 피는 피가 아니면 속할 수 없는 것입니다.

이것은 그리스도의 대속에 대한 하나의 상징이기도 합니다. 그리스도가 피를 흘림으로 우리 모두가 사함을 받은 것이 아닙니까? 이것은 하나님에게는 공의가 있고, 공의에 의한 심판이 있다는 증거가 되는 것입니다. 국가와 사회의 법, 그리고 영적인 법도 공의가 기본입니다.

예수님의 죽음에 대한 설은 지금까지 많이 있어 왔습니다. 그러나 구약을 살펴보면 가장 성경적으로 정확한 설은 '대속설'입니다. 예수 그리스도께서 나와 인류의 죄 때문에 우리가 흘려야 할 피를 대신해서 대속의 피를 흘리신 것입니다.

그래서 예수 그리스도의 피로 말미암아 모든 사람의 죄의 대가는 지불되었고 이제는 그를 믿는 사람들은 죄사함을 받을 수 있게 된 것입니다. 이것이 곧 복음입니다. 다른 길, 다른 복음은 없습니다. 모든 인류의 죄를 예수께서 다 지불했기 때문에 이제는 예수님을 믿기만 하면 멸망하지 않고 영생을 얻게 된 것입니다! 여기에 복음의 환희가 있습니다!

"너희는 너희 거하는 땅 곧 나의 거하는 땅을 더럽히지 말라 나 여호와가 이스라엘 자손 중에 거함이니라"(민 35:34).

땅을 더럽히지 말라는 이 말씀은 도덕적 순수성을 요구하는 것이기도 하고 동시에 생태계에 대한 하나님의 견해로도 이해될 수 있습니다. 하나님이 창조한 이 세계를 더럽히는 것은 하나님에 대한 반발인 것입니다.

환경적으로든 정신적으로든 하나님의 땅을 더럽히는 사람이 되어서는 안 됩니다. 이땅은 하나님께서 지으시고 거하시는 땅이기 때문에 우리에게는 이땅을 더럽힐 권리가 없습니다. 잠깐 살다가 가는 곳이기 때문에 더욱 청결하게 가꾸고 보살펴야 하는 것입니다. 현재를 사는 사람들에게는 누구나 이땅을 정결하고 풍요롭게 가꾸어서 후손들에게 물려주어야 할 의무가 있다는 것을 알아야 합니다.

저는 요전에 참 부끄러운 일을 한번 당했습니다. 제가 예배를 마치고 산책하러 교회 뒷산에 올라갔습니다. 그런데 거기에 우리 교회 신문이 찢어진 채 버려져 있었습니다. 저는 그것이 참 속상했습니다. 하나님의 백성들이 종이 한 장 줍기는커녕 하나님의 창조하신 이 세계를 더럽히다니 참 쓸쓸했습니다. 믿는 사람은 생태계를 보호해야 합니다. 그것은 하나님이 창조하신 세계이기 때문입니다.

하나님은 공의와 사랑을 함께 그리스도 안에서 이루셨습니다. 이 복음 때문에 우리가 많은 감격과 자유를 누리는 것입니다. 이 복음을 전하는 것이 복된 것은 죄 있는 자들이 그리스도에게로 피하기만 하면 영원히 보호받을 수 있는 특권을 얻게 되기 때문입니다. 그리스도께서 그 모든 피의 대가를 주님의 값진 피로 지불하셨습니다. 그럼으로 말미암아 누구든지 저를 믿기만 하면 멸망하지 않고 영생을 얻게 되었습니다. 우리는 이 놀라운 복음의 사역을 증거하지 않을 수가 없는 것입니다.

여자들의 상속문제

36장은 여자의 유산에 관한 내용입니다. 이미 27장에서 딸들에 대한 유산 분배에 대해서 살펴본 바가 있습니다. 그때 모세가 하나님께 들은 말씀은 딸들의 권리를 아들들과 함께 동등하게 인정해서 유산을 나누어주라는 것이었습니다.

그런데 36장의 내용은 딸들의 유산 가운데서도 결혼한 딸들이 유산을 가지고 다른 지파에게로 시집을 가면 어떻게 할 것인가 하는 질문에 대한 해답입니다. 그것은 단순한 유산의 상속이 아니라 하나님께서 나누어주신 자기 지파의 재산이 다른 지파에게로 넘어가는 심각한 문제였습니다.

그 문제에 대한 해결책은 유산을 받은 딸들은 그 유산이 다른 지파에게로 넘어가는 것을 방지하기 위해서 자기 지파 사람들과 결혼을 하라는 것이었습니다. 그래서 문제가 되었던 슬로브핫의 딸들은 모두 자기 사촌오빠들과 결혼했습니다.

그럼 문제를 처음부터 살펴보기로 하겠습니다.

딸들의 유산상속 문제

"가로되 여호와께서 우리 주에게 명하사 이스라엘 자손에게 그 기업의 땅을 제비뽑아 주게 하셨고 여호와께서 또 우리 주에게 명하사 우리 형제 슬로브핫의 기업으로 그 딸들에게 주게 하셨은즉 그들이 만일 이스라엘 자손의 다른 지파 남자들에게 시집 가면 그들의 기업은 우리 조상의 기업에서 감삭되고 그들의 속할 그 지파의 기업에 첨가되리니 그러면 우리 제비뽑은 기업에서 감삭될 것이요 이스라엘 자손의 희년을 당하여 그 기업이 그가 속한 지파에 첨가될 것이라 그런즉 그들의 기업은 우리 조상 지파의 기업에서 아주 감삭되리이다"(36:2-4).

이 말은 요셉의 자손 중에 므낫세의 손자 마길의 아들 길르앗 자손 가정의 두령들이 모세에게 나아와 하는 말입니다. 딸들에게 준 유산의 경우, 그들이 다른 지파 출신 남자들과 결혼해서 그 토지를 갖고 가면 자기 지파의 유산이 빠져나가니 이것을 막아달라는 요청을 했습니다. 어떻게 이 문제를 해결할 수 있겠습니까?

그리고 만일 딸의 혼인으로 인하여 얻은 기업은 희년이 되면 다시 얻을 수 있도록 해야 하는지 하는 것도 질문에 포함되었습니다.

희년은 레위기 25:8-17에 자세하게 나와 있는데, 50년마다 한 번씩 돌아오는 해방의 해로서, 돈을 주고 샀거나 저당으로 잡았던 모든 재산을 다 본래의 소유주에게 돌려주어야 하고 갇힌 자나 죄인들도 모두 풀어주어서 자유를 되찾도록 하는 해였습니다.

이런 질문을 받은 모세는 그가 평소에 하던 대로 하나님께 어떻게 해야 할지 해결책을 구했습니다. 모세의 질문에 대한 하나님의 대답은 다음과 같았습니다.

"슬로브핫의 딸들에게 대한 여호와의 명이 이러하니라 이르시되 슬로브핫의 딸들은 마음대로 시집가려니와 오직 그 조상 지파의 가족에게로만 시집갈지니 그리하면 이스라엘 자손의 기업이 이 지파에서 저 지파로 옮기지 않고 이스라엘 자손이 다 각기 조상 지파의 기업을 지킬 것이니라 하셨나니"(민 36:6-7).

하나님께서는 처음에 하나님께서 정해 주신 각 지파의 기업의 경계를 옮기지 않도록 하기 위해서 그 딸들은 마음대로 혼인을 할 수 있지만 단 자기 지파의 사람들에 한해서 하도록 명하셨습니다. 딸들이 재산을 가지고 마음대로 지파의 경계를 넘나들면 딸들의 결혼에 의해서 기업이 많아지는 지파가 있는가 하면 점점 기업이 줄어드는 지파가 생길 수 있기 때문이었습니다. 그것은 잘못하면 땅을 넓히기 위해서 정략적으로 결혼을 하는 경우가 생길 수 있는 위험이 있었습니다. 하나님께서는 결혼을 통해서는 기업을 늘이거나 줄일 수 없도록 하신 것입니다.

모세의 말대로 슬로브핫의 딸 말라와 디르사와 호글라와 밀가와 노아는 모세에게 들은 하나님의 명에 순종해서 그 아버지의 형제의 아들들, 즉 자기 지파의 남자들에게 시집을 갔습니다(11절). 그 당시에 사촌을 비롯해서 친인척들과 결혼을 했던 풍습이 어떻게 해서 생긴 것인지를 알 수 있게 해 주는 본문이기도 합니다.

지금도 예수를 믿는 가정의 딸들은 반드시 믿는 가정의 아들들과 결혼을 해야 합니다. 이 원리에 대해서는 사도 바울이 어두움과 빛이 함께 있을 수가 없다는 이야기를 통해 분명히 말씀해 주셨습니다. 신앙이 좋은 처녀들은 많은데 그렇지 못한 총각들은 부족하다고 많이 고민하는 사람들이 있습니다. 그러나 그럴 필요가 없습니다. 자기 자신부터 미래의 배우자와 자신을 위하여 기도하고 배우자로 준비하면 되는 것입니다. 먼저 자신부터 준비하고 훈련해서 훌륭한 신앙의 남자, 신앙의 여자가 되어야 합니다. 그리고 그러한 배우자를 만나게 해달라고 주님께 기도하십시오. 미래의 배우자를 위해 기도하며 훈련하고 준비하면 주님께서 인도해 주십니다. 영적인 유산은 신앙인들 사이에서 꼭 계승되어야 합니다.

하나님께서 주신 명령과 규례를 지키라

민수기의 마지막인 36:13은 이스라엘 백성들에게 주어진 이 명령이 하나님께로부터 주어진 것이라는 사실을 명백히 합니다.

> "이는 여리고 맞은편 요단 가 모압 평지에서 여호와께서 모세로 이스라엘 자손에게 명하신 명령과 규례니라."

모세는 이 말씀을 받은 곳이 여리고 맞은편 요단 가 모압 평지라고 분명하게 밝힘으로써 이 말씀들이 결코 자신의 생각에서 나온 것이 아니라 하나님께서 직접 말씀하신 권위 있는 말씀이라는 것을 나타내고자 했습니다. 그렇게 함으로써 이 말씀이 하나님께서 우리에게 지키라고 명하신 명령과 규례라는 것을 분명히 하고 있는 것입니다.

가나안 땅으로 들어가기 전에 새로운 법과 규례들을 만들어서 미래에 나타날 문제들을 하나씩 풀어 간 것입니다. 즉 새 세계로 들어가기 전에 새 질서를 세우기 위해서 이와 같은 법률을 만든 것입니다. 구체적인 사례가 나타났을 때 이 원리를 설정해 주셨습니다.

이렇게 해서 모든 법이 그 구체적인 예와 함께 다시 한번 정비됨으로 가나안 땅을 정복할 구체적인 준비가 다 되었습니다. 하나님께서는 가나안 땅을 주시기 전에 이스라엘 백성들을 영적으로 철저하게 훈련을 시켜서 그 땅을 정복할 수 있도록 하셨습니다.

지금의 우리 기독교인들도 마찬가지로 이와 같은 훈련을 받아서 철저한 영적 무장을 해야 합니다. 그래야 세상에서의 어떤 전쟁에서도 승리하는 그리스도의 군사들이 될 수 있는 것입니다.

지금까지 우리는 40년간의 광야여행을 통해 그들에게 말씀하신 하나님의 말씀과 이스라엘 백성들의 삶을 살펴보았습니다. 민수기를 통해 때로는 하나님이 이스라엘 백성들을 축복하기도 하시고 때로는 심판하기도 하시는 모습을 보았습니다.

그런데 하나님께서 이스라엘을 축복하실 때는 언제나 "여호와께서 모세에게 명하신 대로 행하였더라"는 말씀이 늘 함께 있었습니다. 그렇습니다. **하나님께는 순종이 제사보다 낫습니다.** 하나님의 사람 모세까지도 인간적인 분노와 성급함으로 하나님의 말씀에 순종하지 못했다가 가나안 땅에 들어가지 못하는 결과를 맞이했습니다.

반면 하나님의 말씀에 순종한 갈렙과 여호수아, 하나님에 대한 믿음으로 충만했던 두 사람만은 다른 모든 사람들이 광야에서 죽고 난 후 가나안 땅에 들어갈 수 있는 축복을 주셨습니다.

중요한 것은 순종입니다. 믿음은 곧 순종의 다른 말입니다. 믿음과 순종은 분리되지 않습니다. 하나님을 믿는다고 하는 믿음은 순종이라는 구체적인 행위를 동반합니다. 하나님에 대한 순종은 하나님에 대한 신뢰 없이는 생기지 않습니다.

하나님을 신뢰하십시오. 하나님께 순종하십시오. 그리하여 하나님과 동행하는 삶, 하나님으로부터 축복 받는 삶이 되시기를 기도합니다. 순종에는 방황이 없습니다.

방황은 없다 Ⅱ

2000년 3월 4일 초판 발행
2000년 6월 24일 초판 2쇄 발행
지은이 • 김상복
발행처 • 도서출판 횃불
등록일 • 1992년 6월 10일 제21-355호
등록주소 • 서울시 서초구 양재동 55번지
　　　　　횃불선교센타

전 화 • (02)2203-2739
팩 스 • (02)2203-2738